CIVICS

中学公民の授業

加藤 好一 著

民衆社

目次／中学公民の授業

はじめに……………………………………………………………5

第1章　学習課題とその展開……………………………7

No.1　文化とは何だろう………………………8
No.2　伝統文化を考える………………………10
No.3　多文化社会をめざして…………………12
No.4　社会における対立と合意………………14
No.5　中学生とルール…………………………16
No.6　「大量消費社会」の光と陰……………18
No.7　少子高齢化社会を迎えて………………20
No.8　情報化の進展と社会……………………22
No.9　一つになる世界…………………………24
No.10　家族と生活………………………………26
No.11　人権思想の発達…………………………28
No.12　日本国憲法の制定………………………30
No.13　日本国憲法の基本原理…………………32
No.14　自由権を考える…………………………34
No.15　平等権の広がり…………………………36
No.16　人間らしく生きる権利…………………38
No.17　環境権と新しい人権……………………40
No.18　自己決定権と中学生……………………42
No.19　人権を守るための権利…………………44
No.20　国際社会と人権…………………………46
No.21　二つの民主制を考える…………………48
No.22　選挙とそのしくみ………………………50
No.23　模擬選挙から学ぶ………………………52
No.24　政党の役割と世論………………………54

No.25	政治報道と世論……………………………56
No.26	国会のしくみと国会議員………………58
No.27	国会の働き………………………………60
No.28	内閣と行政………………………………62
No.29	行政権の拡大と「改革」………………64
No.30	司法と裁判所……………………………66
No.31	二つの裁判と人権保障…………………68
No.32	司法への参画と裁判員制度……………70
No.33	三権分立のしくみ………………………72
No.34	地方自治の底力…………………………74
No.35	「3割自治」と住民参画…………………76
No.36	「経済」とは何か…………………………78
No.37	家計と消費生活…………………………80
No.38	消費者の権利……………………………82
No.39	消費生活の選択…………………………84
No.40	流通のしくみとくふう…………………86
No.41	株式会社のしくみと企業の役割………88
No.42	さまざまな企業とその展開……………90
No.43	労働者の権利……………………………92
No.44	労働生活の課題…………………………94
No.45	市場価格と公共料金……………………96
No.46	企業の集中と独占価格…………………98
No.47	企業活動と環境問題……………………100
No.48	金融のはたらきと日本銀行……………102
No.49	通貨と金融政策…………………………104
No.50	円高・円安と国際経済…………………106
No.51	財政のしくみとその変化………………108

No.52	景気変動と財政政策	110
No.53	税制のあり方	112
No.54	社会保障と私たち	114
No.55	社会保障と財政を考える	116
No.56	変化する世界	118
No.57	国家と領域	120
No.58	国際連合の役割	122
No.59	「国」を超える共同	124
No.60	戦争とテロの連鎖	126
No.61	核兵器の広がりと世界	128
No.62	軍事同盟と平和主義	130
No.63	地球環境問題を考える	132
No.64	資源・エネルギー問題の今日と明日	134
No.65	南北問題と日本	136
No.66	国際社会と私たち	138

第2章　授業の組み立てと学習指導案……141

1. 東日本大震災・導入の授業をこうつくる……142
2. プリント学習・オスプレイはてさてクイズ……148
3. 学習指導案・株式会社のしくみと私たち……154

第3章　調査研究から育てる学びあいと表現力……161

1. "働く生活"の調査を生徒授業につなぐ……162
2. 学びあう生徒授業の構想と実践……171
3. 職業調査の発展と表現方法の交流……178
4. 表現力を育てる学びあいシートのくふう……182

はじめに
本書の特色はどこにあるか

　多忙化がすすむ。学習内容も改変された。思考力や表現力の育成・調査研究が強調されるが、右往左往して日々の授業の見通しが立たない。ある教師はこう語った。
　「授業展開の未熟さを痛感している。教科書に載っていることを教科書に沿って単調に教え、教室の子どもたちの目がうつろ。どうにか変えられないか。彼らの学びに結びつく授業をつくれないか。そう思ってもうまく工夫できない」
　他の教師からも、次のような声があふれてきた。
　①授業に役立つ資料や導入の紹介をお願いしたい。教材・資料を整理する方法が分からず、転勤とかでダンボールのどこかに……という状況。１時間ごとの展開の具体例があればよい参考になる。
　②注入型授業を脱却できない。楽しく授業しながら教科書の内容をこなしていくことはできないか。小規模校で相談相手がいないため、一人で悩みながらやっている。
　③『どんな授業をしたいですか？』と問うと、「考えさせる授業」「言語活動」という答えが抽象的に返ってくる。つくりたい授業のイメージが弱い。『教え込みにならない授業は〇〇‼』と助言できる力量を身に着けたい。（指導主事）
　④考える場面を入れたいとも思うが、うまく時間がとれない。連鎖的・対比的・相関的な学びを組み立てていく方法とはどんなものか。
　⑤班学習で活発な意見交換をめざしたい。何に気をつければよいか。
　⑥キャリア教育の視点からの授業例、公民テスト作問のポイントを教えてほしい。板書の構成やタイミング・教科書の活用法も知りたい。
　⑦新しい公民教科書にとまどっている。どう教え、どうワークシートをつくればよいか。
　⑧公民教科書を読ませても「？」の生徒が多く、別資料を提供しなくてはいけないため大変困っている。
　これらの声に私はどうこたえるか。その回答が本書である。まず**第１章学習課題とその展開**では①１時間の授業展開の具体例66を要望通り収録した。そこには、③考えさせる授業・教え込み・一方的にならない授業・⑤活発な班学習のヒントが無数にある。

職場に相談相手がいなくとも、それらの実践例に「相談」したい。そこから、②楽しく授業をしながら教科書の内容をこなしていく授業がきっと創造できるにちがいない。

　続く**第2章授業の組み立てと学習指導案**では、私の授業づくりの方法を提示した。1章を参考に授業をつくるには、学習をどう生徒の次元に下ろしどう自力で目標に到達させればよいか。それを1時間の授業に即して具体的に述べたのだ。②注入型の授業を脱却し、④連鎖的・対比的・相関的な学びを組み立てていくための示唆を見出したい。

　また、**第3章調査研究から育てる学びあいと表現力**では、⑥キャリア教育の視点から授業と調査研究をどう相関させるかを様々な角度から説明した。掲載した具体例は、成果を表現し発信する際の例示にもなるであろう。

　新しい公民学習のすすめ方にとまどう、また、授業経験が少ないという方々には、ぜひ本書を手に取っていただきたい。

　なお、拙著『中学公民5分間ミニテスト』（民衆社）は本書の各授業に対応して構成され、定期テストの例も掲載されている。併せての活用をお勧めしたい。

第1章
学習課題とその展開

日々の授業づくりの"触媒"として

　楽しい授業・分かる授業・考え学びあう授業・表現力や言語力が育つ授業……そのような授業を実現するにはどうすればよいか。第1章ではそのためのヒント・具体例を66の授業プランの中に組み入れ、年間の配列に即して提示する。たとえば―

　・No.9　一つになる世界　ケータイゴリラという意外な導入から、"はてな?"（疑問）⇒ "えー!?"（逆転）⇒ "なぜ?"（追究）⇒ "なるほど"（理解定着）と学習がすすむ。最後は、一つになる世界でみなが幸せに生きるにはどうするかを一人ひとりが考える。

　・No.14　自由権を考える　さまざまな自由権を概観して2にすすむと突然登場するピンクレディー。なぜ裁判を起こしたの？ 判決はどうなるの？ ―入りこんで考えていくうちに生徒はいつしか表現の自由と肖像権の関係をめぐり「自由」への認識を深めていく。

　何をねらいどんな教材を使ってどう学習を組み立てるか。本章に収めたそれぞれの例をワークシートでたどり、板書例を参照するうちに、「よし、ここはもらった」「あの生徒たちにはこう変えた方がいいな」と授業展開のイメージが湧いてくればしめたものだ。その時あなたは、主体的な授業づくりへの一歩を踏み出している。
反省は赤字で書きこめば次に活きる。リセット型の授業研究から脱皮できる。

　もちろん、この章に収めた66の実践例は万能のマニュアルや凝り固まった教条ではない。私の試行錯誤から生まれた一つの試案にすぎない。それが、あなたの日々の授業づくりを前にすすめる"触媒"ともなれば望外の喜びである。

■学習課題 No.1

文化とは何だろう

1．次の「もの」、「こと」のうちで「文化」に含まれるのはどれか。記号ア～オを○で囲もう。

　　ア　パンダ　　　イ　法隆寺　　　ウ　富士山　　　エ　キムチ　　　オ　空手

・それらの共通点をふまえ、「文化」とは何かを説明しよう。

2．私たちは日常どんな分野の文化に関係しているか。□から語句を選んで記入しよう。
　　①朝、箸などの食器を使って食事する。〈　　　　　　〉
　　②友達と会って会話をする。〈　　　　　　〉
　　③体育の時間にサッカーをする。〈　　　　　　〉

科学・食文化・
言語文化・芸術・
運動文化・宗教

　　④家の人とお墓参りに行く。〈　　　　　　〉
　　⑤合唱コンクールに出場する。〈　　　　　　〉
　　⑥頭を打ったので脳波の検査をしてもらった。〈　　　　　　〉

　　⑦右上の□内の6つについて、日本独自に発達しているものを①～⑥以外にも挙げよう。

3．大日本帝国憲法と日本国憲法を比べ、宗教に対する扱い方の違いを書こう。
　　①〈大日本帝国憲法〉―第2章　臣民権利義務　第28条

　　②〈日本国憲法〉―第3章　国民の権利及び義務　第20条

第1章 学習課題とその展開　文化とは何だろう

授業のねらい

文化とは何か。自然と対比して考えた上で、文化にはどんな分野があって日本では何が独自に存在するかを学びあい、宗教に関する戦前・戦後の国の姿勢の違いを理解する。

板書

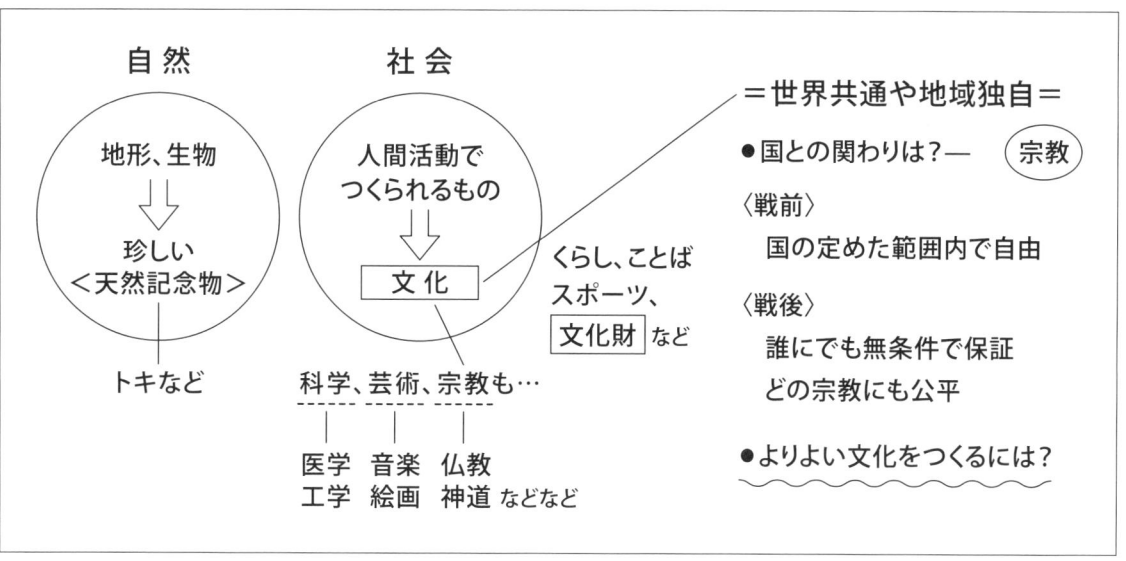

解答

▲1. イ、エ、オ　地形、生物等は天然記念物をふくめて「文化」に該当しない。文化とは人々がつくりだした価値あるもの・行いの全体をさす。2.①食文化　②言語文化　③運動文化　④宗教　⑤芸術　⑥科学（新指導要領では④～⑥を重視。それぞれの役割や自分たちとの関係を再確認したい）　⑦科学ではノーベル賞受賞者も想起。刺身や寿司、方言、落語、アニメ、柔道や相撲、神社等　3.①国の定めた範囲内で自由。　②誰にも無条件で保証。

【チェックテスト】No.1　組　　　名前

①「文化」にふくまれるもの４つに○をつけよ。
　東京の街（　）　タンポポ（　）　ひらがな（　）
　トキ（　）　ピラミッド（　）　教会（　）

◆次のことがらは科学・宗教・芸術のどの分野に入るか。
　②初もうで〈　　　〉　③人工衛星〈　　　〉
　④コンサート〈　　　〉
⑤日本独自の運動文化を一つ記せ。〈　　　　　〉
⑥大日本帝国憲法では宗教はどう扱われていたか。
　〈　　　　　　　　　　　　　　　　　〉
⑦日本国憲法では宗教はどう扱われているか。
　〈　　　　　　　　　　　　　　　　　〉

《チェックテスト解答》
①東京の街　ひらがな　ピラミッド　教会　②宗教　③科学　④芸術　⑤相撲、柔道、剣道等　⑥国の定めた範囲内で自由　⑦誰にも無条件で自由を保証
※文化財とは人の文化的活動によりつくられたもので文化遺産とほぼ同義。文明とは野蛮の反対語で、より高い文化により形成された社会、もの、技術などの全体をさす。

■学習課題 No.2
伝統文化を考える

1．自分たちの地域、都道府県の伝統文化を、さまざまな分野で挙げてみよう。

2．では、次の文化、文化財はどの地方で生まれたか。□から語句を選んで記入しよう。

〈ア〉エイサー　　〈イ〉書院造　　〈ウ〉アットゥシ　　〈エ〉能楽

〈　　　　〉　〈　　　　〉　〈　　　　〉　〈　　　　〉

　　　　　　| 近畿・沖縄・北海道　（2度使ってよい） |

・上のア〜エの記号を下の〈　〉に記入しよう。（重複してもよい）
　①その地域で継承・発展に努力している独自の伝統文化　〈　　　　〉
　②自分の地域には見られない異なった伝統文化　　　　　〈　　　　〉
　③一部の地域から全国に広がった伝統文化　　　　　　　〈　　　　〉
　④一部の階級から多くの人々の間に広がった伝統文化　　〈　　　　〉

　⑤ここから日本の伝統文化について分かることをまとめてみよう。

　⑥これら伝統文化、文化財を守るため、国は**文化財**〈　　　　〉法を定めている。

3．世界に広がっている日本の伝統文化にはどんなものがあるか。

4．日本の人々の生活に溶けこんでいる外国の文化にはどんなものがあるか。
　　〈行事〉　　　　　　〈文字〉　　　　　〈宗教〉

　〈食生活〉　　　　　　　　　　　〈その他〉

授業のねらい

日本各地の伝統文化を知り、その多様性と広がりを自地域と対比してつかみ、世界の文化を取り入れ世界に発信することで互いの文化がさらに豊かになっていくことを理解する。

板　書

●自地域の伝統文化とは？

略

日本の伝統文化

●保護—文化財保護法など
⇩
継承—中学生も参画
⇩
発展

●世界へ—寿司、柔道…
「もったいない」
●世界から—稲作、仏教、漢字

◎現在もさまざまな文化を相互交流

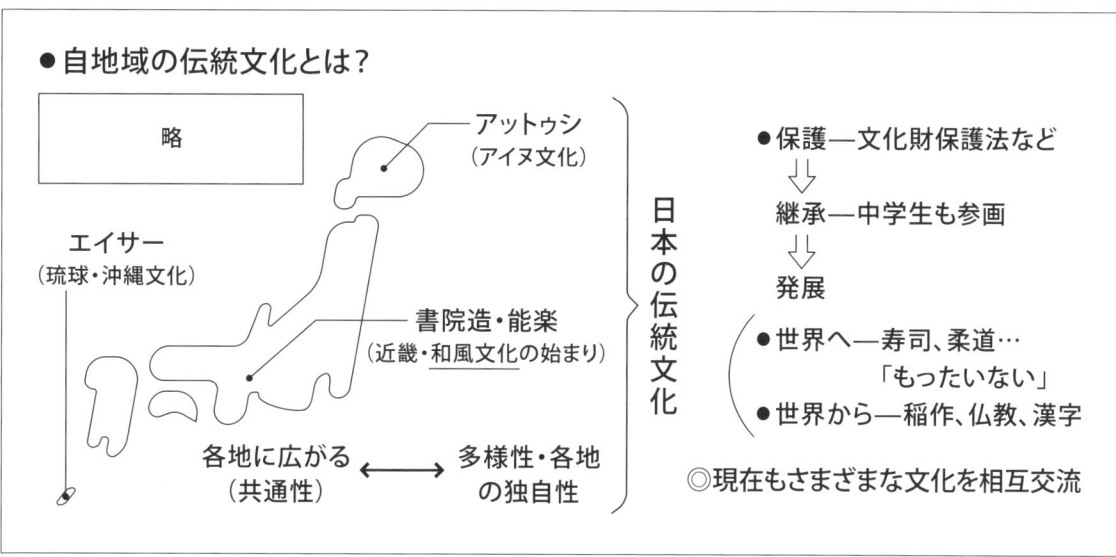

解　答

▲1.（略） 2.ア沖縄 イ近畿 ウ北海道 エ近畿 ①ア、ウ ②（略）③イ、エ ④イ、エ（回答の幅を認める） ⑤日本独自で地域ごとに多様性があり、他地域、多くの人々に広がりながら継承、発展の努力が続いている。（生徒の答えを活かしつつまとめる） ⑥保護 3.すし、柔道、アニメ、マンガ（ドラえもん等）その他 4.クリスマス、バレンタインデー、漢字、ローマ字、仏教、キリスト教、各種の洋食、ファストフード、各種のスポーツ等

【チェックテスト】No.2　　組　　　名前

①自地域の伝統文化を一つ挙げよ。〈　　　　　　　　　　〉

◆次の伝統文化・文化財を関係する地方と線で結べ。

② シーサー　　・　　　　　・東北地方
③ 法隆寺　　　・　　　　　・四国地方
④ ねぶた祭り　・　　　　　・沖縄県
⑤ 讃岐うどん　・　　　　　・近畿地方

⑥文化財を守るために〈　　　　　　〉法が制定された。

⑦日本の伝統文化の特色を示す語句三つに○をつけよ。

1多様性（　） 2全国共通（　） 3中国と同一（　）
4不変性（　） 5独自性（　） 6継承の努力（　）

⑧世界に広がる日本文化を一つ挙げよ。〈　　　　　　　　　　〉

《チェックテスト解答》

①略 ②沖縄 ③近畿 ④東北 ⑤四国 ⑥文化財保護 ⑦1、5、6 ⑧寿司、柔道、「もったいない」運動等

※上方、江戸だけを中心に日本の伝統文化をとらえず、沖縄、アイヌをふくむ各地域独自の多様な文化全体を「日本の伝統文化」と考える。それらが他国の文化と交流発展してきたことにも着目させたい。

■学習課題 No.3

多文化社会をめざして

1．次の4つの（　）に多いと思う順に番号を入れよう。（予想の後、発表した人数を記入）

（　）沖縄県の人口—〈　　　　　〉人　　（　）日本の人口—〈　　　　　〉人
（　）母国を離れている人の数（世界合計）—約〈　　　　　〉人
（　）日本に住む全外国人の合計—〈　　　　　〉人　　（人口は2010年当時）

・気づくことを言おう。在住外国人の数は今後どうなっていくだろうか。

2．みんなで共に生きるための課題について考えよう。
　①日本人と日本に来た外国人の間には、どんな問題が起きやすいと思うか。

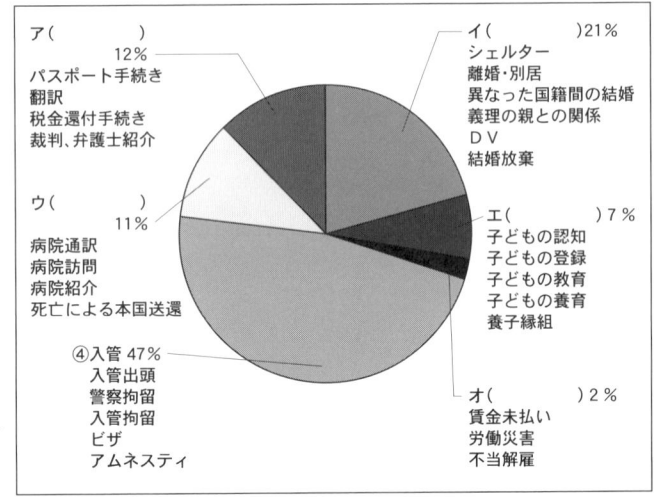
●フィリピン女性1,000人の相談（カトリックさいたま教区2004～07年）

　②在日外国人が困っている問題を右のグラフから知り、（　）内に入る語句を下の□から選べ。
　（分からない字句は質問）
　養育・労働・医療・婚姻・法律

　③日本での年間検挙者1,278,476人のうち外国人は（53・33・13・3）％である。（2005年版『犯罪白書』）

（『移住者と共に生きる協会』谷大二ほか 女子パウロ会2008年より）

3．問題を解決して理解と交流を深めるための各地の取り組みを調べよう。

・次の文の〈　〉に当てはまる語句を右の□から入れよう。　異文化・共生・多文化
文化や国籍の違い・障害の有無などに関わらず、互いに尊重しあって生きる社会を
①〈　　　　　〉社会という。多様な文化がそれぞれ尊重され、交流・発展する社会を
②〈　　　　　〉社会という。他の文化を理解・尊重することを③〈　　　　　〉理解という。

第1章 学習課題とその展開　多文化社会をめざして

授業のねらい

世界や日本における移住者の激増に目を開き、日本人・外国人双方の視点から共生をめぐる課題を考え、多文化社会の形成をめざす日本各地の取り組みについて理解を深める。

板書

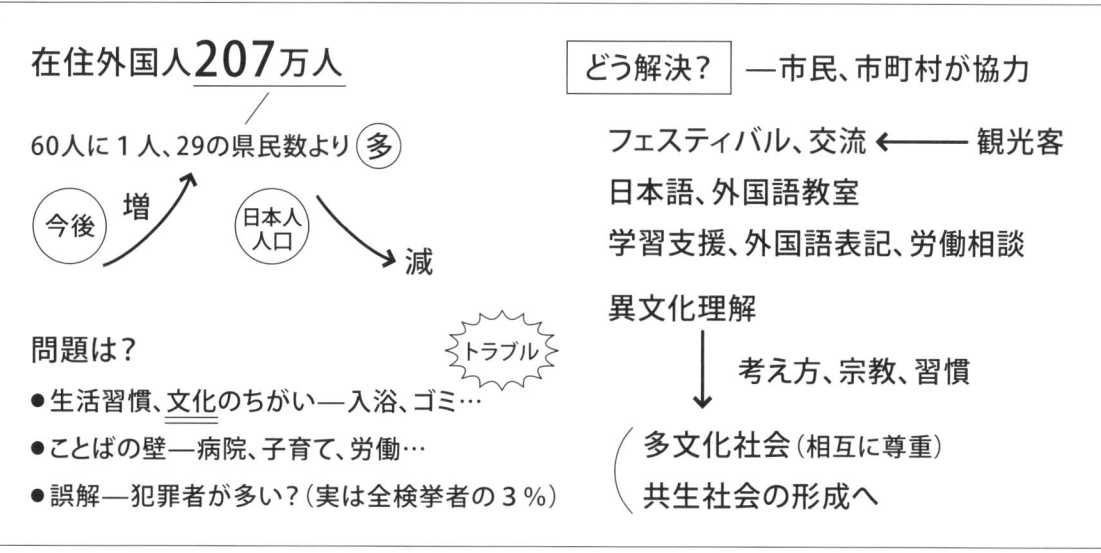

解答

▲1.1位母国を—約3億人、2位日本の—1億2752万2千人、3位日本に住む—213万4千人、4位沖縄—147万4千人　全人類の約25人に1人、日本に住む人の約60人に1人が移住者、しだいに増加。2.①生活習慣の違いやルールを知らないためのトラブル等　②ア法律　イ婚姻　ウ医療　エ養育　オ労働　③3　3.日本語や外国語の教室、教育支援、さまざまなフェスティバルや交流行事、各国語の表示等。①共生　②多文化　③異文化

【チェックテスト】No.3　組　　　名前

①現在の世界では移住者の数は〈増えて・減って〉いる。
②現在の日本に住む外国人は約〈　　　　〉万人である。
③日本人との間の問題を一つ書け。〈　　　　　　　〉
④日本に来た外国人が困っている問題を二つ書け。
〈　　　　　　　〉〈　　　　　　　〉
⑤相互理解のための取り組みを一つ書け。
〈　　　　　　　　　　　　　　　　〉

◆関係ある文と語句を線で結べ。
⑥自国にはない他の文化を尊重する・　　・共生社会
⑦多様な人々が尊重しあって生きる・　　・多文化社会
⑧多様な文化が尊重され交流・発展・　　・異文化理解

《チェックテスト解答》
①増えて　②200　③生活習慣上のトラブルなど　④低賃金労働、言葉の壁等　⑤外国文化紹介の行事等　⑥異文化理解　⑦共生社会　⑧多文化社会
※今後日本国民の人口は減り、在留外国人は増える。多文化共生社会の形成は喫緊の課題である。外国人犯罪の報道は多いが、件数の割合は少ないことにも着目させたい。

■学習課題 No.4

社会における対立と合意

1. 君は、現在どんな集団に属しているか。できるだけ挙げてみよう。

　　・こうした集団を①〈　　　　　　〉という。人は多くの①に属して生きる。そこで古代
　　　ギリシャの哲学者アリストテレスは『人間は②〈　　　　　〉的動物である』と言った。

2. 同じ集団内の対立をどう調整するか。マンション管理人の立場から方法を考えよう。

　　| 隣のBさんの娘のピアノの音がうるさい。管理人さん、何とかして。（Aさん） |

　　①『お互いに話しあって』と言えばどうなるか。

　　②では、どうすればよいか。考えを発表しよう。

　　③みなが納得するように対立を調整するには何が大切か。

　　・〈　〉に入る語句を□から選んでまとめよう。　| 合意・手続き・効率・対立・公正 |

　　┌─────────────────────────────────────┐
　　│ 同じ集団内でもお互いの利害が④〈　　　　　〉することがある。その調整にあたって │
　　│ は、どちらか一方に不利にならず―⑤〈　　　　　〉、時間や労力を無駄に使わず―⑥〈 │
　　│ 　　　〉、みなが納得する―⑦〈　　　　　〉、それらのことが大切である。 │
　　│ ⑤に関しては、機会や結果だけでなく⑧〈　　　　　〉についても保証したい。 │
　　└─────────────────────────────────────┘

3. 次の三つの中で最も合意しにくい対立問題を選んで○をつけよう。その理由は何か。
　　①ゴミは都合のよい日に出したい⇔ゴミは決まった日に出してもらいたい。（　）
　　②東北のがれきを他地域で焼却してほしい⇔放射能の影響があれば断りたい。（　）
　　③米軍普天間基地をなくしてほしい⇔沖縄に代わりの基地をつくらせてほしい。（　）

― 14 ―

第1章 学習課題とその展開　社会における対立と合意

授業のねらい

人間は多くの社会集団に属し、そこで起きる対立を効率的、公正に調整、合意しながら生きていくことを理解して、利害の異なる集団間の問題解決についても関心を深める。

板書

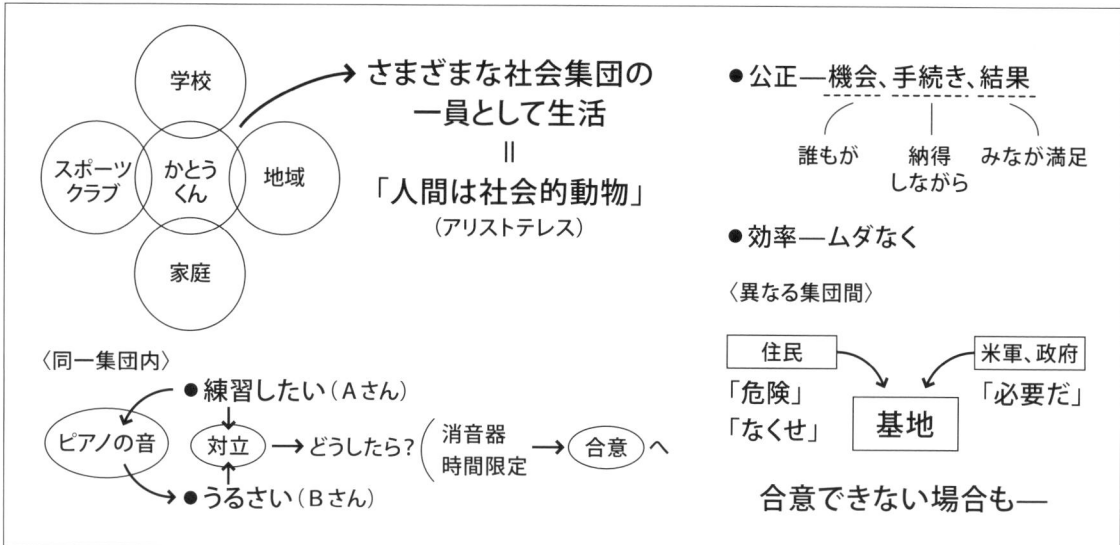

解答

▲1.学校、学級、家庭、スポーツクラブ等 ①社会集団 ②社会 2.①かえってこじれる（話し合えないから第三者の管理人に相談）②各自 ③多様な意見を取り上げて、機会・手続き・結果の公正・効率という視点を導き出す。④対立 ⑤公正 ⑥効率 ⑦合意 ⑧手続き 3.③ なぜなら①は同じ社会集団内の話し合いで解決可能。②も地域は違うが検査等をして調整可能。だが③は、事故の危険、基地の必要性等を巡って調整が困難。

【チェックテスト】No.4　組　　名前

①「人間は〈　　　〉動物である」—アリストテレス
②学級、会社、町内などの集団を〈　　　〉という。
③下の〈　〉に効率・対立・公正・合意の語句を入れよ。
・②内で〈　　　〉が生じた時は〈　　　〉的にすばやく、〈　　　〉に論議して〈　　　〉するようにしたい。
④下の〈　〉に結果・手続き・機会の語句を入れよ。
ア 結論には誰もが満足した—〈　　　〉の公正
イ 平等に発言してもらい論議した—〈　　　〉の公正
ウ 皆と相談しながら交渉を進めた—〈　　　〉の公正
⑤普天間基地撤去問題はなぜ合意しにくいかを書け。
〈　　　　　　　　　　　　　　　　　　　　〉

《チェックテスト解答》
① 社会的 ②社会集団 ③対立・効率・公正・合意 ④ア 結果 イ 機会 ウ 手続き ⑤事故の危険や騒音に耐えられない人々と基地が必要と考える政府・米軍の利害が正反対。
※古い共同社会が崩れる中、私たちはどう新しい社会関係をつくるべきか。利害が異なる集団間では、なぜ合意が困難になるかも考えさせたい。

■学習課題 No.5

中学生とルール

1. 中学生―学校生活のルールをつくるには？

> 2012年現在、沖縄の10の公立高校では、希望する女子は制服ズボンも着用できる。（4校は女子専用ズボン）仮にあなたの中学でこれを実現しようとすれば、どうすればよいか。

2. 中学生―社会のルールを破ったら？　予想を書き入れよう。

　①A君（13歳）とB君（14歳）が友達を傷つけたことが警察に分かった。この場合、A君は補導されB君は〈　　　　　〉される。

　②Cさん（15歳）はお店の商品をポケットに入れ、黙って店を出た。これは〈　　　　　〉罪にあたる。この犯罪が成立するのは〈　　　　　　　　　〉た時点である。

　③D君（15歳）は300円の弁当を万引きし、逃げようとするときに店長を殴ってけがさせた。これは〈　　　　　　〉罪にあたる。
　　（最低―懲役〈　　〉年　最高―　　　　　　）

　④≪E君は嫌がらせでF君を追いかけた時にガラスを割り、相手の目を傷つけて視力を低下させた≫―「〈　　　　　〉円を支払え」（1995年 前橋地裁判決）

　⑤Cさん、D君はその後どうなるか。右の図から予想しよう。分かることは何か。

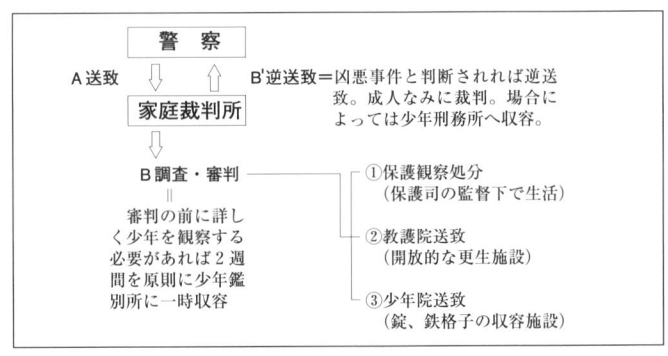

3. 中学生とルールについて、1、2から感じたことを書こう。

第1章 学習課題とその展開　中学生とルール

授業のねらい

中学生は学校のルールづくりに民主的な手続きを経て参画できるが、反面社会のルールを破るとどう扱われるか各事例を通して知り、中学生とルールの関係について深く考える。

板書

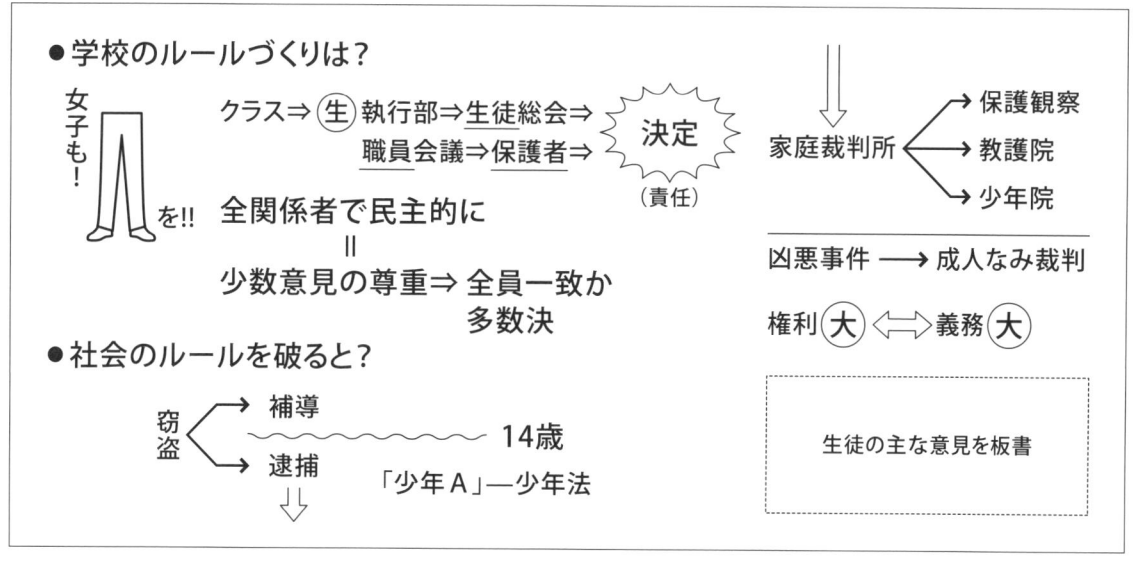

解答

▲1.学級→㊤執行部→生徒総会、職員会議→保護者会等自校での流れを確認。全員参加、少数意見の尊重、多数決や全員一致制、決定への責任などを押さえる。　2.①逮捕（14歳未満は刑罰を与えず少年法で措置＝犯罪ではなく触法）　②窃盗・ポケットに入れ　③強盗致傷（懲役6年・無期懲役）　相手が死ねば強盗致死罪で法律上は無期懲役か死刑　④2100万　⑤線を引き多様なケースを想定。思っていたより厳しい、十分知らなかった　3.各自

【チェックテスト】No.5　組　　名前

◆民主制について、次の〈　〉に適切な語句を記入せよ。
①賛成者が多い方に決定する—〈　　　　　〉
②1人でも反対があればダメ—〈　　　　　〉制
③多数で押し切らず話し合う—〈　　　　　〉の尊重
④全生徒が集まって討議し方針を決定—生徒〈　　　　〉

◆法とルールについて□内の語句を選んで〈　〉に記せ。
⑤万引き〈　　　〉⑥14歳未満〈　　　〉
⑦15歳以上〈　　　〉⑧相手への損害〈　　　〉
⑨強引に奪う〈　　　〉⑩未成年に適用〈　　　〉

強盗・少年法・逮捕・窃盗・賠償・補導

《チェックテスト解答》
①多数決　②全員一致　③少数意見　④総会　⑤窃盗　⑥補導　⑦逮捕　⑧賠償　⑨強盗　⑩少年法
※運賃は成人並みだが、飲酒喫煙、選挙権などの扱いは成人と違う中学生。彼らに、校内ではルールに則って何ができ社会では何をすると法によりどう措置されるのかをあらかじめ理解させておきたい。これは生徒指導にも通じる。

■学習課題 No.6

「大量消費社会」の光と陰

1. それまでのものに比べて〈A〉〈B〉の良さは何か。共通点はあるだろうか。

　〈A〉1958年発売　　　　　　〈B〉1964年開通

2. この時代に人々が求め、大量生産されるようになったものは何か。
   ①1960年代—「三種の神器」〈　　　　　〉〈　　　　　〉〈　　　　　〉
   ②1960年代後半—「3C」〈　　　　　〉〈　　　　　〉〈　　　　　〉
   ③商工業が急速に発達しモノが豊かになったこの時代を〈　　　　〉成長時代という。

3. 2の時代に続く現代社会の特色を考えよう。
   ①主な耐久消費財の一般世帯への普及率を予想しよう。（『日本統計年鑑』『日本国勢図絵』）
   　ア　温水洗浄便座—〈　　　〉％（2009年）
   　イ　乗用車—〈　　　〉％（2009年）
   　ウ　ルームエアコン—〈　　　〉％（2009年）
   　エ　カラーテレビ—〈　　　〉％（2009年）
   　オ　自動車生産台数—〈　　　　　　〉台（2010年）
   ②現代のように、大量に生産されたモノが大量に使われて最後に大量廃棄される社会を
   　〈　　　　　〉社会という。
   ③便利な自動車に比べて、江戸時代の駕籠の良い点は
   　何か。（『大江戸省エネ事情』石川英輔　講談社文庫による）

江戸時代の駕籠

4. 速さ、便利さ、モノの豊かさの代わりに、現代の私たちが失ったものを考えよう。

第1章 学習課題とその展開　「大量消費社会」の光と陰

授業のねらい

高度経済成長時代を経て現代が大量消費社会となったことを5つの指標からとらえ、速さ、便利さ、モノの豊かさ等の恩恵を知ると同時にその半面失ったものは何かを考える。

板書

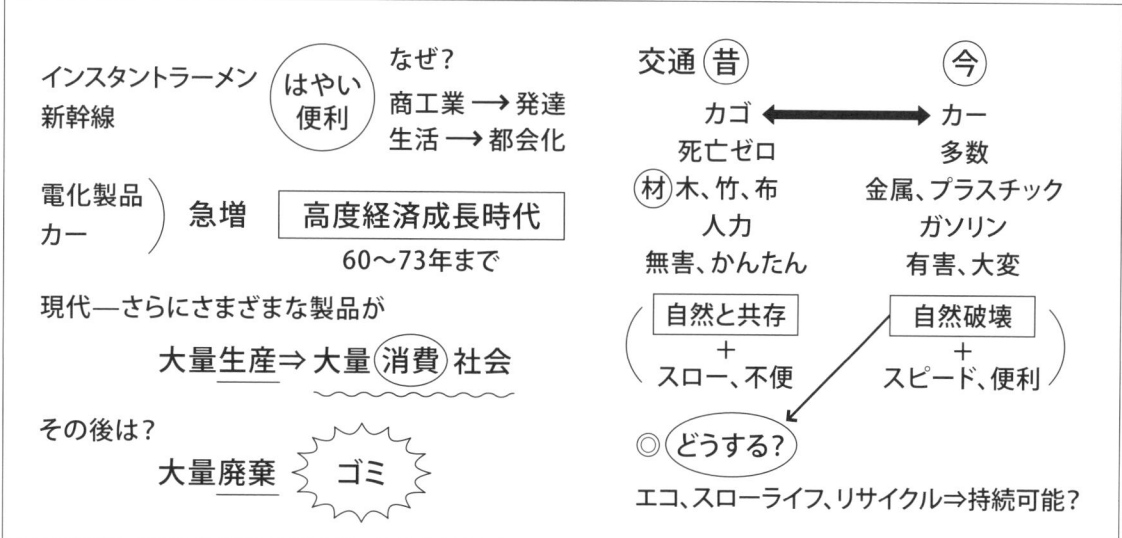

解答

▲1.速い、便利、楽等の視点からまとめる。 2.①白黒テレビ・電気洗濯機・電気冷蔵庫 ②カー・クーラー・カラーテレビ ③高度経済 3.①ア72 イ83 ウ89 エ100 オ962万6千台（人口1億24万人） ②大量消費 ③死亡事故ほぼゼロ、化石燃料消費ゼロ（地球にやさしい）、金属類の使用ほぼゼロ（捨てても環境を壊さない） 4.自然破壊に加え、肥満・生活習慣病の広がりと低年齢化等、自分との関わりにも目を向けさせたい。

【チェックテスト】No.6　組　　　名前

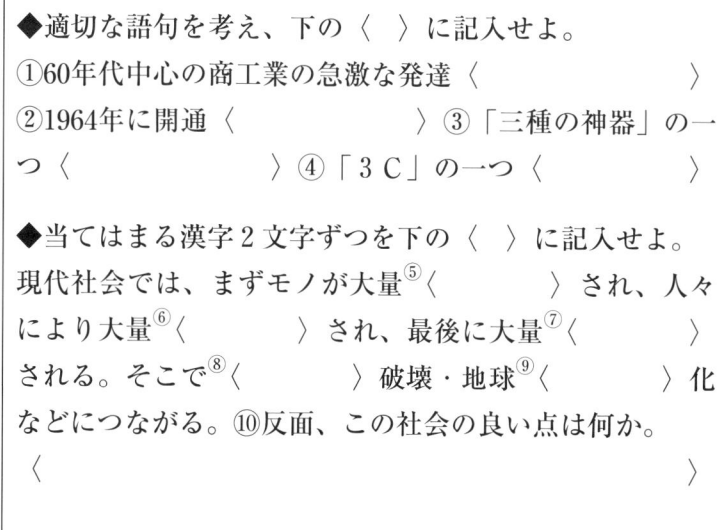

《チェックテスト解答》
①高度経済成長 ②東海道新幹線 ③④解答略 ⑤生産 ⑥消費 ⑦廃棄・処分等 ⑧環境や自然など ⑨温暖 ⑩速さ、便利などの視点から具体的に記述。
※ここでの現代社会の学習を、過去の社会にあったすぐれた点の見直しと、何を守り、何を改善すれば持続可能な社会になるかという未来への考察につなげたい。

■学習課題 No.7

少子高齢化社会を迎えて

1．下のようなグラフを〈　　　　　　〉とよぶ。（『日本国勢図絵』2010/11）

〈A〉 (1935)　〈B〉 (2009)

① 15歳以下を黒く塗り、65歳以上は赤く塗ろう。後者を〈　　　　　〉とよぶ。

② 〈A〉〈B〉を比べて分かることは？

③ 〈B〉の社会を〈　　　　　〉社会という。今の日本は〈A〉〈B〉どちら？

④ 次の数字はいずれも日本国民に関係する。何を示しているか。気づくことも言おう。
　ア　153人（1963年）⇒ 47756人（2011年）
　　〈　　　　　　　　　　　　〉の人数
　イ　4.54人（1947年）⇒ 1.26人（2005年）⇒ 1.39人（2010年）
　　〈　　　　　　　　　　　　〉の人数

2．このように変化した現代社会の未来は〈　　　〉色である。（自分の考え）　良い点や問題点を挙げて何色か話しあおう。

3．子どもや老人を支えるのは、収入があり税を納める働く世代である。では、働く人々（労働力世代）が総人口の中に占める割合は今後—〈増える・減る・ほぼ変わらない〉。

・右表の①②に数字を記入して気づくことは？

	1965年	2012年	2030年
総人口	9827万人	1億2750万人	1億1662万人
労働力世代	4787万人	6513万人	6180万人
総/労（人）	2.05人	①〈　　　〉人	②〈　　　〉人

〈厚生労働省試算〉

4．高齢者の増加を仕事の増加や社会のプラスにつなげるにはどんな方法があるか。

第1章 学習課題とその展開　少子高齢化社会を迎えて

授業のねらい

日本の少子高齢化の現状をグラフや各種の指標から読み取り、こういう社会の未来は何色かを話しあう中でその良さや課題を多面的に理解して、さらに向上させる方法を考える。

板書

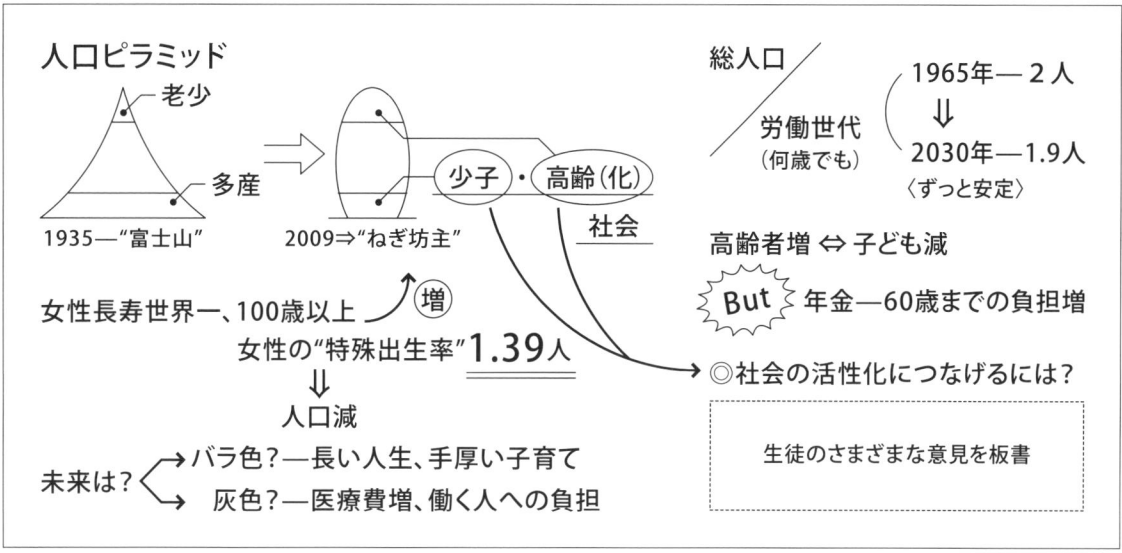

解答

▲1.人口ピラミッド ①高齢者 ②子どもが減り高齢者が増加、80歳以上が激増 ③少子高齢化〈B〉 ④ア100歳以上 イ一人の女性が産む子の平均（合計特殊出生率）　2.その色を選んだ理由を話す中で、㉂女性長寿世界一、手厚い子供の世話 ㉃医療費増、施設不足、年金負担増、過保護など多面的に論議　3.ほぼ不変 ①1.96 ②1.89（教師が正答を提示）高齢者は増えても逆に子の数は減るため。　4.サービス、福祉、教育を重視して雇用増等

【チェックテスト】No.7　組　　名前

◆下の〈 〉に漢字を入れて語句を完成させよ。
① 〈　　　　　〉ピラミッド ②合計特殊〈　　　　　〉率
③少子〈　　　　　〉社会 ④女性〈　　　　　〉世界一

◆正しい文には○、間違っている文には×をつけよ。
⑤日本の人口は今後減る傾向にある。（　）
⑥現代の日本女性は平均2.5人しか出産しない。（　）
⑦労働力世代が他の人々を支える割合は増える。（　）
⑧高齢者とは65歳以上の人をさす。（　）
⑨日本の少子化はこの30年間すすんでいない。（　）
⑩高齢化がすすんでも問題点ばかりではない。（　）

《チェックテスト解答》
①人口 ②出生 ③高齢化 ④長寿 ⑤○ ⑥× ⑦× ⑧○ ⑨× ⑩○

※高齢者一人分の年金を20～60歳の現役世代何人が支えるか。それだけを示すと生徒の負担感は増す。そこで、働く高齢者をふくむ労働世代全体で総人口を支える厚労省試算も紹介してゆさぶりたい。その割合はほぼ不変である。

■学習課題 No.8

情報化の進展と社会

1. 現代の情報伝達手段にはどのようなものがあるか。できるだけ挙げてみよう。

・このうち、一方向からの「大量情報伝達手段」に○をつけよう。
　それらを①〈　　　　　　　　　　　〉＝略して②〈　　　　　　　〉という。
・一方向からではない伝達手段は何か。③〈　　　　　　　　　　　　　　　　〉
④その③で挙げたものそれぞれの特色を挙げてみよう。

2.

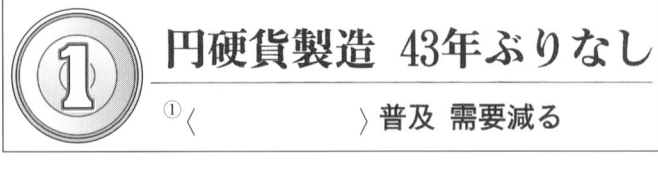

円硬貨製造　43年ぶりなし
①〈　　　　　　〉普及　需要減る

2011年には5円玉、50円玉も一般向け製造がゼロとなった。それはなぜか。適切な語句や数字を①〜③の〈　〉に入れよう。

②〈　　　　　　　〉発行数も〈　　　　　　〉枚

・このように、多様な情報伝達手段が発達し、情報の活用がさらにすすんだ社会を
　③〈　　　　　　　　　〉という。

3. このような社会にはどんなよい点や課題があるかを考えよう。
　①あなたが便利だと思うのはどんなことか。

　②あなたはどんな問題にぶつかったことがあるか。

　③この社会では何に注意して生活すべきか。思ったことを挙げ教科書などで確認しよう。

第1章 学習課題とその展開　情報化の進展と社会

授業のねらい

多様な情報伝達機関の特色を理解し、3種の硬貨の製造を不要にするほどカードの普及や社会の情報化がすすんだことを知って、その良さや課題、活用上の留意点等を考える。

板　書

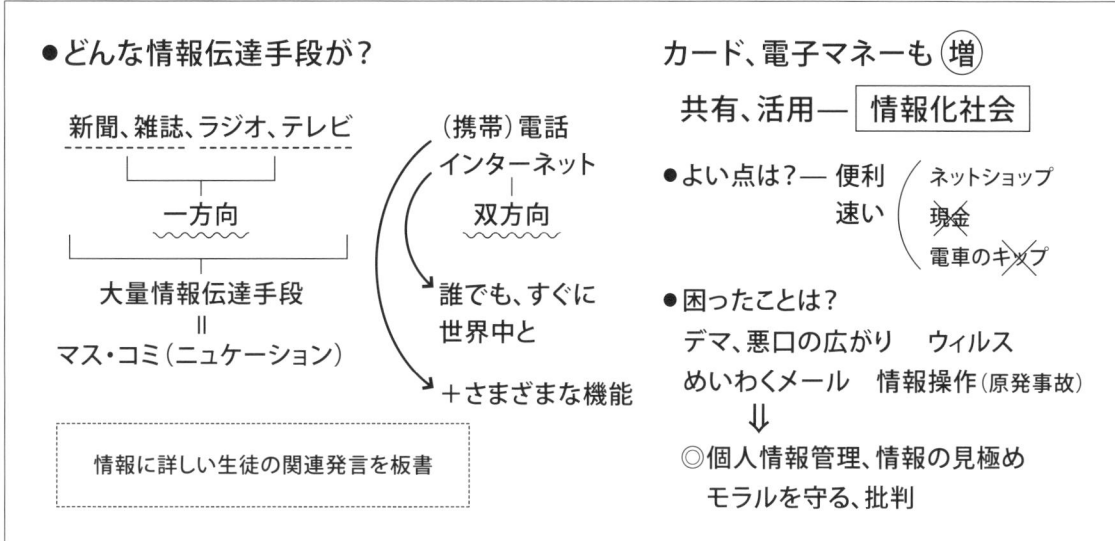

解答

▲1．新聞、本や雑誌、ラジオ、テレビ、郵便、（携帯）電話、インターネット等　①マス・コミュニケーション　②マス・コミ　③電話、インターネット　④同じ「双方向」でも、電話は基本的にマンツーマンだがネットは違う。（知識豊富な生徒に説明させる）　2．①電子マネー　②カード・1億4千万（09年8月末現在）③情報化社会　3．①その場で誰もが瞬時に世界中と広く交信して多様な情報を入手　②各自　③情報の取捨選択や流出、モラル向上等

【チェックテスト】No.8　　組　　　名前

①双方向の伝達手段—〈　　　　　〉〈　　　　　〉
②一方向の伝達手段—〈　　　　　〉〈　　　　　〉
③大量情報伝達手段を別名〈　　　　　　〉という。
④最も優れた伝達手段と思うものを挙げ、理由を記せ。
〈　　　　　　〉—〈　　　　　　　　　　　〉
⑤〈　　　〉マネーやクレジットカードも増加。
⑥情報が重要視される現代を〈　　　　〉社会という。
⑦こうした社会の問題点を二つ記せ。※〈　〉は各10点
〈　　　　　　　　　　　　　　　〉
〈　　　　　　　　　　　　　　　〉

《チェックテスト解答》
①（携帯）電話・インターネット　②テレビ・新聞等　③マス・コミ（ニュケーション）④各自　⑤電子　⑥情報化　⑦情報流出・誤情報氾濫・他者中傷等

※情報機器に詳しい者を十分活躍させつつ生徒自身の体験を引き出して一般化し、ネット社会の到達点と課題を自分ごととして理解させたい。

■学習課題 No.9

一つになる世界

1．〈A〉から気づくことや疑問は？

〈A〉ケータイゴリラ

①アフリカ・コンゴ民主共和国の熱帯雨林に住むゴリラとケータイの間にはどんな関係があるか。

〈B〉

（©ケータイゴリラ）

・じつは関係していたこの二つ。こうして、国や地域のわくを超え地球規模で関連しあう社会を②〈　　　　　〉社会という。そこで活動する、利益を目的としない民間団体を③〈　　　　　〉＝略称〈　　　　〉という。（この取り組みをした団体もその一つ）

2．次の①～③による日本への影響は？ 答えを〈　〉に記入して世界との関係を考えよう。
　①日照りによりアメリカの小麦生産量が急に減ると日本では？
　〈　　　　　　　　　　　　　　　　　　　　　　　　　　　　〉

他にも「つながり」は？

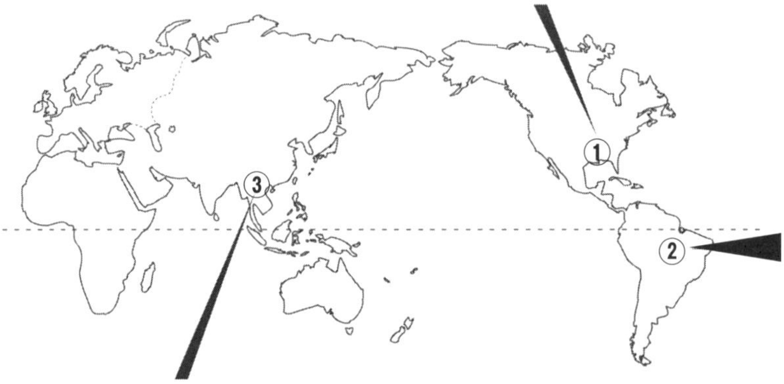

②2014年、サッカーワールドカップブラジル大会に関して日本では？
〈　　　　　　　　　〉

③2011年、タイで大洪水が起きると日本では？
〈　　　　　　　　　　　　　　　　　　　　　　　　　　　　〉

3．海外で活動する日本国民・日本で活動する外国人の名を挙げてみよう。

4．「一つになる世界」でみなが幸せに生きるには、互いに何に気をつければよいか

第1章 学習課題とその展開　一つになる世界

授業のねらい

「ケータイゴリラ」等、日本に関わる思いがけぬ事例から現代世界におけるグローバル化の進展を知り、そこにどんな人的交流があるかを想起して相互に配慮すべき事項を考えあう。

板書

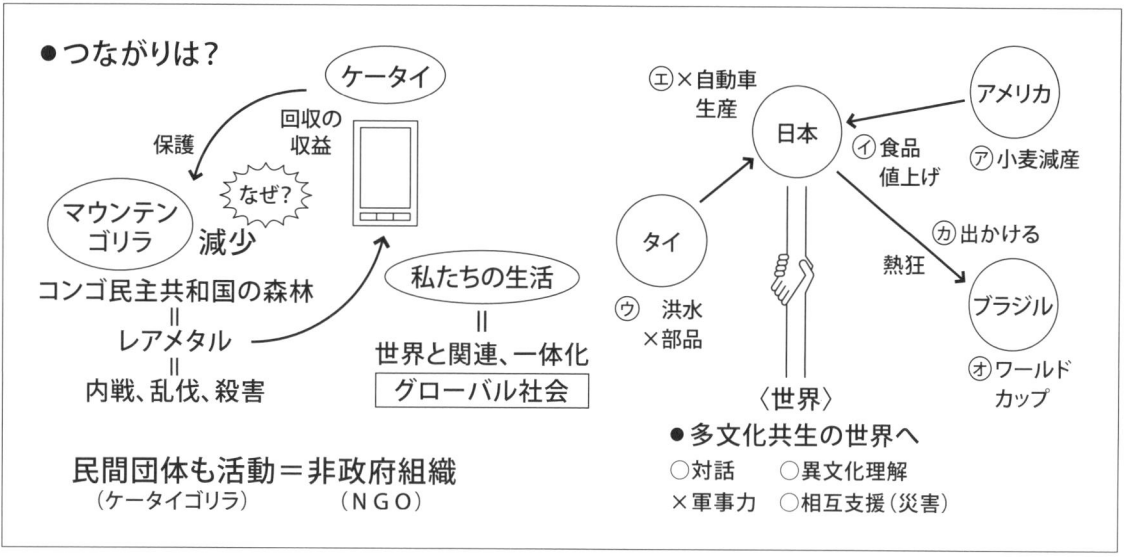

解答

▲1.誤答歓迎 ヒントは〈B〉。「携帯電話のリサイクル・リユース収益⇒ゴリラ保護」。①コンゴ民主共和国の森林は携帯電話に使うレアメタルの産地。その採掘権を巡って紛争が激化し、採掘に「邪魔な」ゴリラを殺害。②グローバル化 ③非政府組織・NGO 2.①小麦が原料のパン、納豆、豆腐等の値上がり ②多くのサポーターの出国、報道や観戦の熱狂等 ③部品輸入停止による自動車減産、鶏肉の輸入減 3.適宜 4.対話、相手文化への配慮等

【チェックテスト】No.9　組　　　名前

◆①～⑥について、互いに関係ある語句を線で結べ。
①アマゾン熱帯林減少　　　・　　　・NGO
②タイでの大洪水　　　　　・　　　・地球温暖化への影響
③アメリカの小麦減産　　　・　　　・グローバル社会
④ケニアレアメタル採掘　　・　　　・日本の自動車減産
⑤世界各地の一体化　　　　・　　　・日本のパンの値上げ
⑥非政府組織　　　　　　　・　　　・森でのゴリラの殺害

⑦世界で活動する日本人2人〈　　　　・　　　　〉
⑧日本で活動する外国人2人〈　　　　・　　　　〉
⑨グローバル社会を生きる上で大切なことは？〈20点〉
〈　　　　　　　　　　　　　　　　　　　　〉

《チェックテスト解答》
①地球— ②日本の自動車— ③日本のパン— ④森— ⑤グロ— ⑥NGO ⑦⑧適宜 ⑨対話、異文化理解と尊重等
※世界情勢は日々変転する。2でのグローバル化の事例は、その時々で生徒の関心の高いタイムリーなできごとと差し替えたい。3では、「内なるグローバル化」にも関心を拡げさせたい。

■学習課題 No.10
家族と生活

1. 君は将来結婚するか結婚しないか。子どもはつくるかつくらないか。

・現在はどの世帯が最も多いか。多いと思う順に1～3の番号をつけよ。　（2010年国勢調査）
（　）夫婦2人家族　　　（　）「おひとり様」世帯　　　（　）夫婦と子どもの家族
（4）夫婦の親などがいる家族（約530万世帯）（5）単親と子どもの家族（約452万世帯）

2. 結婚の際には①〈　　　〉届が必要となる。次の届（一部）の②③に「大日本帝国」か「日本国」の語句を記入せよ。

②〈　　　〉時代

③〈　　　〉時代

④比べて気づくことを書こう。

⑤日本国憲法24条にある結婚についての規定を調べよう。

ア〈　　　〉は〈　　　〉の〈　　　　〉のみに基いて成立し、夫婦が〈　　　　〉の権利を有する……イ〈　　　　〉の選択……その他の事項に関しては、法律は、〈　　　〉の〈　　　〉と〈　　　〉の〈　　　　　　〉に立脚して制定……

3. 「夫婦別姓」とはどんなことか。君はどう考えるか。

第1章 学習課題とその展開　家族と生活

授業のねらい

単身・結婚と家族の形成等、多様な生活のあり方とその現状を理解し、戦前と戦後の婚姻制度の違いをつかんだ上で、「夫婦別姓」問題について自分の考えを持てるようになる。

板書

●結婚は？　子どもは？

　生徒のさまざまな意見を板書
　・仕事優先　・相手しだい
　・家庭尊重　・経済面重視

2010年　1位　単身世帯（ひとり）
　　　　　2位　核家族（夫婦と子ども）
　　　　　3位　夫婦のみ

●多様な生き方を認め合う

●婚姻のあり方は？
- 大日本帝国時代― 親の同意、㊞式重視
　　　　夫の氏となる
　　　　「○○家」と「△△家」
- 日本国時代（戦後）―自分が配偶者を選択
　　　　⇩
　両性の合意のみ必要
　（本質的に平等）
　でも ㊞夫か妻の氏を選ぶ
　　　　97％
㊞夫婦別姓
　賛成者が多数 → 法律に？

解答

▲1.各自　(1)「おひとり様」（約1679万世帯）　(2) 夫婦と子ども（約1444万世帯）　(3) 夫婦2人（約1024万世帯）　2.①婚姻 ②大日本帝国 ③日本国 ④大日本帝国時代は戸主や父母の同意が必要、結婚式の日付も記入。日本国時代は夫と妻の2人が届け出、②と違い妻の氏も選べる、結婚式にこだわらない。⑤ア婚姻・両性・合意・同等　イ配偶者・個人・尊厳・両性・本質的平等　3.結婚後も自姓を名乗る。子どもの姓は選択？（各自が発表）

【チェックテスト】No.9　　組　　　名前

◆ひらがなを漢字に直して記入せよ。
①かくかぞく〈　　　〉②たんしんせたい〈　　〉③こんいん〈　　〉④はいぐうしゃ〈　　〉
⑤りょうせい・ごうい〈　　・　　〉

◆正しい文には○、間違った文には×をつけよ。
⑥現在の世帯の中では夫婦2人家族が最も多い。（　）
⑦現在、成人の結婚には父母の許可は不要である。（　）
⑧現在、結婚後の氏は夫妻どちらかを選べばよい。（　）
⑨現在、結婚は結婚式を挙げた時点で成立する。（　）
⑩夫婦別姓は今後認められる予定である。（　）

《チェックテスト解答》
①核家族 ②単身世帯 ③婚姻 ④配偶者 ⑤両性・合意 ⑥× ⑦○ ⑧○ ⑨× ⑩×

※家庭を持たない生き方も増えた。そこで、教科名を「家庭科」ではなく「生活科学」とした大学もある。同性婚は、現在ヨーロッパではオランダ等7カ国で、アメリカでも9州で認められている。夫婦別姓では子の姓は選択制となる。

■学習課題 No.11

人権思想の発達

1. 中学生にも人権はあるか。あるとすれば、どんな自由や権利か。

　①〈　　　　　〉の権利条約の「—の権利」「—する権利」と書かれた箇所に線を引こう。
　②〈　　　　　　〉憲法第3章の各条文の見出しを見て、「平等」「自由」「人権」「権」「権利」と記された語句に線を引こう。合計数は〈　　　　〉②から分かることは？

2. 人権についての思想はどう発達したか。（　）には国名を〈　〉には人名を□から選んで入れよ。（各文書は分かりやすく要約）分かることは何か。

　① （　　　　　　　）〈　　　　　　〉

　| 政府が国民を裏切り、その生命・自由・財産を守らなければ、国民は抵抗して政府を変えてよい。（『市民政府二論』1690年）|

　—名誉革命で新国王をたてる—

　② （　　　　　　　）独立宣言 1776年

　| 全ての人は平等につくられ、一定の権利を与えられている。それらの権利を守らない政府を廃止して新しい政府をつくることは人民の権利である。|

　—本国イギリスと戦い独立—

　③ （　　　　　　　）人権宣言 1789年・・・もとになった思想を主張した人物

　| 人は生まれながら自由で平等の権利を持つ。あらゆる政治的結合の目的は、人権を守ることにある。主権のみなもとは、もともと国民の中にある。|

　④ 三権分立—〈　　　　　　　〉
　⑤ 人民主権—〈　　　　　　　〉

　⑥ （　　　　　　　）独立宣言 1945年

　| 全ての人は平等である。だがフランス帝国主義者は80年以上も我が国を占領し自由・平等の権利をふみにじった。我々はそれと戦い、今我が国が自由で独立した国であることを宣言する。|

　—革命により王政を廃止して共和制へ—

　—フランスの支配を脱して独立—

　| フランス・イギリス・アメリカ・ベトナム　ルソー・モンテスキュー・ロック |

3. 国連ではその後、人権に関していつどんな宣言・規約・条約が定められたか。

—28—

第1章 学習課題とその展開　人権思想の発達

授業のねらい

中学生にはどんな人権があるかを条約、憲法等に照らして確かめ、それらの人権に関する思想はいつの時代からどう発達してきたか事例をたどって現代とのつながりを理解する。

板　書

- 中学生の人権とは？
  - 子どもの権利条約 — 保護、教育、意見表明　（世界共通）
  - 日本国憲法 — 多くの自由、権利　（国民として）

- 人権の発達は？
  - （イギリス） — ロック 1690年　政府の役目は国民の保護
  - （アメリカ）植民地の人も平等だ（1776年 独立宣言）
  - （フランス）×王政 人権宣言 1789年
    人は全て自由平等、主権者は国民
    - モンテスキュー「法の精神」（三権分立）
    - ルソー「社会契約論」（人民主義）
  - 植（ベトナム）ならば我々も独立を！ 1945年

- ☆さらに具体的に —
  - 世界人権宣言⇒国際人権規約
  - ⇒女性差別撤廃条約
  - 子どもの……

解　答

▲1.ある、ない、あるが大人より少ない等　①子ども（児童の権利に関する）②日本国（「人権」を構成する種々の権利に着目）　21 子どもを含む全国民に人権を保障、内容が具体的等　2.①イギリス・ロック ②アメリカ ③フランス ④モンテスキュー（三権とは？なぜ分立？）⑤ルソー（三権の中で、人民が選ぶ立法府が最高機関）⑥ベトナム　3.世界人権宣言⇒国際人権規約⇒女性差別撤廃条約へと規制度が強まり、より具体化。

【チェックテスト】No.11　組　　名前

◆次の文中の〈　〉に当てはまる語句を記入せよ。
1690年、イギリスの①〈　　　　〉が市民の権利を唱えると、1776年のアメリカ②〈　　　　　〉や13年後のフランス③〈　　　　　〉では国民の自由と平等が主張され、モンテスキューは④〈　　　　　〉を、ルソーは⑤〈　　　　　〉を主張。現在、子どもの人権は⑥〈　　　　　〉条約で世界的に承認された。

◆権利として中学生も持つもの2つに○をつけよ。
⑦意見表明の自由（　）　⑧望むものを得る権利（　）
⑨無制限に行動する自由（　）　⑩保護される権利（　）

《チェックテスト解答》
①ロック　②独立宣言　③人権宣言　④三権分立　⑤人民主権　⑥子どもの権利　⑦○　⑩○
※市民革命期に権利が保障されたのは、一定の税を納める成人男子の自国民である。女性や植民地の人々の人権は不十分であった。だが、人類はそこを出発点として順次権利を拡げ、現在の地点まで到達した。

■学習課題 No.12
日本国憲法の制定

1. 何をしているのか、気づくことを言おう。

（1947年5月5日）

2. 新憲法はなぜ子どもにまでPRされたか。（大日本帝国憲法は発布まで秘密）制定されるまでの過程から考えよう。

・1945年、日本政府が受けいれて降伏したAを①〈　　　　　〉宣言という。
・日本を占領した連合国軍総司令部＝略称②〈　　　〉は、日本が再び侵略戦争をしないようAのどの部分を新憲法に入れようと考えたか。予想して線を引こう。

〈A〉日本国民をだまして世界征服にのりださせた者の権力は取り除く。・日本政府は民主主義を強め、自由や基本的人権を尊重しなくてはいけない。・日本は平和的傾向を持つ責任ある政府をつくる。（一部要約）

③1946年2月の日本政府の憲法案である。②はこれを（認めた。認めなかった。）

第7条　天皇は衆議院を解散できる。
第20条　臣民は法律に従って役務を行う義務がある。
第28条　臣民は秩序を乱さない範囲で信教の自由を持つ。

④日本政府は何をもとに新しい憲法をつくったか。〈　　　　　　　　　　〉
⑤国民はその新憲法案をどう受けとめたか。（毎日新聞世論調査　1946.5.17）

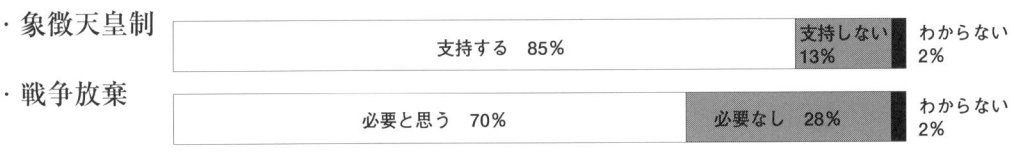

⑥この案は男女普通選挙でつくられた新国会で承認され、〈　　　　〉憲法となった。
〈　　　〉年11月3日―〈　　　〉・〈　　　〉年5月3日―〈　　　　〉

この新憲法の精神を子どもたちにPRすることが、なぜ大切なのだろうか

第1章 学習課題とその展開　日本国憲法の制定

授業のねらい

新憲法が紙芝居により児童にもＰＲされたことを知ってその制定過程を学び、当時は青少年への啓発こそが憲法定着と民主主義の発展に必要と考えられていたことを理解する。

板書

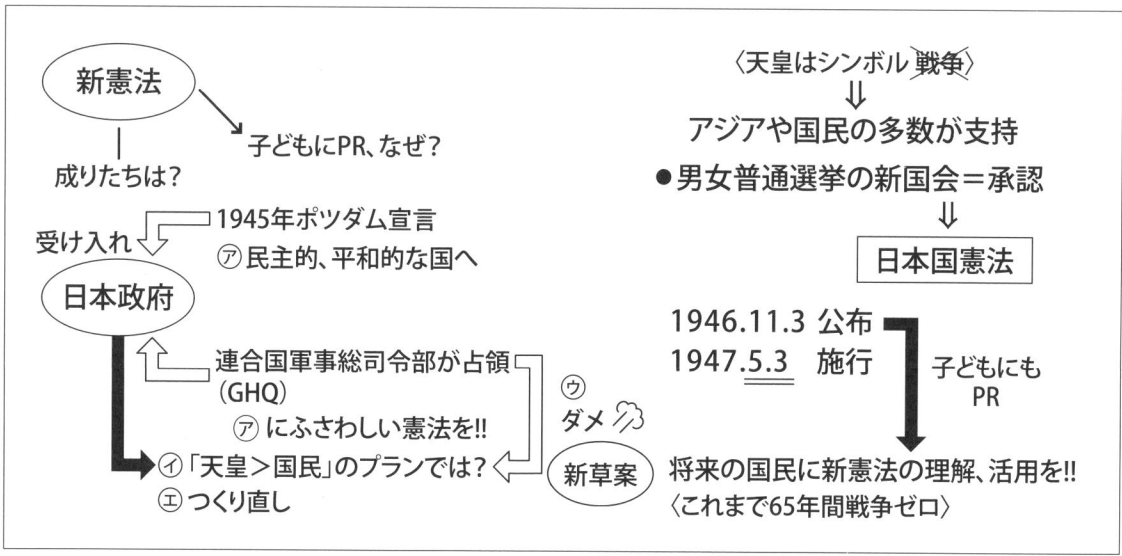

解答

▲1. おじさんが都会で紙芝居・新憲法を子どもに宣伝等（それはなぜか疑問を膨らませる）
2. ①ポツダム　②ＧＨＱ　民主主義　自由や基本的人権　平和的傾向　③認めなかった（天皇重視、国民軽視でポツダム宣言での約束と違う）　④ＧＨＱが示した新憲法プラン　⑤大多数が支持（国民が政府に「押しつけ」）　⑥日本国・1946・公布・1947・施行　⑦若いうちに新憲法の良さを知ると大人になっても活かすから（だから紙芝居まで作ったのか!!）

【チェックテスト】No.12　組　名前

◆文中の誤り8カ所に×をつけ、正しい語句に直せ。
　1945年に人権宣言を受け入れて降伏した日本は米軍総司令部（ＧＤＰ）に占領された。

　日本政府はその作成案をもとにした新憲法案を国会にかけ、日本帝国憲法を成立させた。天皇中心のこの憲法は1946年11月3日に施行、翌年5月5日に公布された。

◆下のひらがなを漢字に直せ。
⑨みんしゅしゅぎ〈　　　　　　　　　〉
⑩きほんてきじんけん〈　　　　　　　　　　　〉

《チェックテスト解答》
①人権⇒ポツダム　②米⇒連合国　③ＤＰ⇒ＨＱ　④「帝」を削除　⑤天皇⇒国民　⑥施行⇒公布　⑦5⇒3　⑧公布⇒施行　⑨民主主義　⑩基本的人権
※ポツダム宣言にそってＧＨＱがつくった憲法草案は、当時の政府には不本意であったが、かつて侵略されたアジア諸国や国民の多数が支持したことを確認したい。

■学習課題 No.13

日本国憲法の基本原理

1. 〈A〉〈B〉を比べ、気づくことを発表しよう。

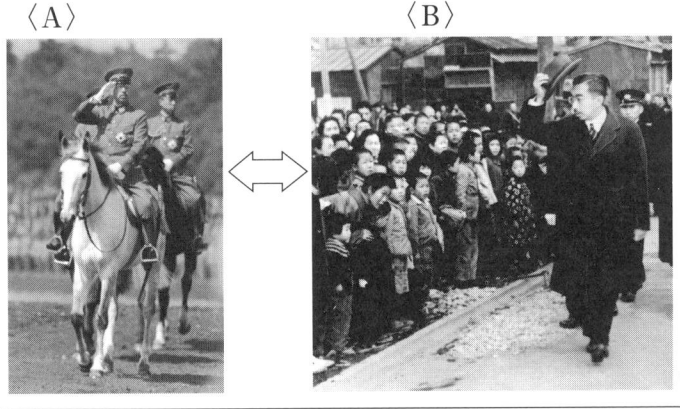

   〈A〉　　　　　　　〈B〉

   なぜ、こうした違いが生じたか。

   （左右写真提供：共同通信社）

   ①〈　　　〉は日本国の②〈　　　〉（憲法第1条）・憲法の定める③〈　　　〉のみを行い、④〈　　　〉に関する権能を有しない。（第4条）

2. 以上のことをふまえて、日本国憲法の基本原理について考え、調べていこう。

   ①〈A〉に代わって、日本国の主権者になったのは誰か。〈　　　　　〉

   ※第一の原理＝ア≪　　　　　　　　≫

   ここに〈　　　〉が〈　　　〉に存することを宣言し、この憲法を確定する（前文）

   ②ならば、その人たちの人権は尊重されるか。〈　　　　　〉

   ※第二の原理＝イ≪　　　　　　　　≫

   国民は、すべての〈　　　　　　〉の〈　　　　〉を妨げられない（第11条）

   ③この二つの原理は欧米の憲法と共通である。では、日本国憲法独自の原理とは？

   〈C〉から考えよう。

   ※第三の原理＝ウ≪　　　　　　　　≫

   国権の発動たる〈　　　〉と、〈　　　　〉による威嚇又は
   武力の行使は………永久にこれを〈　　　〉する。　陸海空軍
   その他の〈　　　〉はこれを〈　　　〉しない（第9条）

   〈C〉

   （文部省『新しい憲法の話』より）

   ④憲法の構成は？　各章を対比して気づくことを言おう。

   第1章 天　皇　　　第〈　〉条～〈　〉条
   第2章 戦争の放棄　　第〈　〉条
   第3章 国民の権利及び義務　第〈　〉条～〈　〉

   ⑤2章、3章がそうなっている理由を考えよう。

第1章 学習課題とその展開　日本国憲法の基本原理

授業のねらい

〈A〉〈B〉を対比して天皇の地位の変化をつかみ、それによって誰が国の主権者となり多くの人権を獲得したかを考え、日本独自の規定も調べて憲法の三つの基本原理を理解する。

板書

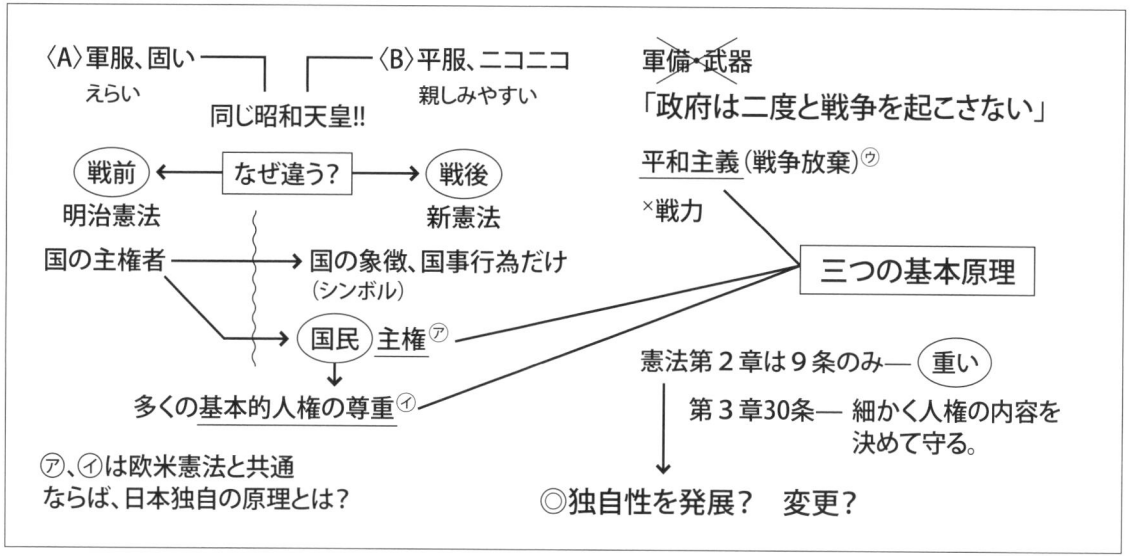

解答

▲1.軍服から平服へ、遠くの馬上から民衆の中へ、固い表情から笑顔へ等 同じ昭和天皇がなぜ？ 地位が変化？ ①天皇 ②象徴 ③国事に関する行為 ④国政 2.①国民 ア国民主権 主権・国民 ②される イ基本的人権・尊重 基本的人権・享有 ③戦争否定 ウ平和主義（戦争放棄） 戦争・武力・放棄・戦力・保持 ④1章1〜8、2章9、3章10〜40 2章は9条だけ、3章は30条も。⑤9条は日本の特色なので重視、3章は人権を具体的に保障。

【チェックテスト】No.13　組　　名前

◆日本国憲法について〈 〉に適切な語句を入れよ。
天皇は日本国の①〈　　　〉・主権者は②〈　　　〉で、多くの③〈　　　〉人権を持つ。欧米にない特色は④〈　　　〉主義で、永久に戦争を⑤〈　　　〉して軍隊等の⑥〈　　　〉を⑦〈　　　〉しない。

◆正しい文には○、間違っている文には×をつけよ。
⑧天皇の持つ力は明治も現在も変わっていない。（　）
⑨日本と欧米の憲法は共通点もあり違いもある。（　）
⑩日本国憲法第1章は天皇について記してある。（　）

《チェックテスト解答》
①象徴 ②国民 ③基本的 ④平和 ⑤放棄 ⑥戦力 ⑦保持 ⑧× ⑨○ ⑩○

※平和主義こそ、欧米にはない日本国憲法の特色だ。第2章が9条一つから成っているのはその重さを表す。そこでその特色を守るか、変更して欧米同様軍隊や戦争を認めるかどうかが焦点となっていることを理解させたい。

■学習課題 No.14

自由権を考える

1．自由権は基本的人権の一つである。君たちはどんな自由が欲しいか。

①憲法ではどんな自由が認められているか。○×クイズをしよう。
ア 日本国民であることをやめる自由（　）
イ 街の中で原発反対のデモをする自由（　）
ウ 警察官が怪しいと思った人物を逮捕する自由（　）

②憲法ではどんな自由が認められないか。予想の後、憲法12条から考えよう。

この憲法が国民に保障する自由及び権利は………〈　　　　〉してはならない
常に〈　　　　　〉のためにこれを利用する責任を負う

2．ピンク・レディーが「権利」と「自由」をめぐって372万円の損害賠償を求めた裁判とは？

〈ピンク・レディーの写真14枚を無断で利用して、『ピンク・レディーdeダイエット』という企画を掲載した週刊誌の記事が問題化〉

姿かたちはタレントの財産。その写真を勝手に使い利益を得るのは疑問。損害を賠償して。〈ピンクレディー〉

企画の一部に使うならよい。憲法21条で①〈　　　〉の自由が国民に認められている。〈出版社〉

②君はどちらに賛成か。

（『女性自身』（光文社）2007年2月27日号）

③最高裁判所の判決は？〈2012年2月2日〉　≪　　　　　　　≫側の主張を認める。

3．下の□から適切な語句を選んで〈 〉に入れ、憲法に保障された自由権を分類しよう。
①〈　　　　　〉の自由―逮捕状なしに逮捕されない・奴隷的拘束や苦役からの自由等
②〈　　　　　〉の自由―職業選択の自由・居住の自由など
③〈　　　　　〉の自由―思想 学問の自由・信教の自由・集会 結社 表現の自由など

経済活動・身体・精神

④君たちが1で挙げた「自由」は認められるか。憲法を参考にしながら考えてみよう。

— 34 —

第1章 学習課題とその展開　自由権を考える

授業のねらい

自分たちの望む「自由」を出発点に憲法が保障する種々の自由権に関心を広げ、裁判を例に濫用と活用という二面から考察・分類して、自らが挙げた「自由」の再検証につなげる。

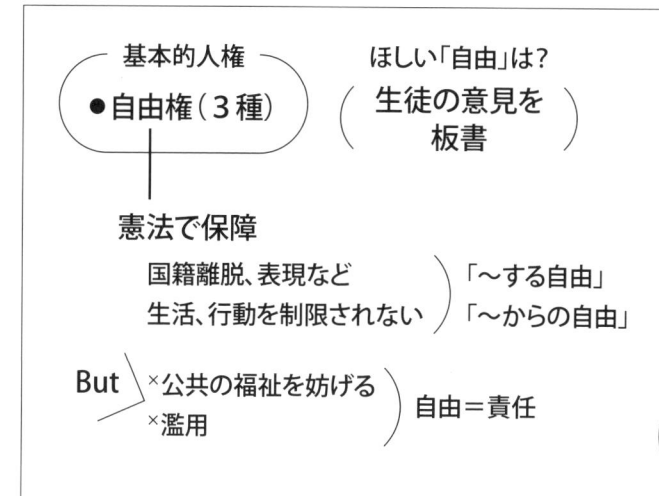

板　　書

- 基本的人権
  - ●自由権（3種）
  - 憲法で保障
    - 国籍離脱、表現など　　　　「〜する自由」
    - 生活、行動を制限されない　「〜からの自由」
  - But ×公共の福祉を妨げる
        ×濫用　　　　　　　　　　自由＝責任
- ほしい「自由」は？
  - （生徒の意見を板書）
- ●ピの写真14枚—無断で記事の一部に
  - 表現の自由？⇔濫用？
  - （生徒の意見を板書）
- ●最高裁判所—「正当な表現」
  - 「有名人—この程度は許容を」
- ①精神の自由—思想、言論、表現
- ②身体の自由—×苦役　×体罰
- ③経済活動の自由—居住、職業選択

解　答

▲1.「—する自由」「—からの自由」などの視点から区分　ア○（22条・国籍離脱の自由）イ○（21条・表現の自由）ウ×（33条・逮捕の要件）②濫用・公共の福祉—他者の自由や権利を損なう自由は認められない。『では、何が濫用で何が正当な行使かをどう判断するか』と投げかけ2の「裁判」学習につなぐ。2.①表現　②各自　③出版社「写真は記事の主体ではなく補助・正当な表現活動の範囲内だ」　3.①身体　②経済活動　③精神　④適宜対応

【チェックテスト】No.14　組　　名前

◆次の文に、精神・身体・経済活動の語を選んで入れよ。（何度使ってもよい）

①考えが違っても差別されない—〈　　　　〉の自由
②自分の考えで就職先を決める—〈　　　　〉の自由
③理由も示されず逮捕されない—〈　　　　〉の自由
④独自の考えを本にまとめ出版—〈　　　　〉の自由
⑤自分の住みたいところに住む—〈　　　　〉の自由
⑥刑以外は行動を制限されない—〈　　　　〉の自由

◆次のひらがなを漢字に直せ。
⑦こうきょう〈　　　　〉⑧ふくし〈　　　　〉
⑨けんり〈　　　　〉⑩しんきょう〈　　　　〉の自由

《チェックテスト解答》
①精神　②経済活動　③身体　④精神　⑤経済活動　⑥身体　⑦公共　⑧福祉　⑨権利　⑩信教

※自由のよさは誰もが認める。だが、自由権とは機械的に適用される固定観念ではない。対立する主張を勘案しながらどう判断し発展させるかが重要だ。泣き寝入りしないで裁判権を行使するピの姿勢にも共感させたい。

■学習課題 No.15

平等権の広がり

1．これは何のマークか。下の□の文章を完成させて分かることは？

| すべて国民は法の下に①〈　　　〉であって、②〈　　　〉③〈　　　〉④〈　　　〉、社会的⑤〈　　　〉又は門地により、⑥〈　　　〉⑦〈　　　〉又は⑧〈　　　〉関係において⑨〈　　　〉されない。〈憲法14条〉 |

・この制度はいつ完全施行されたか予想しよう。（1947年・1993年・2003年）

2．では、男女平等の取り組みはどうすすんだか。
　①1993年、男女平等に関して中学で君たちが学ぶ教科に変更があった。それは何か。

　②その変化は、世界や国内のどんな動きと関係していたか。教科書などで調べよう。
　ア 1979年、〈　　　　　　〉撤廃条約を国連で決定（85年に日本も同意）
　イ 85年、男女〈　　　　　　〉法が制定。
　　1 右のような広告はなぜ許されなくなったか。

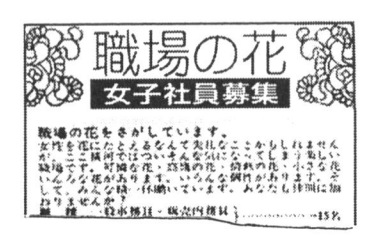

　　2 職業のよび方も変わる。
　　　　看護婦⇒〈　　　　　〉・保母⇒〈　　　　　〉
　ウ 93年、①が実施され、翌年は高校でも変更
　エ 99年、男女〈　　　　　　〉法が制定。
　オ 2010年、「イクメン」が『　　　　　大賞』トップテンに入る。

1973年（昭和48年）

3．今、男女差別はあるか。他に社会的差別や不平等はないか。考えたり調べたりしよう。

| この憲法が国民に保障する自由及び権利は、国民の①〈　　　　　　〉によって、これを②〈　　　　　〉しなくてはならない。〈憲法12条〉 |

第1章 学習課題とその展開　平等権の広がり

授業のねらい

身近なお店にある「補助犬」マークから平等権の広がりに関心を持ち、男女平等実現への取り組みを理解することにつなげて、社会にある差別・不平等問題を調べ考える態度を養う。

板書

```
  (^_^)    盲導犬
           聴導犬  ｝同伴OK
           介助犬

障害者も自由にお店に
   |
「法の下に平等、差別されない」（憲法）1947年
補助犬法―いつ制定？        ↙ 56年後!!
              ↘ 2003年
男女平等は？
①国連―女性差別撤廃条約（1979年）┐
②日本―男女雇用機会均等法（1985年）┘ 6年
```

● 学校との関わりは？―
　中 技術家庭科男女共修（93年）
　↓
　高 （94年）

◎ 男女共同参画社会基本法（99年）
　　↘ 不平等はなくなった？

　　　[生徒のさまざまな意見を板書]

アイヌ民族、在日コリアンには？
権利の保持⇒不断の努力が必要

解　答

▲1.施設・商店等への障害者補助犬同伴はＯＫ ①平等 ②人種 ③信条 ④性別 ⑤身分 ⑥政治的 ⑦経済的 ⑧社会的 ⑨差別　2003年（約10年しか経っていない）2.①家庭科男女共修 ②ア女性（女子）差別 イ雇用機会均等　1 女性だけを募集、仕事以外のことが条件　2 看護師・保育士 エ共同参画社会基本 オ流行語　3.各自の発表を教科書などでの調べ学習へ発展 ①不断の努力・②保持（こうした努力により初めて平等権が広がることを確認）

【チェックテスト】 No.15　組　　名前

◆下の□から語句を選び、憲法の条文を完成させよ。
国民は法の下に①〈　　　〉―政治的、経済的、又は②〈　　　〉的関係において③〈　　　〉されない。
自由及び④〈　　　〉は、国民の不断の⑤〈　　　〉によって、これを⑥〈　　　〉しなくてはいけない。

　　[権利・努力・平等・保持・社会・差別]

◆次の〈　〉に漢字を入れて語句を完成させよ。
⑦男女〈　　　　　〉均等法　⑧〈　　　　　〉撤廃条約　⑨男女〈　　　　　　　〉基本法
⑩身体障害者〈　　　〉犬法

《チェックテスト解答》
①平等　②社会　③差別　④権利　⑤努力　⑥保持　⑦雇用機会　⑧女性差別　⑨共同参画社会　⑩補助

※憲法に記載されただけでは平等権は実現しない。その条項を足がかりに権利を広げ実体化する人々の努力に目を向けさせて、他の差別解消についてもどう努力すればよいかを考えさせたい。

■学習課題 No.16

人間らしく生きる権利

1. 障がいを持つ子どもと教育との関係を考えてみよう。

> のどに障がいを持ち定期的に痰を吸引している６歳の女の子が、市立保育園への入園を断られた。彼女は「みんなと同じ園に入れて。痰は自分で吸引できる」として、管理者の市を相手に親の支援で裁判を起こした。（2006年10月に判決）

①入園すると、本人や園にどんな不都合があると考えられたか。

②君が裁判長ならこの女の子の訴えを（認める・認めない）。

> すべて国民は、法律の定めるところにより、その③〈　　　〉に応じて、ひとしく④〈　　　　　　　〉を有する。義務教育はこれを無償とする。（憲法26条）

・この④の権利を、縮めて⑤〈　　　　〉権という。国は誰に対してもそれを保障する。

2. 困ったぞ!! でも次のように対応できるのは、国民にどんな憲法上の権利があるためか。

①失業・希望しても就職がない⇒ハローワークなどでの職業紹介や職業訓練を受ける。
　27条―〈　　　〉の権利（及び義務）を認める

②経営者が一方的で賃金も低い⇒労働組合をつくり、対等な立場で交渉、行動する。
　28条―〈　　　〉権・団体〈　　　〉や団体〈　　　〉する権利を認める
　これらの権利をまとめて〈　　　　　　〉権という。

③病気・高齢などで働けず収入・財産もない⇒生活保護を受ける。（最低生活費の支給）
　25条―〈　　　　　　　　　　　〉を営む権利＝〈　　　　〉権を認める

・子ども、失業者、個々の労働者、経済的に困っている人など社会で弱い立場にある国民にも保障される以上のような権利をまとめて④〈　　　　〉権という。この④は、世界ではいつごろどこの国の憲法ではじめて認められたか。「人権の歴史」を調べよう。

3. では、本人が黙っていても国はこれらの権利を保障してくれるのだろうか。

第1章 学習課題とその展開　人間らしく生きる権利

授業のねらい

市を訴えて自らの教育権を守った女児の事例を導入に、弱い立場の国民にも憲法上各種の社会権が保障されていることを自分に引きつけて理解し、その行使の重要性に気づく。

板書

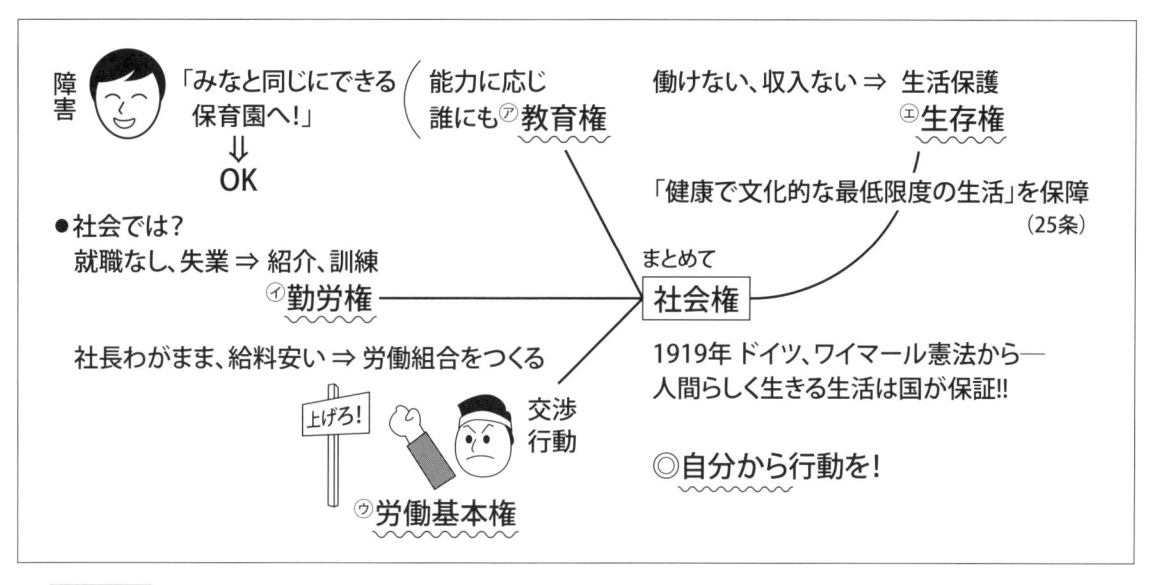

```
障害 😊「みなと同じにできる    能力に応じ        働けない、収入ない ⇒ 生活保護
       保育園へ!」          誰にも㋐教育権              ㋓生存権
        ⇩
        OK                              「健康で文化的な最低限度の生活」を保障
                                                              (25条)
●社会では?                         まとめて
  就職なし、失業 ⇒ 紹介、訓練          社会権
      ㋑勤労権 ─────
                             1919年 ドイツ、ワイマール憲法から─
  社長わがまま、給料安い ⇒ 労働組合をつくる   人間らしく生きる生活は国が保証!!
      [上げろ!] ✊ 😠 交渉
                  行動           ◎自分から行動を!
        ㋒労働基本権
```

解答

▲1.①保育士が他の幼児の世話をしながらこの子の安全管理（のど）ができるか。本人が吸引に失敗しないか等　②各自発表（実際は幼児が勝訴―東京地裁）　③能力　④教育を受ける権利　⑤教育　2.①勤労　②団結・交渉・行動・労働基本　③健康で文化的な最低限度の生活　生存　④社会　1919年　第1次大戦に負けて荒廃したドイツで制定したワイマール憲法に「全ての者に人間たるに値する生活を保障」と明記　3.各自発表（1の幼児の例等を想起）

【チェックテスト】No.16　組　　名前

◆次の関係ある語句を線で結べ。
①ワイマール憲法・　　　　　　・義務教育は無償
②生存権　　　　・　　　　　　・社会権を最初に認定
③教育権　　　　・　　　　　　・公的機関が仕事を紹介
④労働基本権　　・　　　　　　・働けない人へ生活保護
⑤勤労権　　　　・　　　　　　・労働組合をつくる

◆憲法中の次の〈　〉に適切な語句を入れよ。
・⑥〈　　　〉で⑦〈　　　〉な⑧〈　　　〉の生活（25条）　・⑨〈　　　〉に応じて、ひとしく⑩〈　　　〉を受ける権利（26条）

《チェックテスト解答》

①社会権―　②働けない―　③義務教育―　④労働組合―　⑤公的機関―　⑥健康　⑦文化的　⑧最低限度　⑨能力　⑩教育

※この女児には普通児と共に生活する能力があると裁判長は判断し、その園で教育を受ける権利を認めた。権利は、行動により、獲得される。もし自分がそうなったらという視点から社会権を考えさせたい。

■学習課題 No.17
環境権と新しい人権

1. 右の記事の見出しを読もう。沖縄 嘉手納基地近くの2万人余は何をしたのだろうか。

   ①この人々はどんな権利を取り戻したいのか。

   （提供：琉球新報2011年4月29日）
   「静かな空 求め提訴」
   第3次嘉手納爆音訴訟 国内最大、原告2万2058人

   ②では、右の場所にマンションが建つと、Aの家に住む人はどんな権利を奪われるか。

   ③人間らしく快適に暮らすための①②のような権利を、〈　　　　〉権という。
   ④そのため1993年には〈　　　　〉法がつくられ、開発の前には〈　　　　〉調査が義務づけられるようになった。

2. こうした権利はいつごろから認められてきたか。□から語句を選び〈 〉に入れよ。
   ①熊本〈　　　　〉病裁判—企業による廃液で何万人もが水銀中毒　73年に原告勝訴
   ②三重・四日市〈　　　　〉裁判—6企業の排煙で多数が呼吸障害　72年に原告勝訴
   ③富山〈　　　　〉病裁判—鉱山流出の毒性物質で多数が骨に障害　72年に原告勝訴
   ④新潟〈　　　　〉病裁判—熊本同様工場廃液の水銀で多数に被害　72年に原告勝訴
   ・これら四大⑤〈　　　　〉病裁判の中で、人間らしく快適に暮らす権利が主張された。
   　イタイイタイ・水俣・公害・ぜんそく（2度使ってよい）

3. こうした権利の他にどのような新しい人権が生まれてきたか。その内容を説明しよう。
   ①プライバシーの権利

   ②知る権利

   ③自己決定権

第1章 学習課題とその展開　環境権と新しい人権

授業のねらい

嘉手納爆音訴訟等の事例から「人間らしい環境で暮らす権利」とはどんなものかを知り、その権利がいつから認められるようになったか確かめて、各種の新しい人権への関心を広げる。

板書

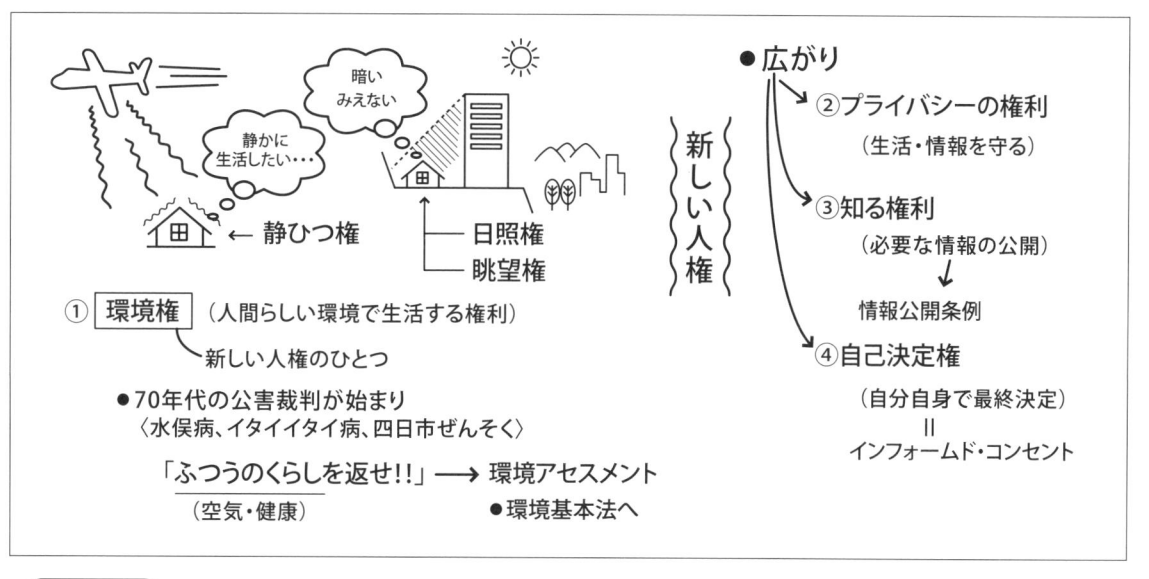

```
         ✈              ☀        ●広がり
      〜〜〜    「暗い       ┌──→②プライバシーの権利
            みえない」        │   （生活・情報を守る）
      「静かに     ▢        │
     生活したい…」 ▢    ▲  新│
                      しい├──→③知る権利
   ⬠←静ひつ権  ↑日照権 人 │   （必要な情報の公開）
              眺望権  権 │      情報公開条例
                        │
  ①[環境権]（人間らしい環境で生活する権利）
     └新しい人権のひとつ  └──→④自己決定権
                             （自分自身で最終決定）
    ●70年代の公害裁判が始まり      ＝
    〈水俣病、イタイイタイ病、四日市ぜんそく〉 インフォームド・コンセント

    「ふつうのくらしを返せ!!」→環境アセスメント
       （空気・健康）      ●環境基本法へ
```

解答

▲1.米軍機の爆音を減らす裁判（2009年度、70デシベルを超え5秒以上続く騒音は嘉手納町の測定で2万5170回）①静かな環境で暮らす権利（静ひつ権）　②日照権・眺望権等に集約（「のぞかれない」等プライバシーの権利が出れば区別した上で評価）③環境　④環境基本・環境影響（アセスメント）　2.①水俣　②ぜんそく　③イタイイタイ　④水俣　⑤公害　3.略　既存の知識を出させ教科書等で拡充、情報公開条例や余命告知等を補足。

【チェックテスト】No.17　　組　　名前

◆新しい人権について、〈　〉に適切な語句を入れよ。
①人間らしい環境で暮らす＝〈　　　　　〉権
②景色を眺めて楽しむ＝〈　　　　　〉権
③静かな環境で暮らす＝〈　　　　　〉権
④太陽光を浴びることができる＝〈　　　　　〉権
⑤情報・生活を公開しない＝〈　　　　　〉の権利
⑥自分に必要な情報を得る＝〈　　　　　〉権利
⑦自分に関わることは自分で決める＝〈　　　　　〉権

◆70年代に問題化した公害名を3つ書け。（10点×3）
〈　　　　　　　　　　　　　　　　　　〉

《チェックテスト解答》
①環境　②眺望　③静ひつ　④日照　⑤プライバシー　⑥知る　⑦自己決定　◆水俣病、四日市ぜんそく、イタイイタイ病等
※直面する問題に取り組み、人間らしい生活を求める人々の行動から種々の新しい人権が誕生した。その新しい人権の広がりが、さらに多くの人の幸せに貢献していくことを理解させたい。

■学習課題 No.18
自己決定権と中学生

1. 右の文面を読もう。これは何か。

　①君は1〜3のどこに○をつけて自己決定したいか？

> ※許可がとれず不掲載
> コンビニ、大型スーパー等で入手可能

2. 右下の記事を読もう。何が起きたか。

　①なぜ、幼児からの臓器移植が必要か。

　②本人に代わって決めたのは誰？

　③親が決めれば、自己決定できない幼児からも移植可能な臓器移植法。君の考えは？

女児への心臓移植終了
脳死男児から提供　国内で最年少

改正臓器移植法に基づき、6歳未満として初めて脳死と判定された男児が提供した心臓を、拡張型心筋症の女児へ移植する手術が大阪大病院（大阪府吹田市）で15日実施され、無事終了した。国内では2000年に、8歳の男児が20代女性から心臓移植を受けたケースがある。今回の女児は「10歳未満」としか公表されていないが、大阪大病院などによるとこれを下回り最年少。

澤芳樹副病院長は記者会見で「心臓は移植後に自然に動きだすほど良い状態だった」と説明。女児は1〜3カ月で退院できる見通しという。

肝臓は国立成育医療研究センター（東京都）で10歳未満の肝不全の女児に、両方の腎臓は富山県立中央病院（富山市）で慢性糸球体腎炎の60代女性に、それぞれ移植。

（沖縄タイムス社提供 2012年6月16日、共同通信社配信）

円グラフ：
- 15歳未満でも本人の意思表示を確かめよう 67.1%
- 年齢にかかわらず、家族の承諾だけでできるようにしよう 14.2%
- 15歳未満のみ、家族の承諾だけでできるようにしよう 16.5%
- その他／無回答

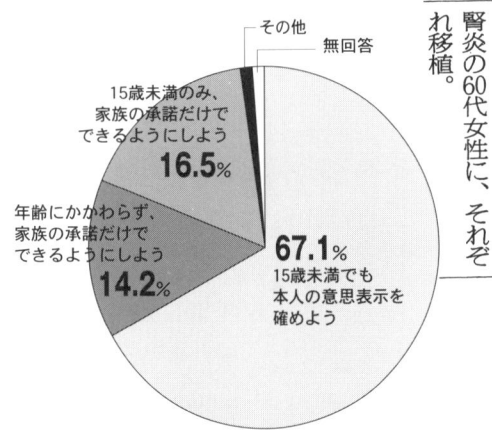

（平成12年10月、読売新聞　調査、20歳以上3千人対象）

3. 人々は臓器移植に関する子どもの自己決定をどう考えているか。君の意見は？

第1章 学習課題とその展開　自己決定権と中学生

授業のねらい

両親の承諾により、脳死した幼児から臓器移植が行われた事例をさまざまな意見を出して学びあい、この件に関して自己決定権を何歳まで広げてよいか自分の問題として考える。

発言例

臓器移植－どう自己決定するか
1　脳死でもＯＫ―自分だって提供してもらうかも。助け合うためにはやむを得ない。
2　心臓死ならＯＫ―脳死は回復例がある。これなら回復しないから移植してもよい。
3　提供ＮＯ―移植よりIPS細胞や人工臓器開発を急げ。貧困者の臓器売買も問題。
　その他―他人にはあげたくないが家族であればＯＫ。提供は嫌だが自分はもらいたい等。

幼児の臓器移植―親が決定してよいか
　よくない―幼児は自己決定が困難。だから親もその考えを代行できない。子は親の所有物ではないので思い通りにするのは間違い。幼児の脳死判定はまだ不正確。わずかながら「脳死」状態から回復した例もあるので、あきらめずに治療すべき。
　よい―成人より厳重に脳死判定している。本人に自己決定能力がない場合親が判断するのはやむを得ない。そういう判断は臓器移植以外でもやっている。消えていくわが子の命を他の人に引き継いで「再生」させ、生きた証しにしたい気持ちは分かる。それにより多くの人も救われ、親の辛さも少しは癒される。

解答

1．臓器提供意思表示カード（ドナーカード）　①記入できた生徒にはその選択を発表させる。迷っている者にも理由を発言させ、いずれの自己決定も尊重されることを確認。
2．脳死状態の6歳未満の男児の臓器が、他の女児や成人に移植された。　①子どもの心臓には子どもの心臓しか移植できない。　②男児の親　③各自発表（以下の論点を参照）
　[論点その一] 幼児は成人並みに判断して自己決定権を使うことができない。その場合、親などにその決定の代行を認めてよいかどうか。「自己決定権の広がり」という本時のテーマに照らし、生徒には主にこの点を論議させたい。
　[論点その二] 幼児の回復性をどう見るか。成人に比べて「脳死」検査は厳重だが、今の医療水準でのチェックが万全といえるか。
　[論点その三] 子どもの臓器の移植を希望する日本の青少年の多くは、アメリカなどの外国へ行き巨費を費やして手術を受けてくる。次のドナーが現れるまで、移植希望の外国の子どもは命の危険と向き合いながら待機せざるを得ない。それは望ましいことなのか。
3．移植について何歳から自己決定権を認めるべきか人々の考えを読みとらせる。子どもへの決定権の広がりが時代の趨勢であることを理解させ、各自の意見を発表させたい。

■学習課題 No.19
人権を守るための権利

> 3人の20代中国女性は60万円を親類から借りて渡航業者に支払い、日本の工場の「研修生」となる。だが、その月給はア〈　〉万円、休日は月に1～2日である。パスポートも取り上げられ時にはイ〈　　　　〉時までの強制労働。人権は全く保障されなかった。

1. 3人は、未払い賃金・深夜労働などの慰謝料を会社から得るため何をしたか。①右の写真から気づくことを言おう。

   ②彼女たちは〈　　　　　〉権利を使ったのである。どうして彼女たちはその権利を使うことができたのか。
   （ア　日本国籍をとり日本国民となった。　イ　被害が大きいので、今回は日本国民と同じにしてもらった。　ウ　憲法では外国人にもその権利を認めている。）

   （2010年9月13日）

   ・話し合いの後、憲法32条を調べよう。

2. 外国人・日本国民に共通して、他にどんな「人権を守るための権利」があるか。
   ①国や県に、問題解決への協力をお願いできる。－〈　　　　　〉権（16条）
   ②公務員から受けた被害は賠償を要求できる。－〈　　　　　〉権（17条）
   ③処罰の後無罪と分かった人は賠償を要求できる。－〈　　　　　〉権（40条）

   > 殺人罪で死刑判決を受けた赤堀正夫さんは、必死の運動の結果35年後の1989年に無罪と分かり59歳で釈放された。"死"におびえた毎日に代えて、国が支払った補償金は約1億2千万円。当時の基準で1日9400円×12668日の計算であった。

3. では、日本国民だけに認められた「人権を守るための権利」はあるか。（ある・ない）

   ・話し合いの後、憲法15条を調べよう。

・近年、この問題に関して永住外国人を中心にどんな運動が起きているか。

第1章 学習課題とその展開　人権を守るための権利

授業のねらい

裁判を受ける権利その他「人権を守るための権利」が国民以外にも広く保証され、国民だけが持つ選挙権等に対しても永住外国人への付与の運動が起きていること等に目を開く。

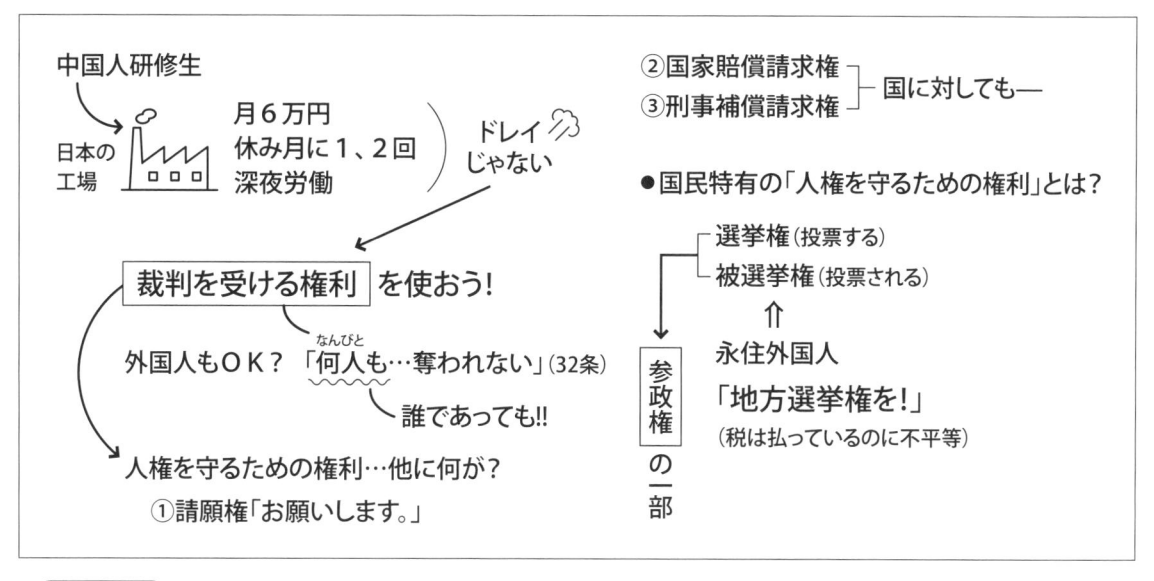

板書

```
中国人研修生                    ②国家賠償請求権 ┐
    ↓                          ③刑事補償請求権 ┘ 国に対しても─
日本の  月６万円   ドレイ
工場    休み月に１、２回  じゃない
        深夜労働           ●国民特有の「人権を守るための権利」とは？
         ↓
    裁判を受ける権利 を使おう！      ┌ 選挙権（投票する）
         ↑ なんびと                 └ 被選挙権（投票される）
    外国人もOK？「何人も…奪われない」(32条)    ⇑
         └ 誰であっても‼         参　永住外国人
                                 政　「地方選挙権を！」
    人権を守るための権利…他に何が？  権   （税は払っているのに不平等）
         ①請願権「お願いします。」  の
                                  一
                                  部
```

解　答

▲1.ア6　イ午前3　①裁判をして勝った。日本語も中国語（「我々は奴隷ではない」）もある。②裁判を受ける　ウ「何人（なんびと）も」（国民に限らず誰でも）に着目。 2.①請願　②国家賠償請求　③刑事補償請求（額は□内を参照）　3.ある　参政権の一つである選挙権や被選挙権（請願権等も参政権の一つ）に着目。永住外国人に地方選挙権（都道府県市町村）を認めてほしいとの運動（税金は国民と同じように払っているのに不平等）

【チェックテスト】No.19　組　名前

◆正しい文には○、間違っている文には×をつけよ。
①外国人だけでは裁判を起こすことはできない。（　）
②公務員に受けた被害は全額を賠償請求できる。（　）
③有罪でも後に無罪と分かれば賠償請求できる。（　）
④国や県にお願いできる権利を請求権という。（　）
⑤選挙権は25歳以上の外国人にもある。（　）
⑥被選挙権も「人権を守るための権利」の一つだ。（　）

◆次のひらがなを漢字に直せ。
⑦なんびと〈　　　〉⑧せいがんけん〈　　　　〉
⑨さんせいけん〈　　　　〉⑩えいじゅう〈　　　〉

《チェックテスト解答》
①×　②○　③○　④×　⑤×　⑥○　⑦何人　⑧請願権　⑨参政権　⑩永住

※憲法の「何人も」という記述には、国民以外にも広くその権利を保障する意図がある。中国女性はその権利を行使した。近年は、特に永住外国人にも国民と同等の多くの権利を認める考えや運動が強まっていることに着目させたい。

■学習課題 No.20
国際社会と人権

1．迫害を受け、他国に逃れた人々を①〈　　　　　〉という。どこの国に多いだろうか。
　ア〈　　　　　　　〉イ〈　　　　　　　〉ウ〈　　　　　　　〉
　エ〈　　　　　　　〉オ〈　　　　　　　〉　鳥取県の人口約〈　　　〉万人

②それらア～オの国々を上の地図に着色し、気づくことを言おう。

③それらの国で①が生まれた原因は何か。①の人々はどんなことに困っているだろうか。

④世界では、他に人権が奪われている例はないか。（上の地図に記入してもよい）

2．上の①の人権を守るため、国際社会ではどんな取り組みがされているかを調べよう。
　① 国々の支援　　　　　② 国際連合　　　　　③ 民　間

3．それと共に、世界では人権を守るどんな取り決めをしてきたか。ふり返ってみよう。
　①世界〈　　　　〉宣言―1948年　　②国際人権〈　　　　〉―1966年
　③女性〈　　　　〉撤廃条約―1985年　　④子どもの〈　　　　〉条約―1994年
　⑤ここからどんなことに気づくだろうか。

第1章 学習課題とその展開　国際社会と人権

授業のねらい

難民の多い国々を地図に記してその原因や問題点を考え、人権を侵害された他の事例にも目を向けて、その対策が多方面で行われ国際的取り決めも前進していることを理解する。

板書

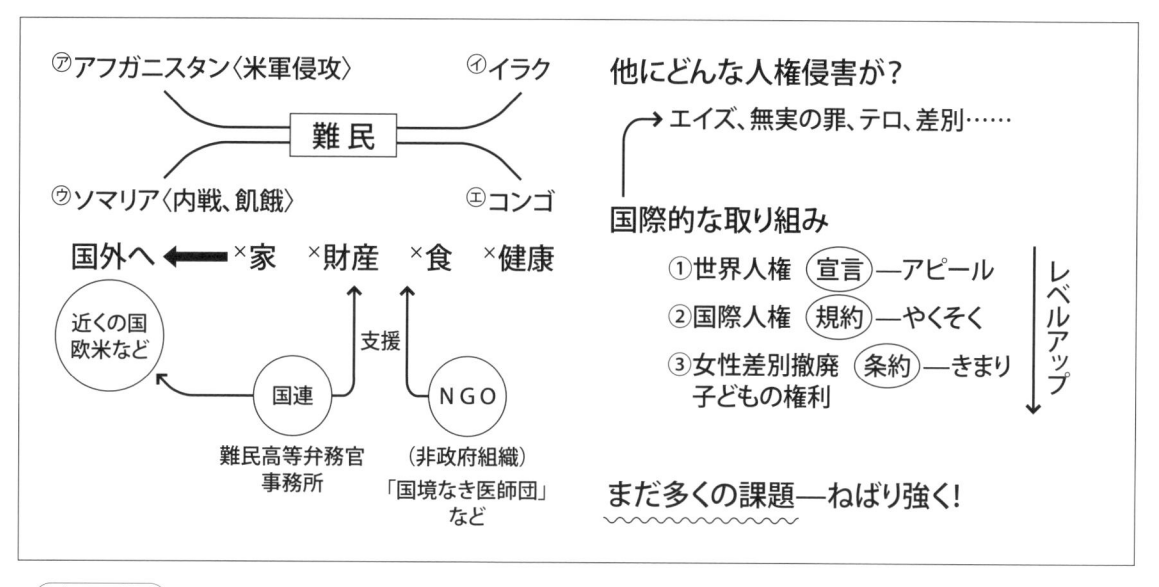

```
㋐アフガニスタン〈米軍侵攻〉    ㋑イラク          他にどんな人権侵害が？
          ┌──────┐              →エイズ、無実の罪、テロ、差別……
          │ 難 民 │
          └──────┘            国際的な取り組み
㋒ソマリア〈内戦、飢餓〉  ㋓コンゴ       ①世界人権 (宣言)―アピール    ┐
                                                                      │レ
国外へ ← ×家  ×財産  ×食  ×健康       ②国際人権 (規約)―やくそく    │ベ
                    ↑                                                 │ル
               支援 │                    ③女性差別撤廃 (条約)―きまり │ア
   ┌──────┐   ┌──┐  ┌──┐         子どもの権利                  │ッ
   │近くの国│  │国連│  │NGO│                                         │プ
   │欧米など│← └──┘  └──┘                                         ┘
   └──────┘   難民高等弁務官 (非政府組織)
                事務所      「国境なき医師団」
                            など              まだ多くの課題―ねばり強く！
```

解答

▲1.①難民　ア.アフガニスタン（289万人）　イ.イラク（179万人）　ウ.ソマリア（68万人）　エ.コンゴ（46万人）　オ.ミャンマー（41万人）（09年末・『世界国勢図絵』10/11年度版）　鳥取県人口約61万人　②各自　③ア、イは米軍侵攻に主因　ウ、エは内戦と飢餓、オは軍事政権と少数民族の抗争　④発表　2.①近隣国・欧米＝難民受容、援助　②難民高等弁務官事務所の支援　③NGO（非政府組織）の活動、国境なき医師団等　3.①人権　②規約　③差別　④権利　⑤各自

【チェックテスト】No.20　　組　　　名前

◆世界で人々の人権が奪われている原因を3つ挙げよ。
①〈　　　　　〉②〈　　　　　〉③〈　　　　　〉

◆次の〈　〉に適切な語句を入れて文を完成させよ。
④迫害を受け他国に逃れた人々を〈　　　　　〉という。
⑤非政府組織のことを略称で〈　　　　　〉という。
⑥国連とは、〈　　　　　　　　〉の略称である。

◆次の〈　〉に適切な単語を入れて語句を完成させよ。
⑦〈　　　　〉の権利条約　⑧〈　　　　〉人権規約
⑨〈　　　　〉人権宣言　⑩女性差別〈　　　〉条約

《チェックテスト解答》
①②③内戦、外国軍の侵攻、飢餓、災害等　④難民　⑤NGO　⑥国際連合　⑦子ども（児童）⑧国際⑨世界　⑩撤廃

※なぜ膨大な難民が生まれてその人権が損なわれ、それに世界はどう対応しているか。広い視野からとらえさせ、人権保障の歴史にもふれる。課題は多いが、着実な成果がみられることも確認したい。

■学習課題 No.21

二つの民主制を考える

1. ①これはいったい何か。⇒
　　（1996年、賛成約91%）

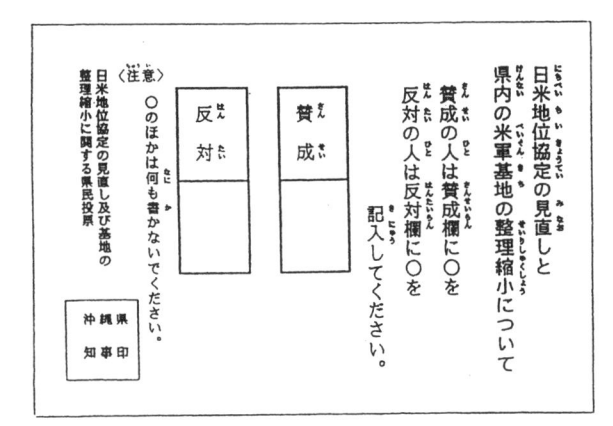

　②選挙とはどこが違うか。

・こうした③〈　　　　〉投票に基づいて政治をする方法を④〈直接・間接〉民主制という。
　③により地方ではどんなことを決定するか。⑤教科書・資料集等で調べよう。

・では、憲法では他にどんな直接民主制が認められているか。いくつかの例を調べよう。

⑥ ⇒〈　　　　　　　　　　　　　〉
（×が過半数であれば失職）（79条）
・誰でも行使できるのは⑦〈　　　　〉権である。（16条）これに対し、まだ一度も行われていないのは⑧〈　　　　　　　〉である。（96条）

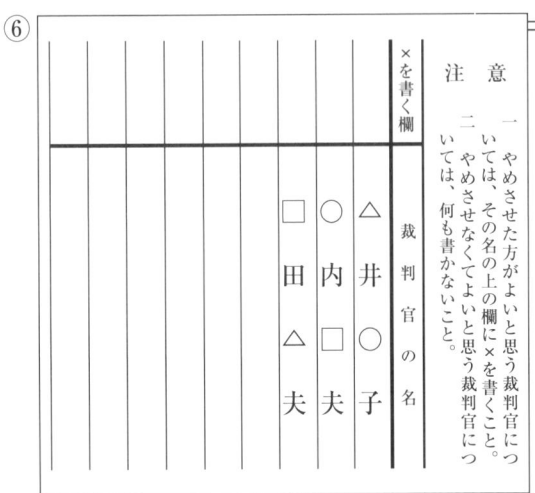

2. 一方、有権者が議員を①〈　　　　〉し代わって政治をしてもらう方法を②〈直接・間接〉民主制といい、議会を元とするので③〈　　　　〉制民主主義ともいう。

3. それぞれの民主制にはどんな良さや問題があるか。考えてみよう。
　①直接民主制　　　　　　　　　　②間接民主制

（共同通信社提供）　　　　　　　　（毎日新聞社提供）

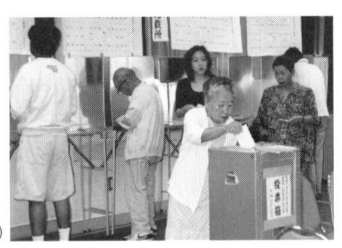

第1章 学習課題とその展開　二つの民主制を考える

授業のねらい

住民投票を例に直接民主制に関心を深め、地方や国政ではそれがどう用いられているかを理解して、どうすれば間接民主制と補いあって民主政治が有効に機能するかを多面的に考える。

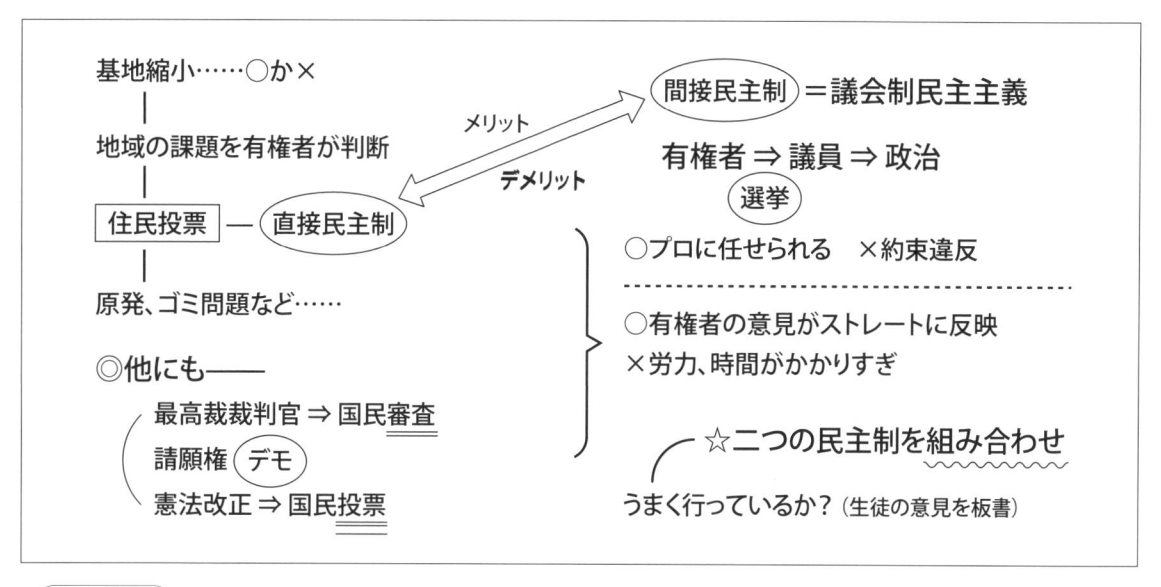

板　書

```
基地縮小……○か×
　│
地域の課題を有権者が判断　　　　　　　メリット　　（間接民主制）＝議会制民主主義
　│　　　　　　　　　　　　⇄
住民投票 ─（直接民主制）　　　　デメリット　　有権者 ⇒ 議員 ⇒ 政治
　│　　　　　　　　　　　　　　　　　　　　　　　　（選挙）
原発、ゴミ問題など……
　　　　　　　　　　　　　　　　　　　　○プロに任せられる　×約束違反
◎他にも─
　　最高裁裁判官 ⇒ 国民審査　　　　　○有権者の意見がストレートに反映
　　請願権（デモ）　　　　　　　　　　×労力、時間がかかりすぎ
　　憲法改正 ⇒ 国民投票　　　　　　　☆二つの民主制を組み合わせ
　　　　　　　　　　　　　　　　　　　うまく行っているか？（生徒の意見を板書）
```

解　答

▲1.①基地問題・日米地位協定についての県民投票（住民投票）　②人を選ばず、提示事項への賛否を問う。③住民　④直接　⑤原発や産廃処理場建設、ダム工事等の是非（「地方自治」参照）　⑥最高裁判所裁判官国民審査　⑦請願　⑧憲法改正の国民投票　2.①選挙　②間接　③議会　3.①住民の意思が直接に反映するが、手数がかかって常にできるわけではない。②一度選挙すれば、後はやってもらえる。有権者への公約を破ることがある。③各自

【チェックテスト】No.21　　組　　　名前

◆直接民主制には直、間接民主制には間と記入せよ。
①議員による政治〈　　〉　②生徒総会での議決〈　　〉
③住民投票〈　　〉　④生徒会執行部の活動〈　　〉
⑤憲法改正国民投票〈　　〉　⑥議員への請願〈　　〉

◆正しい文には○、間違った文には×をつけよ。
⑦議会制民主主義とは、直接民主制のことである。（　）
⑧一度選挙した議員には、政治をすべて任せたい。（　）
⑨多数決の前は、少数意見も率直に述べてもらう。（　）
⑩住民投票は、何についても行えるわけではない。（　）

《チェックテスト解答》
①間 ②直 ③直 ④間 ⑤直 ⑥直 ⑦× ⑧× ⑨○ ⑩○
※二つの民主制は、しくみがあるからといって有効にそれらが機能しているとは限らない。国政は通常間接民主制ですすむが、時には原発反対行動のように、主権者の国民が国政のあり方をチェックして行動することこそが真の民主制であると押さえたい。

■学習課題 No.22
選挙とそのしくみ

1．〈A〉明治20年代、〈B〉現在の衆議院選挙の様子を比べ、違いや疑問を発表しよう。
   〈A〉ビゴー画　　　　　　　　　　〈B〉

・□から語句を選び、現在の選挙の４つの原則を確かめよう。 秘密・平等・普通・直接

   ①誰もが一人一票を―〈　　　　〉選挙　②20歳以上の男女全てに―〈　　　　〉選挙
   ③投票者は無記名で―〈　　　　〉選挙　④本人が自分で投票する―〈　　　　〉選挙

2．現在の選挙では、なぜ投票箱が二つあるのか。選挙制度を調べよう。

   〈衆議院議員選挙〉……①③を合わせて⑤〈　　　　　　　　　〉という。

   ①〈　　　　　　　〉制　　候補者名で投票　　③〈　　　　　　　〉制　　政党名で投票
   ・計②〈　　　〉の区　　　　　　　　　　　・全国11ブロック
   　から各１名　　　　　　　　　　　　　　　　から計④〈　　〉名

   〈参議院議員選挙〉……⑥⑦を合わせて行う。衆参どちらも計⑧〈　　〉回投票する

   ⑥〈　　　　　　　〉制　　候補者名で投票　　⑦〈　　　　　　　〉制　　政党名か候補者名で投票
   ・各都道府県１～５名　　　　　　　　　　　・全国一つのブロック
   　計146名を選出　　　　　　　　　　　　　　から計96名を選出

3．ＡＢの定数・有権者を比べて気づくことを言おう。

	小選挙区（定数1）	有権者数
A	高知県第3区	21万2376
B	千葉県第4区	60万9040

（09年 衆議院選挙）

   ①１票の価値が軽いのは〈Ａ・Ｂ〉である。
   　それはなぜか。

   ②ＡＢの間にみられるような票の価値の違いを〈　　　　　　　　　〉といい、裁
   　判所の判決では「現状は違憲状態」と指摘されている。

第1章 学習課題とその展開　選挙とそのしくみ

授業のねらい

明治期の実態と比べる中で現代選挙の4原則とは何かをつかみ、衆参選挙制度の概要を理解した上で、その課題である一票の格差問題について二つの選挙区を対比して考えを深める。

板書

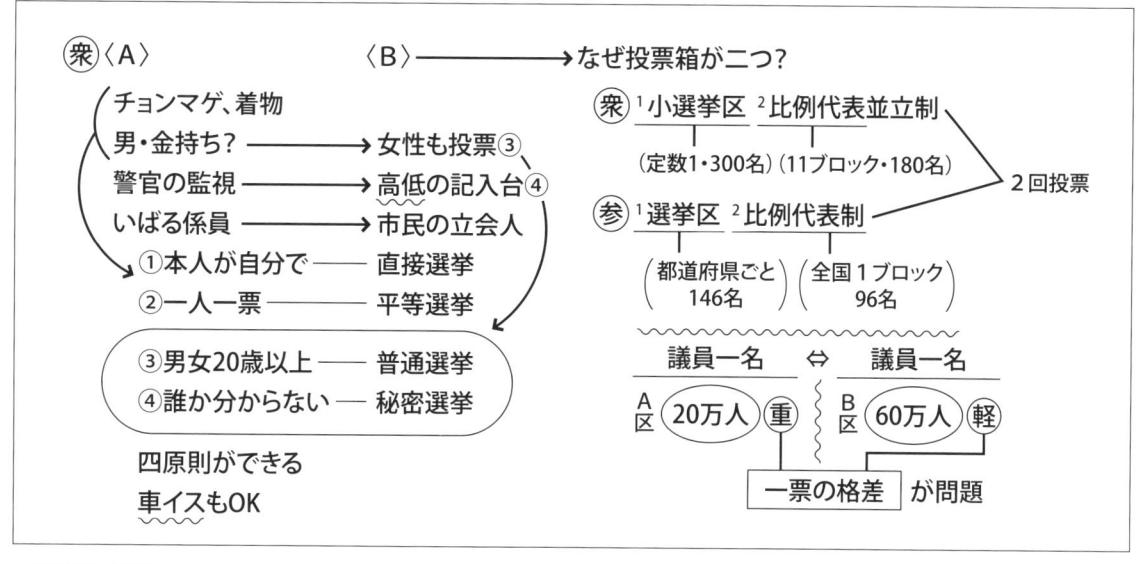

```
衆〈A〉                    〈B〉──────→ なぜ投票箱が二つ？
 ┌チョンマゲ、着物                      衆 ¹小選挙区  ²比例代表並立制
 │男・金持ち？──────→ 女性も投票③      （定数1・300名）（11ブロック・180名） ┐
 │警官の監視 ──────→ 高低の記入台④                                       │2回投票
 │いばる係員 ──────→ 市民の立会人     参 ¹選挙区   ²比例代表制            ┘
 │①本人が自分で ── 直接選挙         （都道府県ごと）（全国1ブロック）
 │②一人一票 ───── 平等選挙            146名         96名
 │③男女20歳以上 ── 普通選挙         議員一名  ⇔   議員一名
 └④誰か分からない ─ 秘密選挙      A区 20万人 重      B区 60万人 軽
  四原則ができる                        一票の格差 が問題
  車イスもOK
```

解答

▲1.〈A〉着物丁髷姿（金持ちの男子のみ選挙権・成人の1％）、警官の監視と見物人、威張る係官 〈B〉親切な説明、女性も投票、高低の記入台、立会は同じ市民、投票箱は二つ ①平等 ②普通 ③秘密 ④直接 2.①小選挙区 ②300 ③比例代表 ④180 ⑤小選挙区比例代表並立制 ⑥選挙区 ⑦比例代表 ⑧2 3.定数は共に1だが、有権者数は約3倍違う ① Aでは議員一人が21万票で当選するのに、Bではその3倍の票が必要。②一票の格差

【チェックテスト】No.22　組　名前

◆次の選挙制度は衆参どちらか。〈 〉に記入せよ。
①全国一つのブロックから比例代表で選挙〈　〉
②全国11のブロックから比例代表で選挙〈　〉
③全国300の小選挙区から各1名を選挙〈　〉
④都道府県ごとに定数1〜5名を選挙〈　〉

◆日本の選挙について正しい語句を入れよ
⑤無記名─〈　　〉選挙　⑥一人1票─〈　　〉選挙　⑦20歳以上全ての男女─〈　　〉選挙　⑧自分で投票─〈　　〉選挙　・衆議院の選挙制度─⑨〈　　〉区比例代表⑩〈　　〉制

《チェックテスト解答》
①参 ②衆 ③衆 ④参 ⑤秘密 ⑥平等 ⑦普通 ⑧直接 ⑨小選挙 ⑩並立

※1925年に男子普選が実現すると、不在者投票、点字投票等が認められたことを押さえる。そのような前進をとらえることで、現代の選挙もまた「多年にわたる自由獲得の努力の成果」（憲法97条）であることを理解させたい。

■学習課題 No.23

模擬選挙から学ぶ

1. 衆議院模擬選挙を行う。選挙管理委員長は先生、立候補者は次の人々とする。各党の政策にはどんな違いがあるか。自分が賛成する政策に線を引き、よく考えて投票しよう。

　　　Ⓐ比例代表　3年ブロック（定員4名）

オリオン党	朝　日　党	大　関　党
軍事費等を減らして、増税なしで国の借金をなくす	消費税を増やして、計画的に国の借金をなくす	公務員を減らし、少し増税もして国の借金を減らす
憲法9条を活かし平和外交	憲法を変えて軍隊を持つ	憲法や自衛隊は現状通り
安全な農産物の自給に努力	安い農産物の輸入を増やす	米以外は輸入自由化
希望者高校全入・平和教育	競争と国を愛する教育を	学力テストも平和も愛国も
候補者名簿	候補者名簿	候補者名簿
1　鳩野　一郎	1　日の本　花子	1　中道　すすむ
2　鳩野　二郎	2　日の本　葉子	2　中道　とおる
3　鳩野　三郎	3　日の本　茎子	3　中道　まもる
4　鳩野　四郎	4　日の本　種子	4　中道　さかえ

　　　Ⓑ小選挙区　A組1区（定員1名）

オリオン党	朝　日　党	大　関　党
鷹梨　幸郎	大和　さくら	平　凡之助

2. ①政党名・個人名のどちらかを間違えずに記入して投票しよう。開票の結果は？
　　Ⓐ比例代表（4名）―ドント方式で下の表に計算する。

得　票　数	オリオン党	朝　日　党	大　関　党
1で割る			
2で割る			
3で割る			
獲得議席数			

　Ⓑ小選挙区（1名）―最も得票の多い〈　　　〉が当選。
　※実際の衆議院選挙の投票率は、約〈　　　〉％である。（2009年）

②「死票」の多いのはⒶⒷどちらか。〈　　〉　個人の力が強いのはどちらか。〈　　〉
③模擬選挙を行って感じたことを発表しよう。

第1章 学習課題とその展開　模擬選挙から学ぶ

授業のねらい

模擬投票やその結果の集計を行うことを通して現在の政治の焦点について理解を深めるとともに衆議院選挙のしくみを実感し、小選挙区制・比例代表制それぞれの特色を把握する。

進行上の留意点

1. 社会科係は選挙管理委員として投票や開票の作業・結果発表を手伝うこととし、投票用紙配布・開票等仕事の進め方を事前に確認しておく。
2. 教室前面に投票箱を二つ用意。箱には比例代表・小選挙区と書いておく。それぞれに対応して係の机を置き、比例・用紙配布⇒投票⇒小選挙区・用紙配布⇒投票の流れで模擬投票を行わせる。（投票箱は事前に準備）
3. 各係には「比例代表選挙です。政党名を書いて投票してください」「小選挙区選挙です。候補者名を書いて投票してください」と、用紙を渡すごとに「有権者」一人ひとりにアナウンスさせる。最初の投票者には、箱の中が空であることを確認させる。
4. 開票作業は黒板に「正」の字を書いてすすめさせ、時々「○○さんが1歩リード」「▲▲党がトップ」など「開票速報」を告げさせる。
5. 比例代表選挙については、プリントにドント方式で計算をさせる。学級の投票人数が少ない場合は、計算しやすいよう各党の得票を100倍するなどの措置を取る。
6. 教師も投票して、名字だけの票・「●●党がんばれ」等"他事事項記載"の票を入れておく。投票者の真意は何か、それが投票者識別につながるかどうかで有効・無効が判定されることを教える。（候補者が納得しない場合は裁判になることもある）

※区市町村の選挙管理委員会に連絡すれば、「折っても開く投票用紙」（見本）を提供してもらえる。また、趣旨を話せば実物の投票箱、記帳台等を貸与してくれるところも多い。

解答

▲2.①投票率は69.3%②死票が多い—Ⓑ、個人の影響力が強い—Ⓑ（死票とは何かについても補説したい）③各自

※選挙制度変更の動きがあれば、それについても解説したい。

直近の衆議院選挙の結果等についても、新聞紙面等と示して紹介したい。

模擬投票の用紙

比例区	小選挙区
＊政党の名を一つ書く	＊候補者の氏名を一つ書く

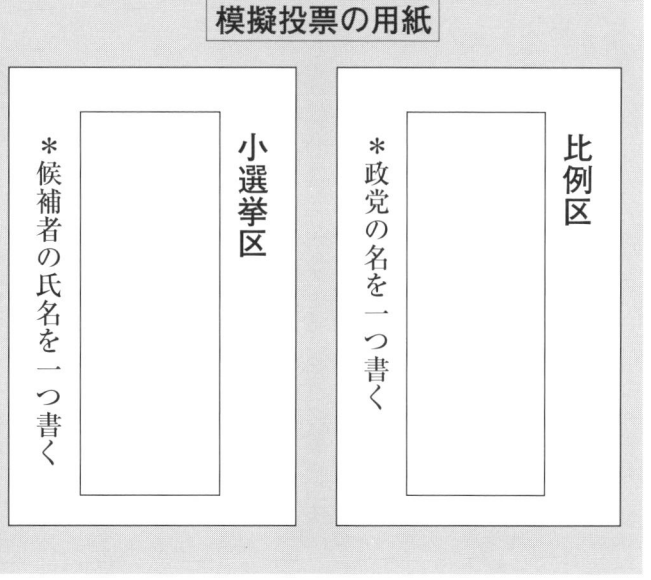

■学習課題 No.24
政党の役割と世論

1．政治家の名前や知っていることを言おう。政党の名も挙げよう。ＡＢの名を線で結ぼう。
　　A〈政治家名〉

　　B〈政党名〉

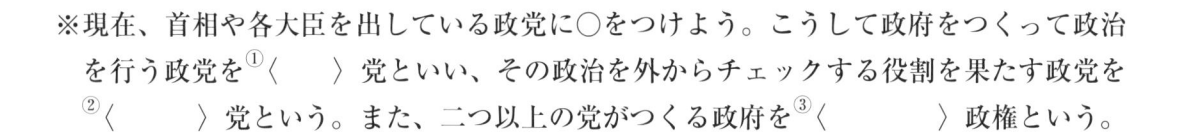

　※現在、首相や各大臣を出している政党に○をつけよう。こうして政府をつくって政治
　　を行う政党を①〈　　　〉党といい、その政治を外からチェックする役割を果たす政党を
　　②〈　　　〉党という。また、二つ以上の党がつくる政府を③〈　　　　〉政権という。

2．国民の政党支持率は？　①〈　　　　　〉調査においてトップに立つのはどこだろうか。

| |
| |

　　　　　　　　　　　　　　　　　※正解を上の帯グラフに記入しよう。〈支持率１％以下は省略〉

　②グラフから気づくことを言おう。なぜ、こうした結果になると思うか。

3．では、各政党はどんな主張をしているか。□に入る政党名を調べよう。（複数記入可）

党名			
〈A〉消費税	景気が上向けば10％に上げ、税金を多く集めて国の借金を減らして福祉にも使う。	無駄をなくして国の支出を減らし、景気も回復した後ではじめて税率を上げる。	富豪・大会社への減らした税率を元に戻し、軍事費を削れば値上げは不要。

党名			
〈B〉憲法	軍事費を増やし９条を変えて軍隊を持ち、米国と同盟して世界と国の平和を守る。	９条の平和精神を守るが、条文を加えて軍隊を持てるようにし、米国とも協力。	９条を守り自衛隊を減らし、どの国とも中立の立場で世界平和に尽くす。

　・各政党のこうした主張は（知らなくてよい・知るべきだ）。そう考えた理由を言おう。

第1章 学習課題とその展開　政党の役割と世論

授業のねらい

政党政治の現状とその課題への関心を高めて憲法・消費税等に対する各党の主張を調べ、自分の考えにそった政党選択が国政・国民にとっていかに大切であるかを理解する。

板書

（政党・政治家名は２０１３年１月現在）

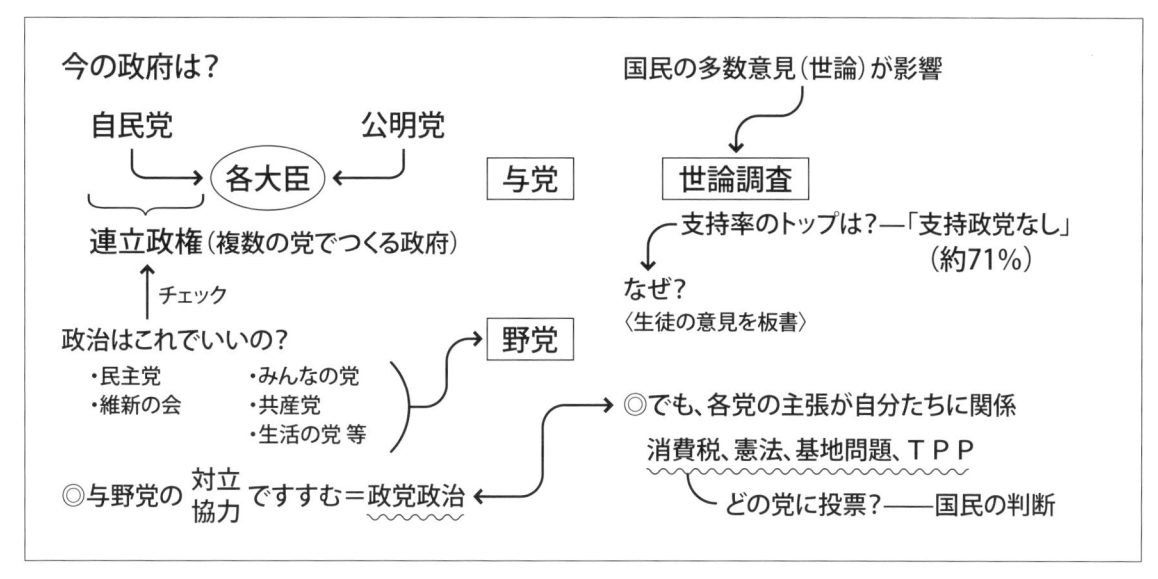

```
今の政府は？                    国民の多数意見（世論）が影響
                                        ↓
 自民党 ──→ 公明党              世論調査
     ↘　 ↓ ↙  ［与党］          　↓支持率のトップは？──「支持政党なし」
      各大臣                                          （約71％）
 連立政権（複数の党でつくる政府）  なぜ？
     ↑チェック                   〈生徒の意見を板書〉
政治はこれでいいの？    ［野党］
  ・民主党　・みんなの党  ↗
  ・維新の会　・共産党         ◎でも、各党の主張が自分たちに関係
  ・生活の党 等                消費税、憲法、基地問題、ＴＰＰ
        対立                     どの党に投票？──国民の判断
◎与野党の   ですすむ＝政党政治 ←
        協力
```

※板書の前提──ワークシート１の学習に対応して、生徒から出された政治家名や政党名を黒板右側に記す。またはカード化して貼付する。（板書が板面の左から右にすすむ際に消去・撤去）

解答

▲1.ＡＢは略 ①与党 ②野党 ③連立　2.①世論 支持政党なし（2012年7月調査 自民13％ 民主7 公明3 共産2 みんなの党1 その他計1 支持なし71）　②言うこととやることが違う、国会で争いばかり、政治家が悪事をして捕まる等　3.生徒の発表と補説

【チェックテスト】No.24　組　　　名前

◆下の文中の〈　〉に適切な語句を入れよ。
政権を担当する党を①〈　　　〉、外からチェックする役割の党を②〈　　　〉という。現在①になっているのは③〈　　　〉党、④は〈　　　〉党である。③④以外には⑤〈　　　〉・⑥〈　　　〉等の党がある。また、国民の考えを広く知るために⑦〈　　　〉が行われる。2012年7月現在、約7割の国民は⑧（①支持・②支持・支持政党なし）である。
⑨現在政治上の問題になっていることを二つ書け。（20点）
〈　　　　　　　　　　　　　　　〉
〈　　　　　　　　　　　　　　　〉

《チェックテスト解答》
①与党　②野党　③④⑤⑥にはその時点の党名を記入　⑦世論調査　⑧支持政党なし　⑨略
※政治家へのマイナスイメージだけにとらわれず、現在の政党政治の中にどんな対立点があるかを調べ、自分たちの生活との関わりを考えさせる。世論の動向や国民の運動が政治に果たす役割についても着目させたい。

■学習課題 No.25
政治報道と世論

1. テレビのトップ・ニュースや新聞の一面から知った政治のニュースを発表しよう。
   （意味の分からないことば、内容があれば質問）

   そのニュースはなぜ大きく報道されたのだろうか

2. 各種の報道を元に、国民は政治についてさまざまな意見を持つ。その考えを知る手だての一つが次のような〈　　　〉調査である。（2012年7月）
   ①どうやって国民の意見を調べるか。

   ②〈A〉〈B〉から分かることは何か。

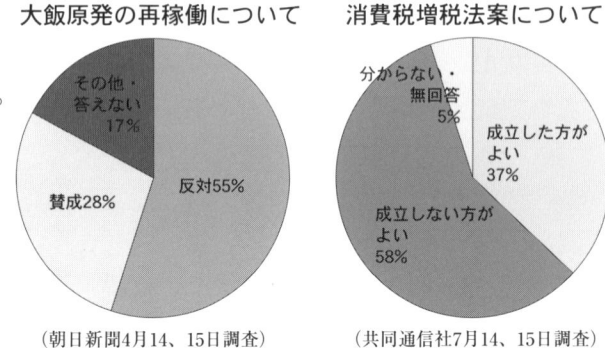

   大飯原発の再稼働について
   その他・答えない 17%
   賛成 28%
   反対 55%
   （朝日新聞4月14、15日調査）

   消費税増税法案について
   分からない・無回答 5%
   成立した方がよい 37%
   成立しない方がよい 58%
   （共同通信社7月14、15日調査）

   ③それらの多数意見に反した首相の党の議席は、その後の選挙でどうなったか。

3. 適切な判断のためには公正な報道が必要だ。2012年6月、ある政党参加討論番組（毎週）に2年間1度も呼ばれない党（当時衆議院9議席）が「どの党にも偏らない」というそのテレビ局の基準に照らして不公平だと抗議した。
   ①議席の多い政党中心の番組編成をあなたはどう思うか。

   ②では、テレビ、新聞で報道されない情報はどうやって入手すればよいか。

第1章 学習課題とその展開　政治報道と世論

授業のねらい

これまで無関心であった日々の政治報道への関心を高めて国民生活との関わりを読み解き、世論の重要性と公正な報道のあり方について学びあい、自分なりに考える態度を養う。

前時の課題
—前時の最後に、以下の二つを家庭課題として提示しておく。

①今夜（次の社会科の時間の前日も可）のテレビで政治のニュースを視て、気づくこと・疑問をメモしてこよう。または、前日か当日朝の新聞を見て政治に関する記事を学校に持ってこよう。（家の人の了解を得ること）

②視るのはNHKニュースでも民放の報道番組でもよい。同じ出来事がどう報道されるか、両者を比較できたらさらにすばらしい。

板書

〈報道〉今、何をどう？（適宜板書）
- 新聞
- テレビ

★なぜ重要？
[国民生活との関わりに気づかせる]
→国民の意見は？——[世論調査]
　　　　　　　　　　抽出、アンケート
〈2012年〉
〈A〉今、消費税増税 —賛成37％
〈B〉原発再稼働　　—賛成28％

- 当時の首相—増税、再稼働OK
　｜
　その後の選挙でこの党の議席は？
　（結果を記入）

的確な判断 ← 公正な報道（どの党にも平等） ← マスコミ
　　　　　　← 多様な情報の提供

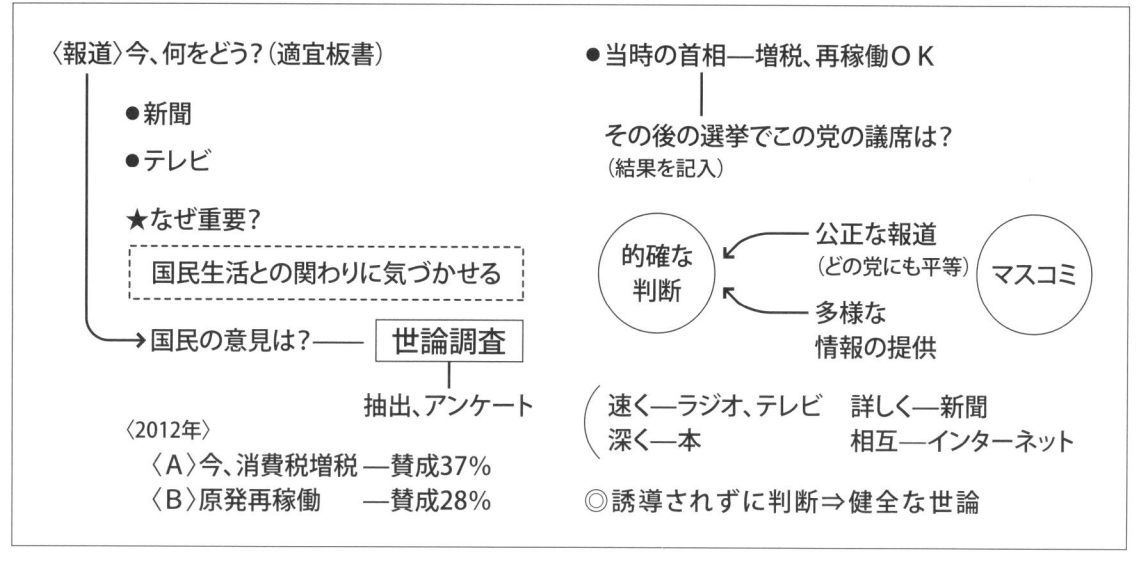

速く—ラジオ、テレビ　　詳しく—新聞
深く—本　　　　　　　　相互—インターネット

◎誘導されずに判断⇒健全な世論

【チェックテスト】No.24　組　名前

◆次の文が正しければ○、間違っていれば×をつけよ。
①新聞はみな同じ立場から記事をつくっている。（　）
②その新聞の考えは社説や主張を読めば分かる。（　）
③記事や報道内容は常にそのまま受け入れたい。（　）
④政治ニュースに常に関心を持つようにしたい。（　）
⑤選挙前は特にどの党にも公平な報道が必要だ。（　）
⑥討論番組では常に大政党中心に出演させたい。（　）
⑦少数党の意見も読者に知らせることは大切だ。（　）

◆新聞テレビの他に政治を知る手段を3つ書け。（30点）
〈　　　　　〉〈　　　　　〉〈　　　　　〉

《チェックテスト解答》
①×　②○　③×　④○　⑤○　⑥×　⑦○　⑧雑誌・ラジオ・週刊誌・インターネット等各種
※紙面から「社説」を見つけさせ、それが各新聞社の主張であることに気づかせてはどうか。報道はその立場に沿ってなされるので、誘導されないためには多様な情報の摂取と取捨選択が必要となることを理解させたい。

■学習課題 No.26

国会のしくみと国会議員

1．「国会議員」と聞けば……

2．国会議員クイズ　どれだけ当たる？　予想を書き入れよう。
　①月給は〈　　　　　〉円であり、国会に出なくても全額もらえる。（ボーナス年2回）
　②JR全線（特急グリーン車）、飛行機（国内線往復月4回）に〈　　　　　〉で乗れる。
　③雇った秘書3人分の給料は〈　　　　　〉が支払う。
　④国会開会中は、国会の許可なく〈　　　　　〉されない。（現行犯以外）

3．国会議員はなぜこれほど優遇され自由に活動できるか。国会の役割を調べよう。
　・憲法41条―国会は①〈　　　　　〉の②〈　　　　　〉であり、
　　国の唯一の③〈　　　　　〉である。
　・その国会の仕事は全部で7つ。下の□内から語句を選んで記入しよう。

　┌─────────────────────────────────────┐
　│④外国との〈　　　　〉を承認　⑤毎年の国の〈　　　　〉を議決　⑥各種の〈　│
　│　　〉を制定　⑦〈　　　　〉改正を発議　⑧裁判官〈　　　　〉裁判を実施　⑨国のリー│
　│ダーである〈　　　　〉を指名　⑩〈　　　　〉調査権を使い、時に証人喚問も実施│
　└─────────────────────────────────────┘

　　　　　　　┌─────────────────────────────┐
　　　　　　　│首相（総理大臣）・予算・弾劾・憲法・法律・国政・条約│
　　　　　　　└─────────────────────────────┘

4．国会の構成はどうなっているか。調べて気づくことを発表しよう。

　　　　　　　　　　　　　〈A〉〈　　　　　〉院　　　　　　　〈B〉〈　　　　　〉院
　┌──────────────────┐　┌──────────────────┐
　│①議員数〈　　　　〉人　　　　　　　│　│②議員数〈　　　　〉人　　　　　　　│
　│③任期〈　　〉年、解散が〈　　　〉　│　│④任期〈　　〉年、解散が〈　　　〉　│
　│⑤被選挙権―〈　　〉歳以上の日本国民│　│※3年ごとに半数ずつを改選　　　　　　│
　│　　　　　　　　　　　　　　　　　│　│⑥被選挙権―〈　　〉歳以上の日本国民│
　└──────────────────┘　└──────────────────┘

　⑦このように〈衆〉〈参〉二つからつくられた国会のしくみを〈　　　　　〉制という。
　⑧二つのうちでは〈　　〉議院の力が強く、「〈　　〉議院の〈　　　　　〉」とよばれる。
　⑨なぜ、そちらの院の方が強い力を持つのか。

第1章 学習課題とその展開　国会のしくみと国会議員

授業のねらい

クイズ等から知った国会議員の"待遇"への驚き・疑問をその仕事内容や国会の役割を追究する意欲に変え、日本における二院制の仕組みや両院の関係を調べて理解を深める。

板書

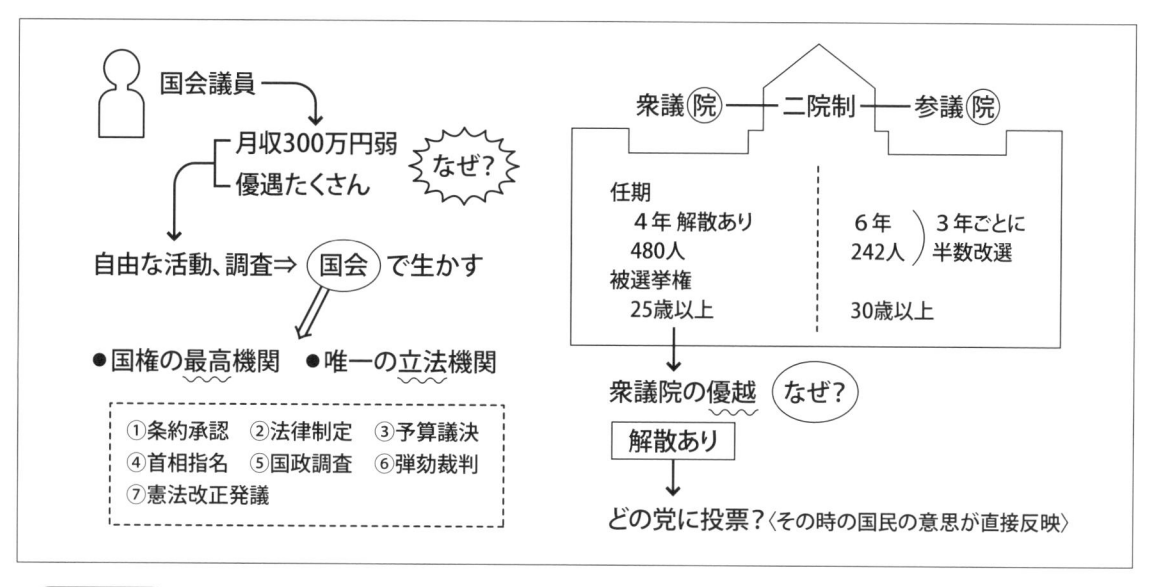

```
国会議員
 ↓
月収300万円弱    なぜ？
優遇たくさん
 ↓
自由な活動、調査 ⇒ 国会 で生かす
 ↓
●国権の最高機関  ●唯一の立法機関
 ①条約承認 ②法律制定 ③予算議決
 ④首相指名 ⑤国政調査 ⑥弾劾裁判
 ⑦憲法改正発議

衆議(院) ─ 二院制 ─ 参議(院)

任期
 4年 解散あり      6年    3年ごとに
 480人           242人    半数改選
被選挙権
 25歳以上         30歳以上
  ↓
衆議院の優越  なぜ？
 ↓
解散あり
 ↓
どの党に投票？〈その時の国民の意思が直接反映〉
```

解答

▲1.各自　あまり肯定的な意見は発表されない。2.①130万1千円（年収約2896万円）②無料 ③国 ④逮捕（理由を補説）　こうして自由で幅広い議員活動を保証。3.①国権 ②最高機関 ③立法機関 ④条約 ⑤予算 ⑥法律 ⑦憲法 ⑧弾劾 ⑨首相 ⑩国政（各語句の意味を確認）こうした活動をきちんと果たすため優遇 4.〈A〉衆〈B〉参 ①480 ②242 ③4 ある ④6 ない ⑤25 ⑥30 ⑦二院 ⑧衆　衆 優越 ⑨解散があり、民意が反映しやすい。

【チェックテスト】No.26　組　　名前

◆下の〈　〉に衆・参・共通いずれかの語句を記入せよ。
①議員の任期は4年で、時に解散がある。〈　　〉
②議員数は242人で3年ごとに半数ずつ改選。〈　　〉
③選ばれた議員により裁判官弾劾裁判を行う。〈　　〉
④政府が外国と結んだ条約を承認する。〈　　〉
⑤もう一つの議院より、持っている力が弱い。〈　　〉
⑥被選挙権は、25歳以上の日本国民にある。〈　　〉

◆次の〈　〉に当てはまる語句を入れよ。（10点×3）
国会は⑦〈　　　　〉の⑧〈　　　　　　〉であり、国の⑨〈　　　〉の⑩〈　　　　　　〉である。〈憲法41条〉

《チェックテスト解答》
①衆 ②参 ③共通 ④共通 ⑤参 ⑥衆 ⑦国権 ⑧最高機関 ⑨唯一 ⑩立法機関

※参議院の「参」とは衆議院での論議に後から「参画」するという意味だ。二院制についてはその長所（慎重審議）短所（長時間）両面を考えさせる。「衆議院議員」と書かせてチェックさせ、院と員の混同を防ぎたい。

■学習課題 No.27
国会の働き

1. 衆院⇔参院 困ったぞ。こんな時はどうするの？
   ①衆議院で可決した法律案が、参議院では否決されたぞ。

   ②衆議院で指名したのとは別の人が、参議院では首相に指名されたぞ。

   ③予算や条約を衆議院では認めたのに、参議院ではいつになっても議決しない。

   ④衆も参も、先に予算案について話し合いたいと言っている。どちらを先にする？

   ・「〈　　〉議院の〈　　　　　〉」は、それぞれこのようなかたちで認められている。

2. では、こうしたことを決める国会は、1年にどれくらい開かれるか。
   ①2011年に開かれた2種類の国会を下の帯グラフに色分けし、気づくことを言おう。

   | 1月 | 2月 | 3月 | 4月 | 5月 | 6月 | 7月 | 8月 | 9月 | 10月 | 11月 | 12月 |

   〈第177回通常国会 2011年1月24日～8月31日、第178回臨時国会 9月13日～9月30日、
   第179回臨時国会 10月20日～12月9日〉

   ②どんなちがいがあるか調べよう。
   　〈A〉通常国会　　　〈B〉臨時国会　　　〈C〉特別国会

3. この第177回通常国会に提出された法律案、予算案、条約は計（16・32・56）。
   ①遅れずに、しかもゆっくり審議するくふうとは？（□から語句を記入して考えよう）

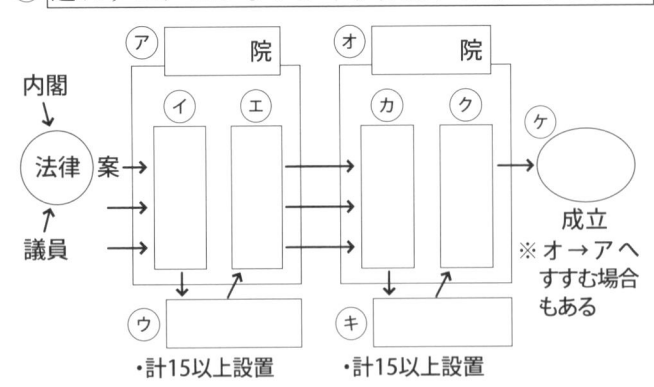

   [図：内閣・議員から法律案が、ア院（イ・エ、ウ 計15以上設置）→オ院（カ・ク、キ 計15以上設置）→ケ 成立　※オ→アへすすむ場合もある]

   ②このようにして法律をつくる国会の働きを〈　　　　〉という。

   | 衆議・法律・各委員会・参議・立法・本会議 |

   （同じ語句を何度使ってもよい）

第1章 学習課題とその展開　国会の働き

授業のねらい

衆議院の優越とは何かをそれぞれの場合に即して考え、国会の種類や審議の過程を作業や調べ学習を通して学びあう中で、立法機関としての国会の役割をさらに深く理解する。

板書

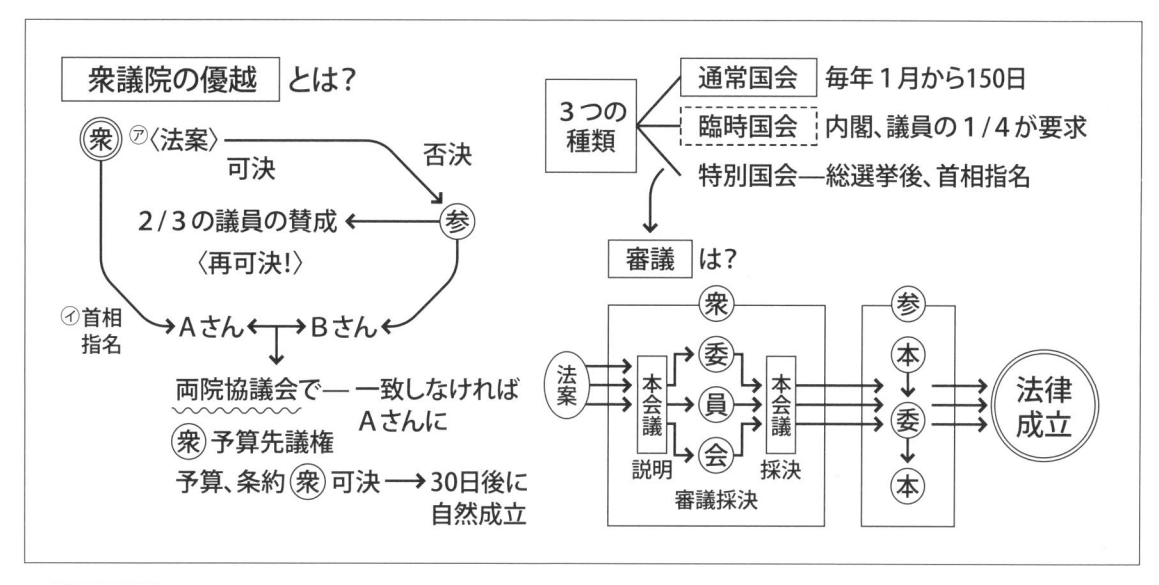

```
衆議院の優越 とは？                    通常国会  毎年1月から150日
                              3つの
 衆 ⑦〈法案〉                  種類   臨時国会  内閣、議員の1/4が要求
    可決        否決                  特別国会―総選挙後、首相指名
    2/3の議員の賛成 ← 参
    〈再可決！〉                        審議 は？
 ⑦首相
  指名 → Aさん ←→ Bさん ←     法案→本会議→委員会→本会議→参本→委→本→法律成立
         両院協議会で―一致しなければ           説明  審議採決 採決
         Aさんに
 衆 予算先議権
  予算、条約 衆 可決 → 30日後に自然成立
```

解答

▲1.①衆院で3分の2以上の賛成で再可決　②両院協議会でも一致しないと衆院の指名優先　③30日たてば衆院の議決通り成立　④衆院優先（予算の先議権）衆・優越　2.①ほぼ1年中開会　②〈A〉毎年1回1月に開会（150日間）〈B〉内閣や議員の4分の1が求めた時〈C〉総選挙から30日以内（新首相の指名）　3.（56）と多い　①ア衆議（または参議）イ本会議　ウ各委員会　エ本会議　オ参議（衆議）カ本会議　キ各委員会　ク本会議　ケ法律　②立法

【チェックテスト】No.27　組　　名前

◆国会やその活動について〈　〉に適切な語句を入れよ。
①衆には予算の〈　　　〉権　②首相指名は〈　　　　〉を開いても一致しないと衆優先　③参で否決された法案も再び衆で〈　〉分の2以上の賛成で可決
④〈　　　　〉や予算は衆で可決して30日たてば成立
⑤毎年開く〈　　　〉国会　⑥内閣や議員が求めて開く〈　　　〉国会　⑦総選挙後に開く〈　　　〉国会　⑧各議院の全員が集まって開くのが〈　　　〉会議
⑨法律案を詳しく審議するのは各〈　　　　〉　⑩こうして法律をつくる国会の働きを〈　　　〉という。

《チェックテスト解答》
①先議　②両院協議会　③3　④条約　⑤通常　⑥臨時　⑦特別　⑧本　⑨委員会　⑩立法
※3では、クラスを国会にみたてて「全校エアコン設置法案」等、自分たちが作りたい法案を出し、クラスを衆参二つに分けて考えていくと盛り上がる。（委員会には各班を充当）国会開会中であれば実際の法案も紹介したい。

■学習課題 No.28

内閣と行政

1. 次のA君の行動に関して、国や県・市町村の仕事と関係しているものに○を付けよう。

> 朝起きて顔を洗いトイレに行き、やがて国道を歩いて青信号を渡って中学校へ。教科書を使って先生に教わったが、休み時間に頭を打ち救急車で市立病院に運ばれた。

① ○は全部で〈　　〉個ある。こうしたことをはじめ、市民のために国・県・市町村が法にもとづいて行う多様な仕事・サービスを〈　　　　〉という。（漢字2文字）

② それらの仕事を最終的に動かすのは各省の大臣である。知っている大臣名を挙げよう。

・これらの大臣たちはまとまって③〈　　　　　〉を構成する。そのトップにいるのが④〈　　　　　　〉大臣・別名⑤〈　　　　　〉である。

⑥ 〈A〉〈B〉のどちらが大統領〈アメリカ〉でどちらが⑤〈日本〉か。□や〈　　　〉に語句を記入して、違いを言おう。

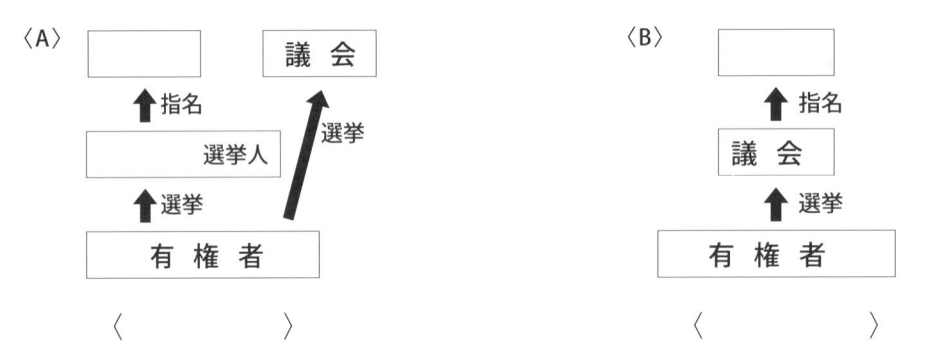

〈A〉 □ → 議会
　↑指名　　↑選挙
　選挙人
　↑選挙
　有権者
〈　　　　〉

〈B〉 □
　↑指名
　議会
　↑選挙
　有権者
〈　　　　　〉

・下の□内から語句を選んで⑦～⑩の〈　　〉に記入しよう。

大統領制に対する日本のこのようなしくみを⑦〈　　　　　〉制という。衆議院は、不適当と思う内閣を⑧〈　　　　　〉できるが、内閣はその場合⑨〈　　　　　〉するか、反対に衆議院を⑩〈　　　　　〉できる。　不信任・解散・議院内閣・総辞職

2. 君が総理大臣になるには？ その資格や選ばれるまでのプロセスを憲法等から知ろう。

① 〈　　　　　〉でなければならない。（66条）

② 〈　　　　〉の中から〈　　　　〉の議決で指名する。（67条）

③ 知っている戦後の首相の名を挙げよう。彼らはまずその時の多数党の党首となった。そうなると、なぜ国会で首相に指名されるのだろうか。

第1章 学習課題とその展開　内閣と行政

授業のねらい

私たちの生活が各種の行政に支えられていることを知ってその根本にある内閣の役割と議院内閣制の特色を理解し、首相の要件や議会との関係、指名の実際について学ぶ。

板書

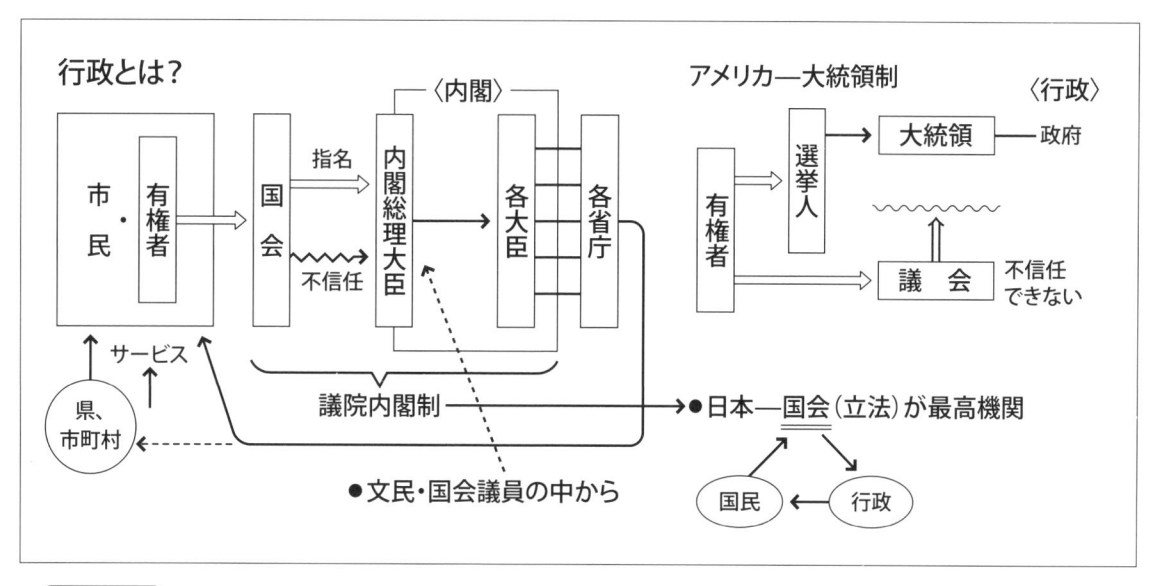

（図：行政とは？　市民・有権者→国会→（指名）内閣総理大臣→各大臣→各省庁〈内閣〉、国会⇔内閣（不信任）、議院内閣制、●文民・国会議員の中から、県・市町村→サービス→市民、アメリカ—大統領制：有権者→選挙人→大統領—政府〈行政〉、議会（不信任できない）、●日本—国会(立法)が最高機関、国民⇔行政）

解答

▲1.洗顔―水道　トイレ―下水　国道―国交省　信号―警察　中学校・教科書―文科省　先生―県　救急車―消防庁　市立病院―市　①約8・行政　②各自（後に行政組織図を参照）　③内閣　④内閣総理　⑤首相　⑥〈A〉大統領〈B〉首相　〈A〉は国民が選び議会からは独立、不信任もされない。〈B〉は議会で選び議会が不信任できる。　⑦議院内閣　⑧不信任　⑨総辞職　⑩解散　2.①文民　②国会議員・国会　③各自　その党全員が党首を首相に指名するから。

【チェックテスト】No.28　組　名前

◆関係ある語句・続く語句を□から選んで記入せよ。
①内閣〈　　〉②国会〈　　〉③〈　　〉内閣制　④内閣〈　　〉大臣　⑤総〈　　〉

　　総理・立法・議院・辞職・行政

◆正しい文には○・間違っている文には×をつけよ。
⑥アメリカの大統領も首相同様議会が指名する。（　）
⑦日本の議会は首相を不信任することはない。（　）
⑧内閣をまとめるのは首相の役割である。（　）
⑨国会議員でなくとも首相になることはできる。（　）
⑩首相は必ず文民から選ばれなくてはいけない。（　）

《チェックテスト解答》
①行政　②立法　③議院　④総理　⑤辞職　⑥×　⑦×　⑧○　⑨×　⑩○

※国務大臣は何人いるか。必要な時は17人（復興庁設置中は18人）までOKだ。多数党の議員の過半数の支持で党首になれば、その党の議員全員がその人を首相に指名する仕組みも補説したい。大統領制との違いも理解させたい。

■学習課題 No.29
行政権の拡大と「改革」

1．次の語句を漢字に直そう。それぞれどんな意味か。
　〈A〉こっかこうむいん〈　　　　　　　　　〉

　〈B〉ちほうこうむいん〈　　　　　　　　　〉

　①何人くらいいるか。（2011年）　〈A〉約〈　　　〉万人　〈B〉約〈　　　〉万人
　②現代の行政では、なぜこれだけの人手が必要となったか。予想の後に調べよう。

　③法律では定めきれない細かい仕事をこれらの人々はすすんで行う。こうして省庁等の
　　行政機関の仕事や人員が増大し、その力がしだいに強まることを〈　　　　　　〉の
　　拡大（肥大）といい、そうした国を〈　　　　〉国家という。

2．上の〈A〉を指導する立場の首相・各大臣の平均在任期間はどれくらいと思うか。
　首相　約〈　　　　　　〉　　各大臣　約〈　　　　　　〉
　①それでも、なぜ行政の仕事は混乱なくすすむのか。下の資料を読んで考えよう。
　　◆大臣は省を渡る「旅人」？

　　> 「厚生大臣をお願いしたい」と総理に言われて部屋を出ると「大臣、大臣」と呼びかけられた。省の官房長である。「事務の秘書官なんですが、このような者でいかがかと……」と経歴書を渡してきた。「いいですよ」、すると「実はここに連れてきております」と紹介された。さらに「これから就任の記者会見ですが、御参考までに挨拶文を用意いたしました」とまた別の紙を渡された。すでに私の名前まで入っている。私自身、数分前に正式に知ったばかりなのに。（菅直人『大臣』岩波新書・一部改変）　　―「官房長」とは大臣の仕事を補佐・推進する上級公務員―

　・問題点はないのだろうか。

3．広範囲で生活に深く関わる行政の仕事を、無駄を省いてより市民本位に変えることを
　〈　　　　〉改革という。次の①〜③に賛成か反対か。記入して理由を発表しよう。
　規制緩和　①ガソリンスタンドでのセルフ給油を認める。（1998年）　　〈　　　〉
　　　　　　②製造業でも派遣労働者を使っていい。（2003年）　　　　　〈　　　〉
　民営化　　③「刑務所」の整備・運営を会社に任せる。（07年・山口県美祢市）〈　　　〉
　④どんな行政改革を行うことが大切か。君の考えを書こう。

第1章 学習課題とその展開　行政権の拡大と「改革」

授業のねらい

今、なぜ多数の公務員が必要かを考える中で福祉・教育の充実のために行政が果たす役割を理解し、その活動をどう市民本位にするかを考えて行政改革のあり方を学びあう。

板書

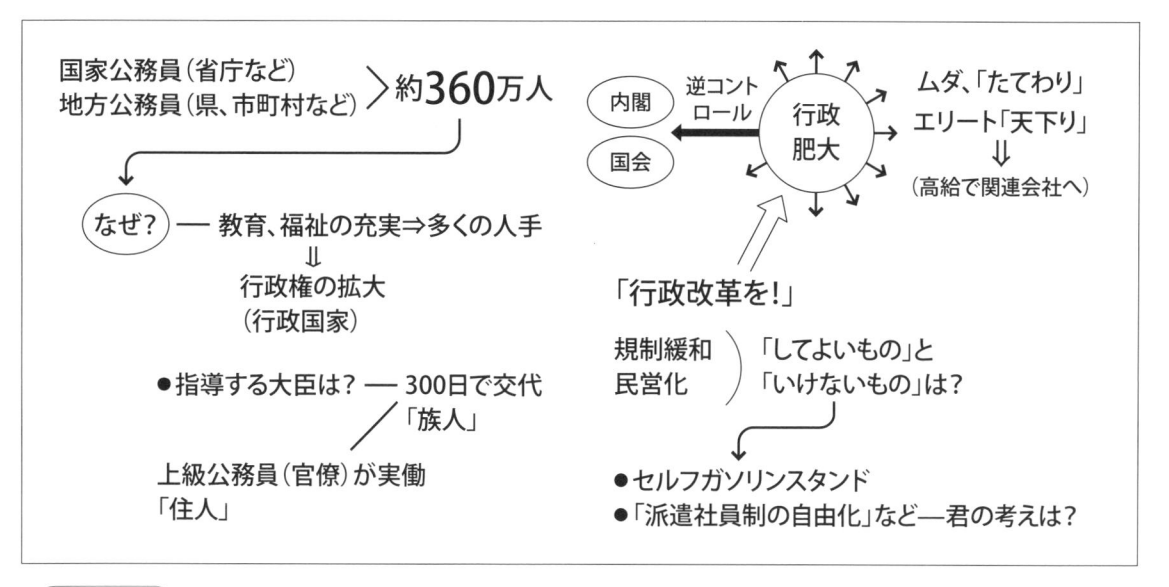

```
国家公務員（省庁など）
地方公務員（県、市町村など） ＞ 約360万人

                                          内閣 ←逆コントロール― 行政  ムダ、「たてわり」
   ↓                                      国会              肥大  エリート「天下り」
  なぜ？ ― 教育、福祉の充実⇒多くの人手                              ⇓
          ⇓                                      ↑          （高給で関連会社へ）
         行政権の拡大                          「行政改革を！」
        （行政国家）
                                      規制緩和 ）「してよいもの」と
  ●指導する大臣は？ ― 300日で交代    民営化  ）「いけないもの」は？
                    ／「族人」                    ↓
  上級公務員（官僚）が実働              ●セルフガソリンスタンド
   「住人」                             ●「派遣社員制の自由化」など―君の考えは？
```

解答

▲1.〈A〉国家公務員 〈B〉地方公務員 ①〈A〉64.1 〈B〉281.4 ②福祉、教育、医療の充実等に関わる仕事（軍事拡大も一因、国家公務員である自衛官は戦後のゼロから約23万人へ増大）③行政権・行政　2.首相2年・各大臣300日　①大臣に代わり、長くその省庁に勤める上級公務員（官僚）が日々の仕事をすすめるから（問題点でもある）　3.行政　①②③各自 どれが本当に市民のためになるか多様な意見を発表。④各自の考えを深化

【チェックテスト】No.29　組　　名前

◆関係ある語句を下の□から選んで記入せよ。
①文科省―〈　　　　〉公務員　②市役所―〈　　　　〉公務員　③行政権の肥大〈　　　　　　〉　④製造業での派遣労働者の許可〈　　　　　〉　⑤ＪＲ、ＮＴＴ〈　　　　〉　⑥上級公務員〈　　　　　〉

　行政国家・地方・規制緩和・国家・民営化・官僚　

⑦現代国家ではなぜ行政権が拡大するか。(20点)

⑧無駄を省いて行政を市民本位に変えることを何というか。漢字4文字で書け。(20点)〈　　　　　　〉

《チェックテスト解答》
①国家 ②地方 ③行政国家 ④規制緩和 ⑤民営化 ⑥官僚 ⑦福祉、教育等市民に関わる仕事が増える ⑧行政改革
※大型店出店緩和、タクシー業界参入と料金自由化等、規制緩和・行革の是非が問われる時代だ。それが市民のためになるか、一つひとつ考えて判断する力を養い、公務員のあり方についても考えたい。

■学習課題 No.30

司法と裁判所

1．給料が下がるのは誰でも嫌だ。では、給料を下げないことを憲法で保障された、ただ一つの職業とは？　予想の後に憲法79条を調べよう。〈　　　　　　　　〉

①では、下げていけない理由とは何か。次の例から考えよう。

> 2008年4月、名古屋高等裁判所の裁判官3名は、「現在イラクにおいて航空自衛隊が武装したアメリカ兵などの輸送を行っていることは憲法9条1項に違反している」と、政府の指示した自衛隊の活動が憲法違反であるとの判決を下した。

②こうして裁判官の身分を保障し、どこからどんな圧力も受けず公正に裁判できるようにする原則を〈　　　　〉の〈　　　　〉という。下の〈　〉に語句を入れよう。

> すべて裁判官は、その〈　　　　〉に従い〈　　　　〉してその職権を行い、この〈　　　　〉及び〈　　　　〉にのみ拘束される。（憲法79条③）

③では、国会で制定した法律が憲法に反すると判断した場合、裁判官はどうするか。右の記事から読み取ろう。

（右の記事：国籍法「違憲」初判断　婚外子訴訟　「婚姻要件は差別」最高裁 比女性の子に日本籍　静岡新聞2008年6月5日掲載　写真：時事通信社　配信：共同通信社）

④他にはないこうした裁判所の権限は、〈　　　　　　　　〉権とよばれる。

2．その裁判所にはどんな種類があり、互いにどう関係しているか。次の□や〈　〉に適切な語句を記入しよう。

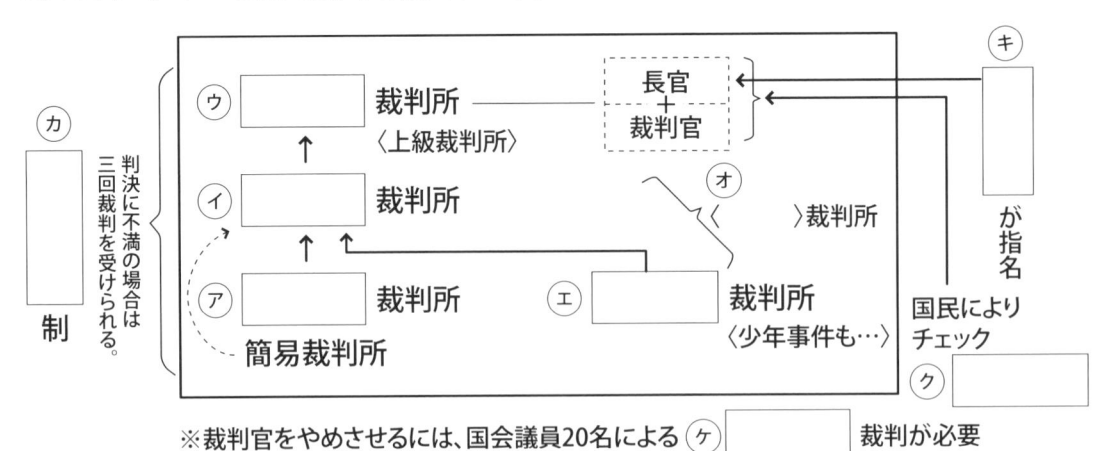

（図：
- (カ)　　制
- 判決に不満の場合は三回裁判を受けられる。
- (ウ)　裁判所〈上級裁判所〉
- (イ)　裁判所
- (ア)　裁判所　簡易裁判所
- 長官＋裁判官
- (オ)〈　〉裁判所
- (エ)　裁判所〈少年事件も…〉
- (キ)　が指名
- 国民によりチェック
- (ク)
）

※裁判官をやめさせるには、国会議員20名による(ケ)　　　　裁判が必要

第1章 学習課題とその展開 司法と裁判所

授業のねらい

なぜ裁判官の身分が保障されているかを考えて司法権の独立や違憲立法審査権行使の重要性を理解し、その裁判所にはどんな種類があり互いにどう関係しているかを学びあう。

板書

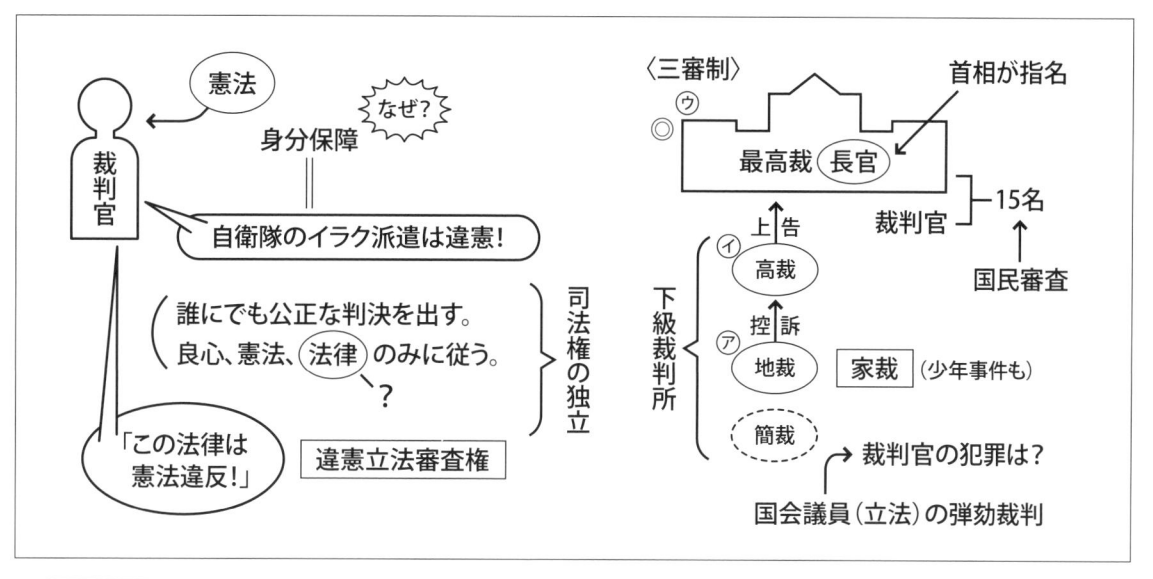

（板書図）
- 裁判官 ← 憲法
- 身分保障（なぜ？）
- 自衛隊のイラク派遣は違憲！
- 誰にでも公正な判決を出す。良心、憲法、法律のみに従う。｝司法権の独立
- 「この法律は憲法違反！」違憲立法審査権
- 〈三審制〉首相が指名
- ◎ウ 最高裁 長官 ─ 15名 裁判官 ← 国民審査
- 上告 ← イ 高裁
- 控訴 ← ア 地裁 ｜ 家裁（少年事件も）
- 下級裁判所：簡裁 → 裁判官の犯罪は？
- 国会議員（立法）の弾劾裁判

解答

▲1.裁判官 ①誰に対しどんな判決を下しても不利にならないように。（政府に不都合な判決を下しても待遇が悪くならない） ②司法権・独立（司法とは、法による争いの解決や犯罪者処罰の働きであることを補説）良心・独立・憲法・法律 ③たとえ国会が制定したものであれ、その法律は憲法違反でその件については無効であると判決。④違憲立法審査 2.ア地方 イ高等 ウ最高 エ家庭 オ下級 カ三審 キ首相 ク国民審査 ケ弾劾

【チェックテスト】No.30　組　　名前

◆関係ある語句を線で結べ
①その法律は違憲と判決　・　　　・家庭裁判所
②圧力受けず公正に判決　・　　　・最高裁判所長官
③国民による信任投票　　・　　　・司法権の独立
④争い解決と処罰の働き　・　　　・最高裁裁判官国民審査
⑤首相による指名　　　　・　　　・違憲立法審査権
⑥少年事件などを扱う　　・　　　・司法・裁判

◆次のひらがなを漢字に直せ。
⑦だんがい〈　　〉裁判 ⑧こうとう〈　　〉・⑨ちほう〈　　〉裁判所 ⑩さんしんせい〈　　〉

《チェックテスト解答》
①違憲立法― ②司法権― ③最高裁裁判官― ④司法・裁判 ⑤最高裁判所― ⑥家庭― ⑦弾劾 ⑧高等 ⑨地方 ⑩三審制
※違憲立法審査からも分かるように、裁判にはその判決により社会を動かす力がある。だが、場合によっては誤審もある。ニュース等で裁判の報道があれば、取り上げてタイムリーな授業を組み立てたい。

■学習課題 No.31

二つの裁判と人権保障

1. ドラマではどんな役割の人が法廷に登場するか。発表の後、□から〈A〉に記入しよう。

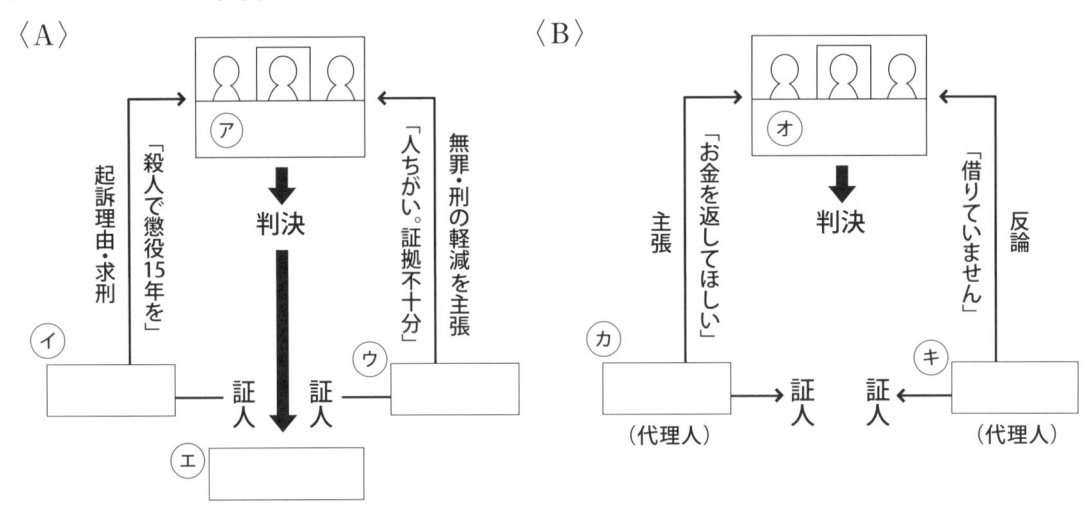

〈A〉
- ア（裁判官）
- イ：「殺人で懲役15年を」起訴理由・求刑
- ウ：「人ちがい。証拠不十分」無罪・刑の軽減を主張
- エ：判決
- 証人、証人

〈B〉
- オ（裁判官）
- カ（代理人）：「お金を返してほしい」主張
- キ（代理人）：「借りていません」反論
- 証人、証人、判決

| 弁護人・原告・被告人・被告・裁判官・検察官 |（2度使ってもよい）

⑧〈B〉にも適切な語句を上の□から記入しよう。〈A〉〈B〉はどこが違うか。

⑨〈A〉を〈　　　　〉裁判といい、〈B〉を〈　　　　〉裁判という。

2. 逮捕⇒取調べ⇒起訴⇒〈A〉の裁判へと続く中で、被疑者の人権はどう守られるか。

①これに関し、公務員に絶対禁止されていることは何だろう？（憲法36条）

②33条～40条を読み、被疑者・被告人の人権を守る規定に線を引こう。

③では、無実の人が有罪となることは？
表から気づくこと・判決の□に入る語句を言おう。

事件名	罪名	判決（年）	再審（年）	拘束
免田事件	強盗殺人	(1951)	無罪(1983)	34年
財田川事件	強盗殺人	(1957)	無罪(1984)	34年
松山事件	強盗殺人放火	(1960)	無罪(1984)	29年
島田事件	殺人	(1960)	無罪(1989)	35年

・再審で無罪となったこれらの人には40条の④〈　　　　　〉請求権により補償金が支払われる。表中の免田さんには7200円×1万2599日分で9071万2800円が支払われた。

⑤冤罪者をこれ以上出さないためには何が大切か。現在、どんな提案がされているか。

— 68 —

第1章 学習課題とその展開　二つの裁判と人権保障

授業のねらい

ドラマ等から法廷の様子を想起して刑事裁判と民事裁判の違いに気づき、逮捕から裁判まで該当者の人権がどう守られるべきか、憲法の条文や冤罪事件の記録を参照しながら考える。

板書

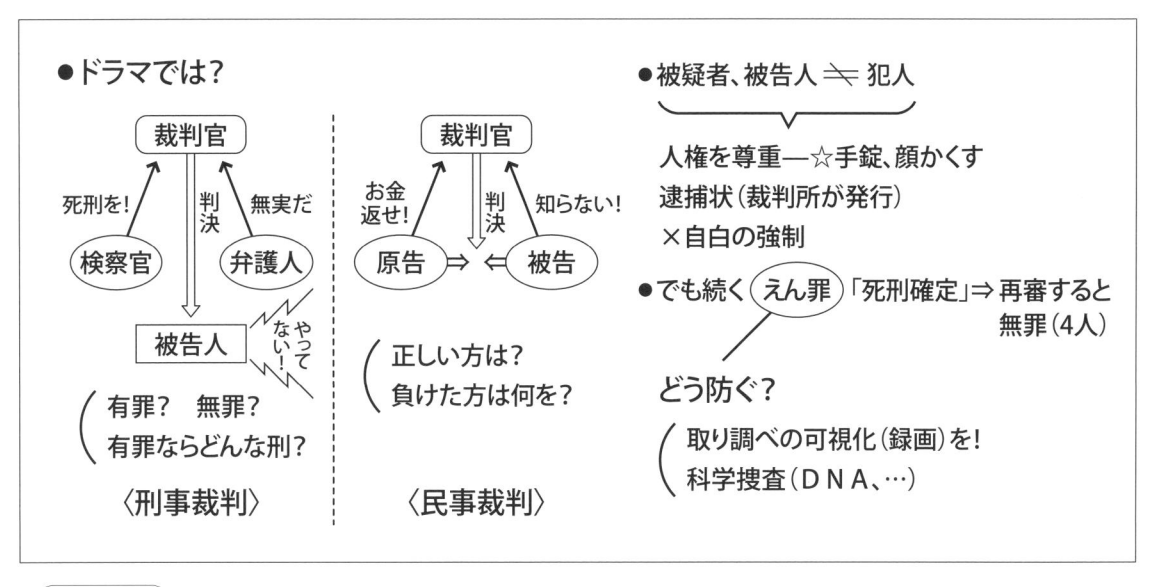

●ドラマでは？

〈刑事裁判〉
　　　　　裁判官
死刑を！　　判決　　無実だ
検察官　　　　　　　弁護人
　　　　　被告人
　　　　　やってない！
　有罪？　無罪？
　有罪ならどんな刑？

〈民事裁判〉
　　　　　裁判官
お金返せ！　判決　　知らない！
原告　⇒　　　　⇐　被告
　正しい方は？
　負けた方は何を？

●被疑者、被告人 ≒ 犯人
人権を尊重―☆手錠、顔かくす
逮捕状（裁判所が発行）
×自白の強制

●でも続く えん罪 「死刑確定」⇒ 再審すると無罪（4人）

どう防ぐ？
　取り調べの可視化（録画）を！
　科学捜査（DNA、…）

解答

▲1. それらの人の果たす役割も想起 ア裁判官 イ検察官 ウ弁護人 エ被告人 オ裁判官 カ原告 キ被告 ⑧〈A〉は被告人の罪刑について検察官と弁護人が争う。〈B〉は原告・被告のどちらが正しいかを争う。そこで、（A）と（B）では被告（人）の向きが違う。）〈A〉刑事〈B〉民事　2.①拷問や残虐な刑罰 ②逐条確認 ③実はある（冤罪事件）いずれも死刑（再審制度について補説）④刑事補償 ⑤規定厳守、取り調べの可視化

【チェックテスト】No.31　組　　名前

◆刑事・民事どちらの裁判に関係？ 刑・民の語を入れよ。
①原告〈　　〉②検察官〈　　〉③被告人〈　　〉
④有罪・懲役15年〈　　〉⑤○○に１億円返せ〈　　〉

◆被疑者等の人権を守る上で正しい文に○、間違っている文に×をつけよ。
⑥公務員は拷問や処罰をしてはいけない。（　　）
⑦被疑者・被告人は不利なことを話さない権利あり。（　　）
⑧逮捕状があれば住居を調べることもできる。（　　）
⑨あまりに凶悪な被告人には弁護人がつかない。（　　）
⑩最高裁判決後、新証拠が出れば再審請求できる。（　　）

《チェックテスト解答》
①民 ②刑 ③刑 ④刑 ⑤民 ⑥× ⑦○ ⑧× ⑨× ⑩○
※検察官は検事だけでなく副検事が務めることもある。弁護人は、弁護士以外でも無償であれば認められる。裁判に関する知識は膨大であるが、不明なことは各地の裁判所・弁護士会などに尋ねさせたい。夏休み等を利用した裁判の傍聴も勧めよう。

■学習課題 No.32

司法への参画と裁判員制度

1．有権者には、次のような通知が最高裁判所から来ることがある。これは何だろうか。

> このたび、あなたは、抽選の結果に基づいて、当裁判所の裁判員候補者名簿（有効期間平成23年1月1日から同年12月31日まで）に記載されましたので、お知らせします。
> 今後、この名簿をもとに、実際の事件ごとに裁判員候補者を選んだ上で、当裁判所においてその候補者の中から裁判員を選ぶ手続を行います。

①選ばれた人たちを〈　　　　　〉という。この制度は〈　　　〉年5月から始まった。
②裁判日数はおよそ3、4日。その中で行うことや裁判官との関係を予想しよう。
ア 担当するのは（殺人等の重大事件・窃盗等の事件・民事事件だけ）である。
イ 担当者9人中、裁判員数を右の○に着色しよう。（他は裁判官）○○○○○○○○○
ウ 担当する裁判の種類は（第一審〈地裁〉だけ・最高裁まで全て・最高裁以外）である。
エ 次の4つのうちで裁判員が行うことは何か。当てはまるもの全てに○をつけよう。

・被疑者の逮捕と取調べ（　）　　・被疑者が何をしたかその事実の認定（　）
・その行為はどんな罪に当たるか（　）　　・有罪ならどんな刑にするか（　）

オ 有罪判決は（多数決〈裁判官1人の賛成が必要〉・全員一致・裁判官優先）で決定。

※どんなやりとりが想定されるか――次の1～6を分担して演読しあおう。

1 一つはナイフを買った理由ですが昨日の被告人質問でもいろいろ新しい話が出てきました…
2 種類も長さもレストランのシェフがすすめたものなんだよな
3 ナイフを買った時点では真面目な気持ちだったとしてもそれが殺人を犯さなかったことの証明にはなりません
4 でも殺人を計画してナイフを買ったという検察官の主張は崩れるでしょう
5 事件が起こったあとにナイフを捨てたという事実は争っていないんですよね
6 そうねぇ…ナイフを捨てていなければもっと有利だったのに

〈争点を整理し進行するのは裁判官〉

（『裁判員になりました―疑惑と真実の間で―』日本弁護士連合会より）

2．このような裁判員制度について、よいと思う点や疑問に思う点を発表しよう。

3．他にはどんな司法参画の方法があるか。教科書等で調べよう。

第1章 学習課題とその展開　司法への参画と裁判員制度

授業のねらい

裁判員制度を自分との関わりでとらえてその概要を知り、よい点や疑問に思う点を出しあって制度への理解を深め、市民の司法参画の方法についてさらに多面的に考える。

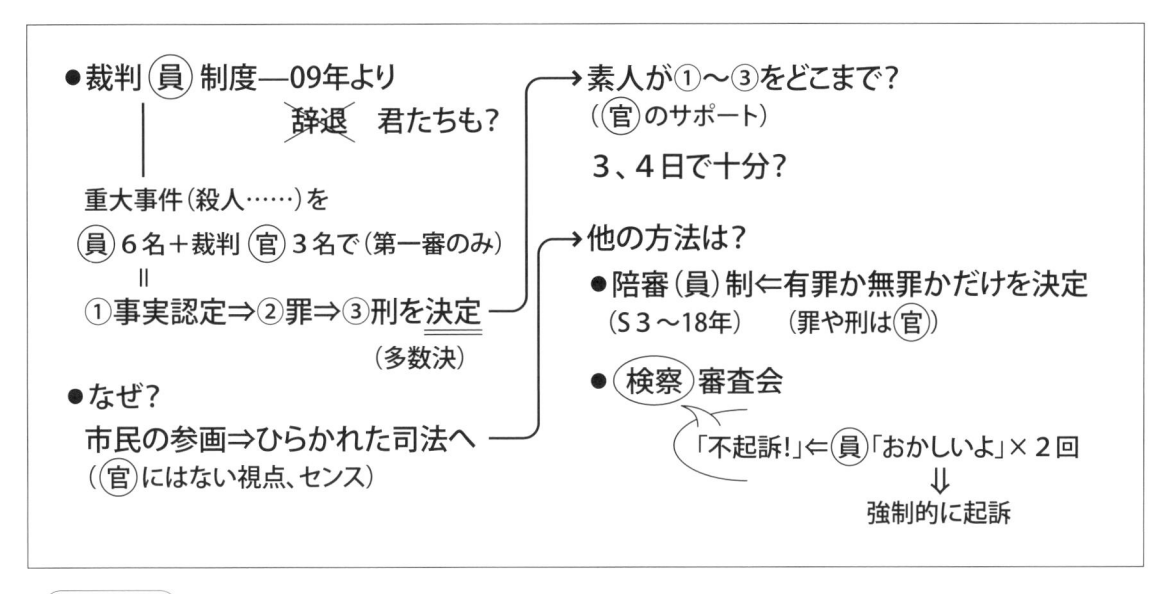

板書

```
●裁判(員)制度—09年より         →素人が①～③をどこまで？
           辞退 君たちも？        ((官)のサポート)
  │
  重大事件(殺人……)を             3、4日で十分？
  (員)6名＋裁判(官)3名で(第一審のみ)
  ＝                           →他の方法は？
  ①事実認定⇒②罪⇒③刑を決定      ●陪審(員)制⇐有罪か無罪かだけを決定
                (多数決)          (S3～18年)    (罪や刑は(官))
●なぜ？
  市民の参画⇒ひらかれた司法へ ─   ●(検察)審査会
  ((官)にはない視点、センス)
                                「不起訴！」⇐(員)「おかしいよ」×2回
                                         ⇓
                                      強制的に起訴
```

解答

▲1.裁判員候補者名簿への記載のお知らせ ①裁判員・2009 ②ア殺人等の重大事件 イ6つの○に着色 ウ第一審だけ エ事実の認定・どんな罪に当たるか（法令の適用・ただし法令の解釈は裁判官のみで行う）どんな刑にするか（量刑）の三つ オ多数決 2.〈意見例〉裁判への市民参加は重要。判決の不十分な点は二審で直せる。裁判が3、4日では短いが、長いと自分の仕事に困る。素人に罪や刑まで決められない。 3.陪審制、検察審査会等

【チェックテスト】No.32　組　　名前

◆正しい文には○、間違った文には×をつけよ。
①裁判に参画する市民を裁判官という。（　）
②裁判官と裁判員は計9名で裁判を行う。（　）
③担当するのは、殺人などの重大事件である。（　）
④刑の重さは裁判官と裁判員全員一致で決める。（　）
⑤裁判員制度は戦後新憲法制定以来続いている。（　）
⑥裁判員制度以外は、市民は司法に参画できない。（　）

◆次のひらがなを漢字に直せ。
⑦だい一しん〈　　　〉⑧けんさつかん〈　　　　〉
⑨さいこうさい〈　　　〉⑩はんけつ〈　　　　〉

《チェックテスト解答》
①× ②○ ③○ ④× ⑤× ⑥× ⑦第一審 ⑧検察官 ⑨最高裁 ⑩判決

※裁判員は年間に有権者の0.02％、約5900人に1人が選ばれ原則として辞退できない。（日当1万円以内で交通費・宿泊料支給）昭和3～18年まであった陪審制との違いも理解させた上で、司法参画のあり方について学びあわせたい。

■学習課題 No.33
三権分立のしくみ

1. ①首相の推定月収は？―約〈　　　〉万円　②これと同じ月収の人は？〈　　　　　　〉
   ③国会で同じ月収の人は？（議員給与減額分を加える）〈　　　　　〉〈　　　　　〉
   ④ここから気づくことや疑問を挙げよう。

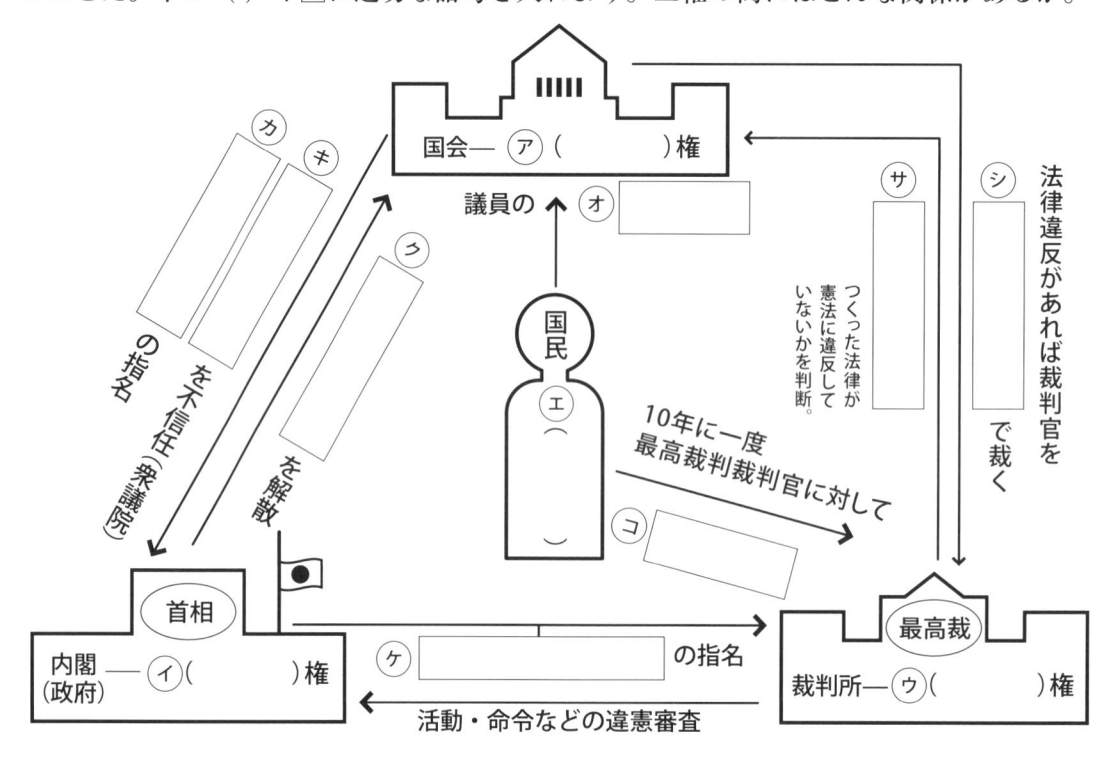

2. 三権とは〈　　　〉権（　　　　）、〈　　　〉権（　　　　）、〈　　　〉権（　　　　）
   のことだ。下の（　）や□に適切な語句を入れよう。三権の間にはどんな関係があるか。

   [図：三権分立のしくみ]
   - 国会—ア（　　　）権
   - 内閣（政府）—イ（　　　）権
   - 裁判所—ウ（　　　）権
   - 国民（エ）
   - カ、キ、ク、オ、コ、サ、シ、ケ
   - 議員の〔オ〕
   - を不信任（衆議院）
   - を解散
   - の指名
   - 活動・命令などの違憲審査
   - 10年に一度 最高裁判所裁判官に対して
   - つくった法律が憲法に違反していないかを判断
   - 法律違反があれば裁判官を〔シ〕で裁く

   （　）⇔ 主権者・立法・行政・司法
   □ ⇔ 総理大臣・最高裁長官・選挙・衆議院・違憲立法審査・国民審査・弾劾裁判・内閣
   ①憲法で「国権の最高機関」とされたところを上の図の中に着色しよう。その理由は何か。

3. 市民は、総理大臣や政府の活動をどうチェックしていくか。また、国会や裁判所にどう
   働きかけるか。（2の図以外で）具体例を挙げてみよう。

第1章 学習課題とその展開　三権分立のしくみ

授業のねらい

三権分立とは何か。それぞれの長の月収を糸口に学びあう中で、相互の権力がどんな関係を保ちつつ分立しているか理解を深め、市民によるチェックの大切さに気づく。

板　書

（下の構成図は生徒のシート記入中に板書。⑦〜㋛への答は生徒自身に記入させ、補説）

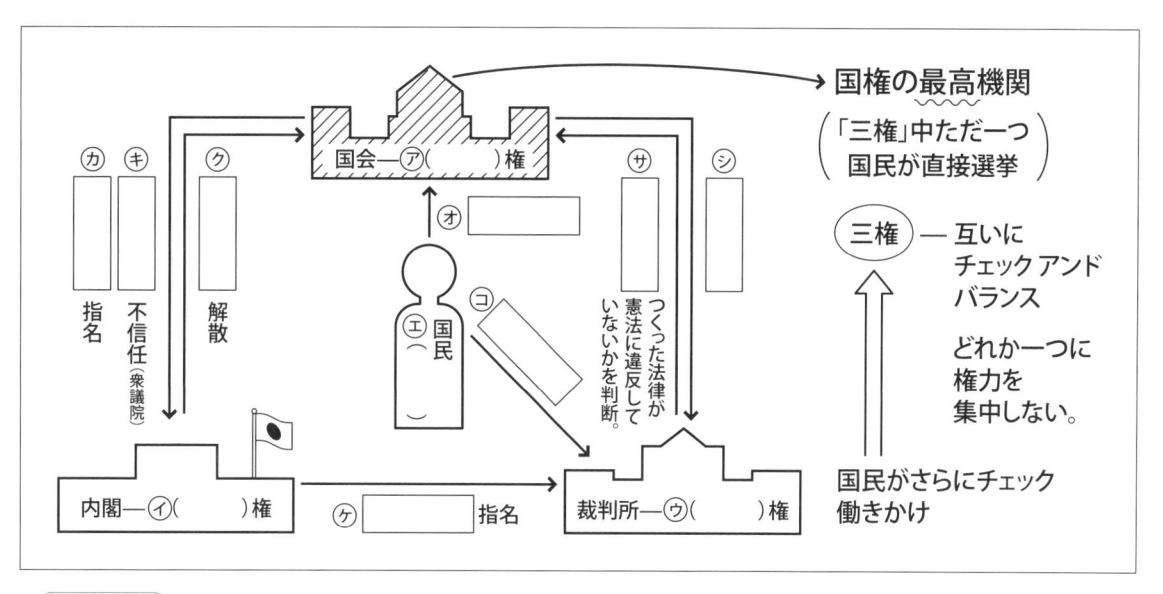

【板書構成図】
- 国会―ア（　）権 → 国権の最高機関（「三権」中ただ一つ国民が直接選挙）
- 内閣―イ（　）権
- 裁判所―ウ（　）権
- エ国民、オ選挙、カ指名、キ不信任（衆議院）、ク解散、ケ指名、コ国民審査、サ違憲立法審査、シ弾劾裁判
- 三権―互いにチェックアンドバランス　どれか一つに権力を集中しない。
- 国民がさらにチェック働きかけ

解　答

▲1.①335　②最高裁長官　③衆院議長・参院議長　④なぜほぼ同じか。（三権はみな同じ重さだから）　2.行政（内閣）・司法（裁判所）・立法（国会）―順不同　ア立法　イ行政　ウ司法　エ主権者　オ選挙　カ総理大臣　キ内閣　ク衆議院　ケ最高裁長官　コ国民審査　サ違憲立法審査　シ弾劾裁判　⑴（国会）主権者である国民が直接選挙するから　※同時に互いにチェック　3.デモ・集会によるアピール、署名や請願、選挙を通しての意思表示等を想起。

【チェックテスト】No.33　組　　名前

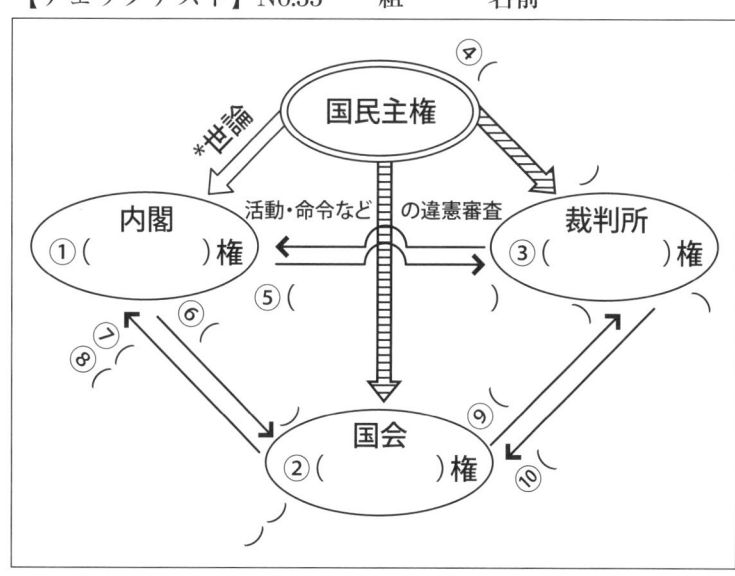

【図：国民主権を頂点に内閣①（　）権、裁判所③（　）権、国会②（　）権の三権分立図。*世論。活動・命令などの違憲審査。⑤〜⑩の矢印】

《チェックテスト解答》

①行政　②立法　③司法　④国民審査　⑤最高裁長官の指名　⑥衆議院の解散　⑦⑧総理大臣の指名・内閣不信任　⑨弾劾裁判　⑩違憲立法審査

※シートは裏面にも印刷すれば復習に活用できる。（正答欄を消すと難易度が上がる）習熟の中で正答数の増加を評価し、「分かる喜び」を「できる喜び」につなげたい。

■学習課題 No.34
地方自治の底力

1. 君の住む市町村は君のためにどんな仕事をしているか。

・では、これは何の碑か？（「いのちの灯」）

1960年、65歳以上を対象に全国初のこの事業を始めたのは①〈　　　〉県沢内村（現・西和賀町）だ。（翌年から60歳以上と1歳未満も無料）56年に村で生まれた子ども158人中、11人がその年に死亡。当時の深沢村長はその無医村に医者を呼び、老人や乳児の医療無料化で豪雪地の村民の命を守る決意をした。『月にロケットが行く時代に赤ちゃんがコロコロ死ぬなど許せない。誰もが安心して医者に行けるようにしよう……国がやらないなら私がやる。国は後からついてくる』

（老人○○費無料発祥の地の記念碑）

村は62年に全国市町村初の乳児死亡ゼロを達成、国も73年から70歳以上の医療費を無料化した。（83年廃止）都道府県市町村や特別区＝地方②〈　　　〉はこうして憲法・法律をもとに地域独自の規定をつくり政治を行う。その規定を③〈　　　〉という。

2. 各地には他にどんな独自の規定・制度があるか。〈　〉に語句を入れよう。
   ①沖縄県多良間村―〈　　　　〉保護条例―砂糖キビをかじる野ネズミ退治のため。
   ②静岡県熱海市―〈　　　　〉等所有税―時々別宅に来る人もゴミ・消防等の費用を負担。
   ③鳥取県境港市―〈　　　　〉記念館条例―出身の漫画家を顕彰し妖怪文化を伝える。

3. では、国と地方の政治の仕組みはどう違うか。
   ・〈A〉〈B〉のどちらが国でどちらが地方か。〈〉に語句を書き入れ違いを発表しよう。
   （内閣総理大臣を首相といい、地方自治体の長を首長という）

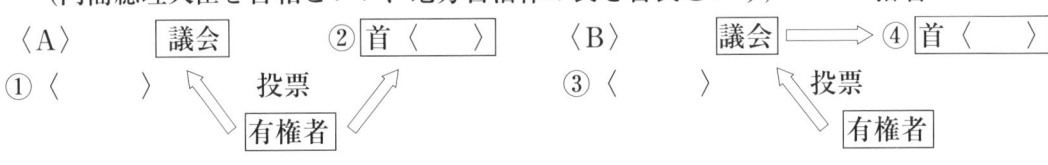

   〈A〉　議会　②首〈　〉　　〈B〉　議会 →指名→ ④首〈　〉
   ①〈　　〉↑投票↑　　　　③〈　　〉↑投票↑
   　　　　　有権者　　　　　　　　　　　有権者

   ⑤住民に役立たない地方自治体の長・議員をやめさせたり議会を解散させる方法とは？

   ⑥地方自治体上、新たな条例をつくってほしい時の方法とは？

第1章 学習課題とその展開　地方自治の底力

授業のねらい

条例制定を例に地域生活向上のため地方自治体が果たす役割を知り、国との政治の仕組みの違いを理解して、住民の持つ自治と参画のためのさまざまな権利について学びあう。

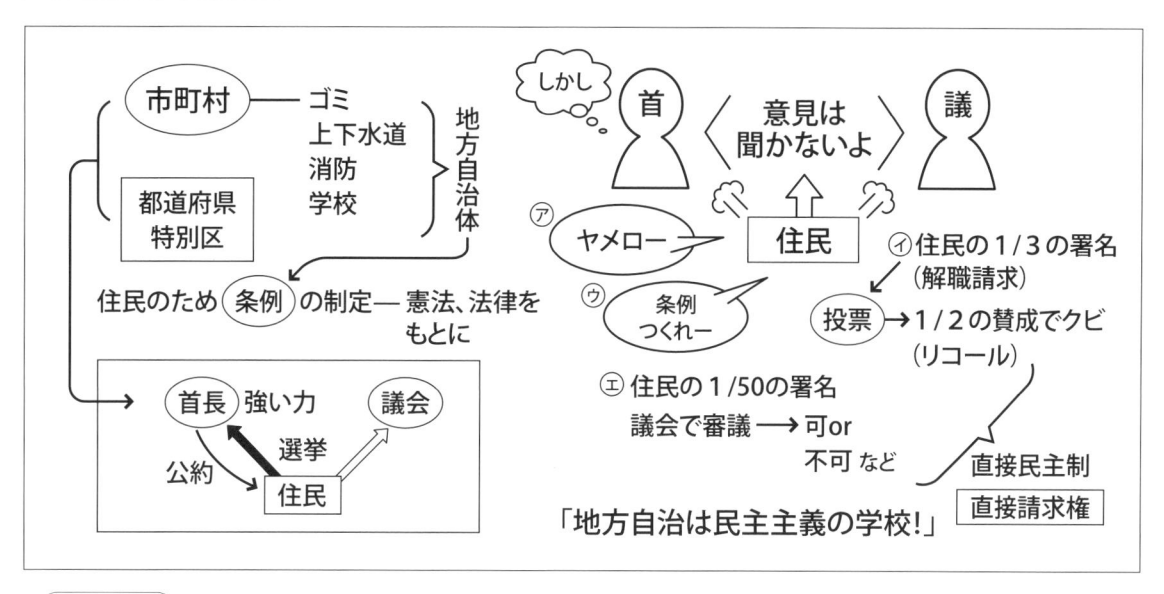

板書

```
市町村 ──ゴミ          しかし
         上下水道   地方   首 〈意見は聞かないよ〉 議
都道府県  消防     自治体
特別区    学校
                      ㋐ ヤメロー   住民   ㋑住民の1/3の署名
住民のため 条例 の制定 ──憲法、法律を              （解職請求）
                   もとに
                      ㋒ 条例        投票 → 1/2の賛成でクビ
  首長 強い力 議会     つくれー                （リコール）
       選挙
  公約  住民         ㋓ 住民の1/50の署名
                    議会で審議 → 可or
                                不可 など    直接民主制
                    「地方自治は民主主義の学校!」 直接請求権
```

解 答

▲1 ゴミ、上下水道、消防や救急、学校教育等 ①岩手 ②自治体 ③条例 2.①イタチ②別荘 ③水木しげる 3.①地方 ②長 ③国 ④相 地方は首長も議員も住民が直接選挙。したがって首長の独立性が高い。⑤有権者の3分の1以上の署名により住民投票を実施。罷免や解散を求める票が過半数あれば実現。（リコール）直接請求権の他の事例については教科書の表等で確認。⑥有権者の50分の1が署名して請求すると首長が議会に提案して審議。

【チェックテスト】No.34　　組　　　名前

◆関連する語句を下の□から選んで記入せよ。
①市長〈　　　〉②市町村〈　　　　　〉③独自の②の規定〈　　　　〉④リコール〈　　　〉
⑤総理大臣〈　　　〉⑥20歳以上の国民〈　　　〉

　首相・首長・地方自治体・有権者・条例・直接請求権

◆下の〈　〉に正しい数字を入れよ。
⑦議会解散請求には住民の〈　　〉分の1の署名が必要
⑧議会解散は投票の〈　　〉分の1以上の賛成で実現
⑨条例制定請求には住民の〈　　〉分の1の署名が必要
⑩条例制定には議員の〈　　〉分の1以上の賛成が必要

《チェックテスト解答》
①首長 ②地方自治体 ③条例 ④直接請求権 ⑤首相 ⑥有権者 ⑦3 ⑧2 ⑨50 ⑩2
※条例制定請求に必要な「有権者の50分の1の署名」とは、40人学級では1人にも満たない数であることを計算させる。地域住民のもつ多様な権利を学ぶ中で、「地方自治は民主主義の学校」という言葉の意味を考えさせたい。

■学習課題 No.35
「3割自治」と住民参画

1．2008年から始まった制度である。？や分かることを発表しよう。

ふるさと納税にご協力を ―ふるさと総社応援団―　　**ふるさと笠岡思民寄附金**（ふるさと納税）　　**応援してな、とくしま** ふるさと納税

①寄付者には特産品を贈る自治体もある。なぜそれほど熱心に「ふるさと納税」をPRするか。地方自治体の歳入（年収）中の「地方税」に着色して考えよう。

地方自治体の歳入（平均）（2008年度計画額）
- 地方税 48.5%
- 地方交付税 18.5%
- 国庫支出金 11.5%
- 地方債 12.1%
- その他 8.0%
- 総額 83兆4,014億円
- 借金／国に依存

②では、歳入には他にどんな項目があるか。それらの意味も説明して、日本の地方自治の問題点を挙げよう。

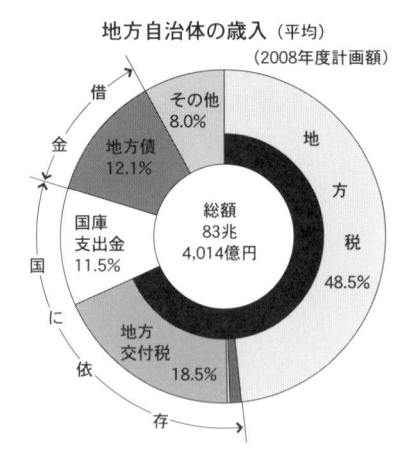

2．こうした点を改善するため、国から自治体にさまざまな権限を移すというのが地方①〈　　　　　〉の取り組みだ。②その例を教科書等から挙げてみよう。

・各自治体を統合して財政を大きくし、仕事を効率的に行うという市町村③〈　　　　　〉もすすめられたが、「小さな自治体の良さを生かす」として断る市町村もあった。

3．住民はどう主体的に自治に参画するか。①～④に語句を入れ、知っている例を挙げよう。

①特色ある地域・自治体をつくるための対策に取り組む─〈　　　　〉おこし

②地域の重要な問題は、住む人の投票により多数決で決定する─〈　　　　〉投票

③自治体が住民のために働き無駄がないかをチェック─〈　　　　〉パーソン（マン）

④利益のためでなく人々のために活動─〈　　　　　〉組織（略称　　　　）の結成
　　　　　　　　　　　　　　　　　　〈　　　　　　　〉活動

第1章 学習課題とその展開　「3割自治」と住民参画

授業のねらい

ふるさと納税の背景には各自治体の税収の少なさや国依存を改善する意図があることを知り、地方分権・市町村合併の動きも理解して住民自身の自治への主体的参画のあり方を考える。

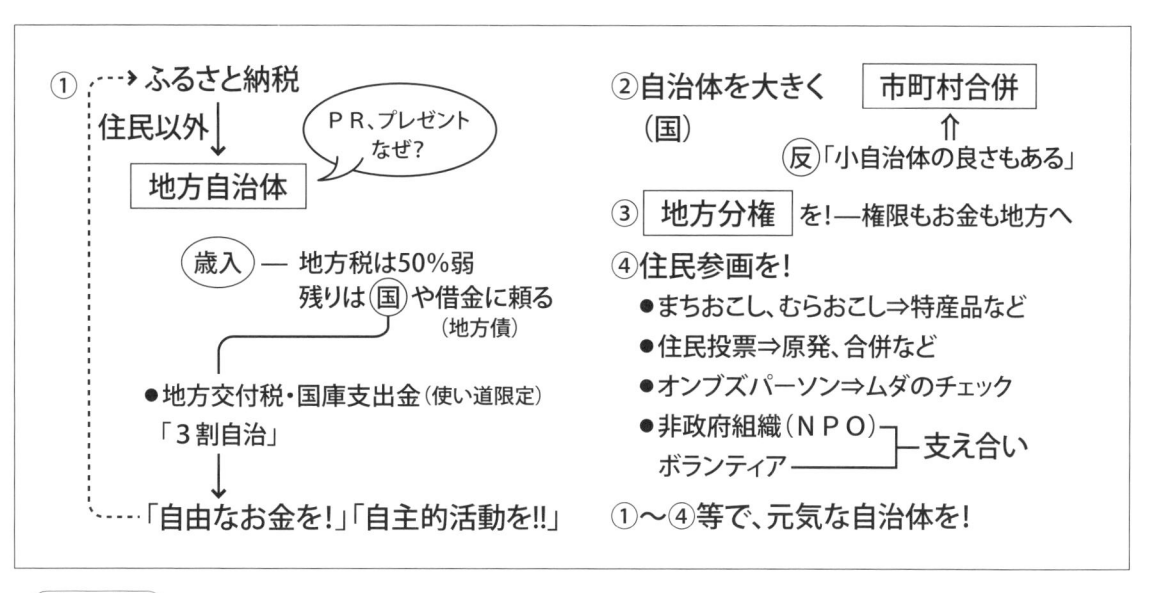

板書

① → ふるさと納税
住民以外 ↓　　（PR、プレゼント　なぜ？）
地方自治体

歳入 ─ 地方税は50％弱
　　　　残りは国や借金に頼る
　　　　　　　　　　（地方債）
●地方交付税・国庫支出金（使い道限定）
「3割自治」

……「自由なお金を！」「自主的活動を!!」

②自治体を大きく　　市町村合併
　（国）
　　　　反「小自治体の良さもある」

③ 地方分権 を！──権限もお金も地方へ

④住民参画を！
●まちおこし、むらおこし⇒特産品など
●住民投票⇒原発、合併など
●オンブズパーソン⇒ムダのチェック
●非政府組織（NPO）┐
　ボランティア　　　┘─支え合い

①～④等で、元気な自治体を！

解答

▲1.ふるさと納税—当該自治体への寄付とほぼ同額を本人の納税額から控除。2011年には東北被災3県への「納税」額が200億円を突破。①歳入中に地方税の率が少ない現状を改善するため　②歳入の3割を国に、1割強を借金に頼り自主的活動がしにくい（国庫支出金は国が使途を指定）　2.①分権　②学級定員自由化等・自治体間格差の例も　③合併　3.①まち・むら　②住民　③オンブズ　④非政府・NPO・ボランティア　各事例については省略

【チェックテスト】No.35　組　　　名前

◆下の□から語句を入れて、用語を完成させよう。
①地方〈　　〉②ふるさと〈　　　〉③市町村〈　　　〉④住民〈　　〉⑤〈　　　　〉組織
⑥むら〈　　　〉⑦国庫〈　　　〉

合併・支出金・投票・非政府・おこし・分権・納税

◆正しい文には○、間違っている文には×をつけよ。
⑧地方交付税は地方自治体が国に納める。（　）
⑨地方自治体の歳入の8割は地方税が占める。（　）
⑩オンブズパーソンは、地方自治体の活動の中に不正や無駄がないかを監視する役割を果たす。（　）

《チェックテスト解答》
①分権　②納税　③合併　④投票　⑤非政府　⑥おこし　⑦支出金　⑧×　⑨×　⑩○

※「3割自治」という言葉の背景には何があるか。また、それらの「限界」を越えて住民自身がどう自治活動をすすめて地域を活性化しているか。発展学習として自他の地域の関心ある事例を調べ、発表させたい。

■学習課題 No.36

「経済」とは何か

1．私たちが食べるチョコレートの原料・原産国は？〈　〉に語句を記入しよう。（M社）

① 〈　　　　　〉—ガーナなどから
② 〈　　　　　〉—オーストラリア、ニュージーランド
③ 〈　　　　　〉—粗製品を日本で精製（主な輸入先はタイ、オーストラリア）
・他に香料、乳化剤等。

④下の地図中にこれらの国を着色しよう。日本まで→をつけて、気づくことを発表しよう。

◆□中の語句を下の〈　〉に入れよう。
消費・流通・貨幣・経済・生産 （2度使用可）

・こうして人々が各地でモノをつくりだす働きを⑤〈　　　〉という。できたモノは売買されて他地域まで行きわたる。この過程が⑥〈　　　〉だ。上の①〜③はその結果、日本の工場で使われてしまう。これが⑦〈　　　〉である。だが、それは同時に新製品・チョコレートの⑧〈　　　〉であり、それは全国の店に⑨〈　　　〉して私たちに⑩〈　　　〉される。

モノ（財・サービス）を巡るこのサイクルは世界中に無数にあり、それに関わる人間活動を⑪〈　　　〉（活動）とよぶ。そこでは売買の手段として⑫〈　　　〉が使われる。

・⑬「財」と「サービス」の違いとは何か。

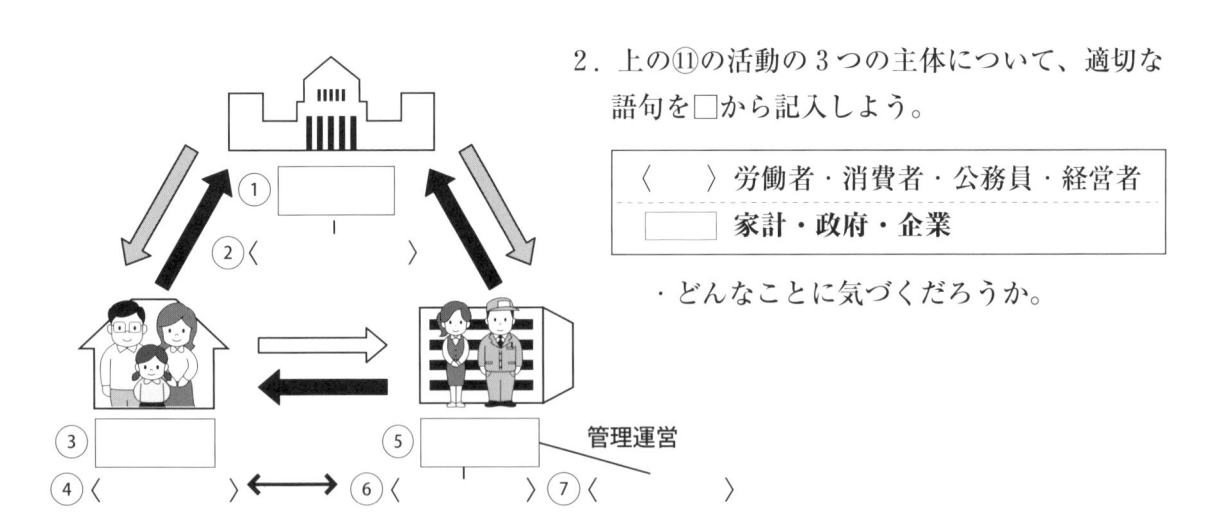

2．上の⑪の活動の3つの主体について、適切な語句を□から記入しよう。

〈　〉労働者・消費者・公務員・経営者
□　家計・政府・企業

・どんなことに気づくだろうか。

① □
② 〈　　　〉
③ □
④ 〈　　　〉
⑤ □　管理運営
⑥ 〈　　　〉
⑦ 〈　　　〉

—78—

第1章 学習課題とその展開 「経済」とは何か

授業のねらい

チョコレートの製造を例に生産・流通・消費の関係をつかんで経済活動についての理解を深め、図化を通してその3つの主体を明らかにする中で各主体相互の関係を考える。

板書 ―世界大地図を教室に掲示し、該当国に付せんを貼らせ理解を助けたい。

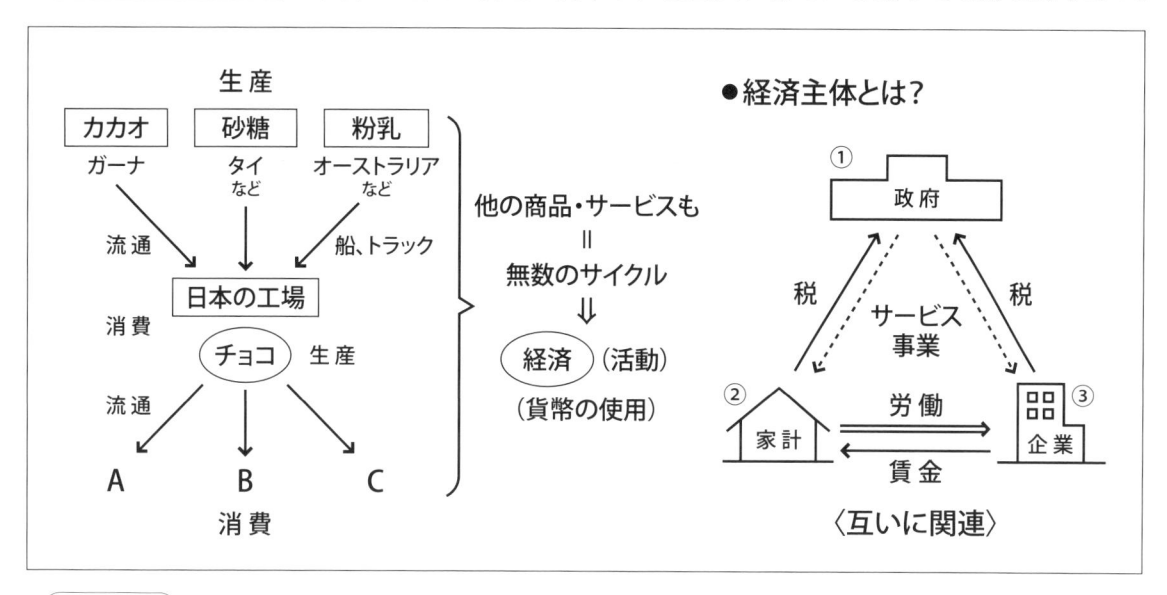

生産
- カカオ：ガーナ
- 砂糖：タイなど
- 粉乳：オーストラリアなど

↓流通（船、トラック）

日本の工場
↓消費
チョコ　生産
↓流通
A　B　C
消費

他の商品・サービスも＝無数のサイクル
⇒ 経済（活動）（貨幣の使用）

●経済主体とは？
① 政府
② 家計
③ 企業
税／サービス事業／税
労働／賃金
〈互いに関連〉

解答

▲1.①カカオ ②粉乳 ③砂糖 ④アフリカ・アジアをはじめ世界各地から日本まで輸送（大地図に付せんを貼らせて確認）⑤生産 ⑥流通 ⑦消費 ⑧生産 ⑨流通 ⑩消費 ⑪経済 ⑫貨幣 ⑬財とはかたちある商品や資産、サービスとはかたちなく後に残らない提供物　2.①政府 ②公務員 ③家計 ④消費者 ⑤企業 ⑥労働者 ⑦経営者　互いに関連　物を買う時は消費者で、企業で働く時は労働者・経営者⇒➡の意味を考えて相互の関係をイメージさせたい。

【チェックテスト】No.36　組　名前

◆下の〈　〉に2字熟語を記入せよ。
①モノをつくる〈　　〉⇒②行き渡らせる〈　　〉⇒③使い切る〈　　〉④この①〜③に関わる人間活動〈　　〉⑤売買の手段〈　　〉

◆関係のある語句を線で結べ。
⑥消費者　　　　　　　・　・後に残らない提供物
⑦公務員（管理・労働）・　・企業の構成員
⑧経営者・労働者　　　・　・かたちある商品・資産
⑨財　　　　　　　　　・　・家計の主体・買い手
⑩サービス　　　　　　・　・政府や官庁で働く

《チェックテスト解答》
①生産 ②流通 ③消費 ④経済 ⑤貨幣 ⑥家計の― ⑦政府や― ⑧企業の― ⑨かたち― ⑩後に残らない―

※冒頭にチョコのパッケージを提示すると関心が高まる。また、地図帳は3年生になっても教室に常備させ、こうした際に活用させる。学習作業中、語句の意味を国語辞典で確認することも奨励したい。

学習課題 No.37
家計と消費生活

1. 節約しても人間らしい生活をおくるには？ 2010年の静岡県労働研究所の実験では、男25歳・一人ぐらしでおよそ下のようになった。同年の19歳以下の男の平均月収は約〈　　〉万円である。（国税庁調査）　君ならそのお金でどんな一人ぐらしをするか。
①～⑪に□から語句を入れた後、下の表に自己プランを記入しよう。

〔一人ぐらしの1カ月の家計〕（税・保険料などは除外）

①	項　目		内　容	25歳男	19歳以下
支出	②	費	飲んだり食べたり	40000	
	③	費	住むところに使う	42000	
	④	費	洋服などを買う	6000	
	⑤	費	電気　ガス　水道	7000	
	⑥	費	通勤・外出や連絡	40000	
	⑦	費	ゲーム　遊びなど	15000	
	⑧	費	日々必要なもの	3000	
	⑨	費	その他あれこれ	15000	
	⑩	費	万一のため貯める	17000	

日用品・所得・雑・消費・娯楽・被服・貯蓄・光熱・飲食・交通通信・住居

働いて得たお金の中から、いろいろな経費を引いた額を⑪〈　　〉という。

⑫くふうした点・困った点を発表しよう。各自の考えを聞き、感じたことを言おう。

2. 下のグラフから分かることを言おう。

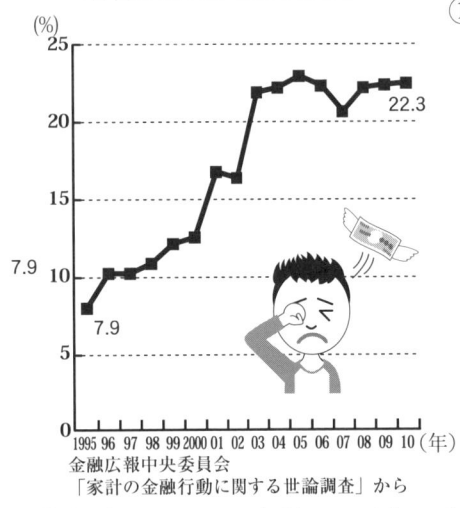

「貯蓄なし世帯」の移り変わり
(%)
25
22.3
20
15
10　7.9
7.9
5
0
1995 96 97 98 99 2000 01 02 03 04 05 06 07 08 09 10 (年)
金融広報中央委員会
「家計の金融行動に関する世論調査」から

①「貯蓄なし」で急に大金が必要な時は？

・2011年末の日本のクレジットカード発行枚数は人口1億2800万人に対して②〈　　　　　〉万枚である。
・自己破産件数は1990年が11273件であったが、2003年には③〈　　　　　〉件・08年には④〈　　　　　〉件となった。

⑤家計のバランスを保つにはどんなことに気をつけたいか。自分の考えを書こう。

第1章 学習課題とその展開　家計と消費生活

授業のねらい

自分であれば、限られた月収をどう使ってどんな生活をするか。互いの設計を交流しあい、日本の世帯の貯蓄や自己破産の現状等もふまえて、望ましい消費生活とは何かを考える。

板書

	13.2万円	A君	Bさん	C君
①	② 　　費			
	③ 　　費			
	④ 　　費			
支出	⑤ 　　費			
	⑥ 　　費			
	⑦ 　　費			
	⑧ 　　費			
	⑨ 　　費			
	⑩			

● それぞれの良さは？
　〈各生徒の発表を評価〉

● 「貯蓄なし―4軒に1軒弱」
　　　急な大金は？
　　　　~~サラ金~~、質屋？……

● クレジットカード―人口の3倍

● どう家計のくふうを？
　〈生徒の発表を板書〉

解答

▲1. 13.2（女は9.3）①消費 ②飲食 ③住居 ④被服 ⑤光熱 ⑥交通通信 ⑦娯楽 ⑧日用品 ⑨雑 ⑩貯蓄 ⑪所得 ⑫各自　2.「貯蓄なし」が全世帯の4分の1弱にまで急増。いったん減ったがまた増加、わずか15年間に3倍近く急増 ①各自（友人に借金、サラ金に借りる、財産を売る等）②3億2213（人口の3倍弱）③242377（13年間に20倍以上）④184292（2003年より58000件以上減少・改善がみられる）⑤各自の多様な考えを発表して学びあう。

【チェックテスト】No.37　組　　名前

◆家計に関する語句を下の〈　〉に記入せよ。
①遊び等に使用〈　　　〉費 ②電気・ガス・水道代〈　　　〉費 ③洋服等を買う〈　　　〉費 ④使わずためる〈　　　〉⑤飲んで食べる〈　　　〉費 ⑥収入の中からさまざまな経費を引いた額〈　　　〉

◆下のことがらを関係ある数字と線で結べ。
⑦11年末クレジットカード発行枚数　・　　・22.3
⑧「貯蓄なし」世帯数（2010年 %）　・　　・13.2万
⑨自己破産件数（2008年）　・　　・184292
⑩男19歳以下平均月収（2010年）　・　　・3億2213万

《チェックテスト解答》
①娯楽 ②光熱 ③被服 ④貯蓄 ⑤飲食 ⑥所得 ⑦3億― ⑧22.3 ⑨184― ⑩13.2

※シート1の生徒作業の間に生徒記入用の表を例のように板書し、3～4人が書きこめるようにしておく。次いで生徒を指名して①～⑩までの答えと各自のプランを記入させ、答え合わせから発表交流・学びあいにつなげたい。

■学習課題 No.38
消費者の権利

1. 気づくことを言おう。なぜこうしたパンフが出されるか。

①君には次の〈A〉〈B〉のような経験はないか？
〈A〉　　　〈B〉（アンケートお願いします）

※それらの続きをやってみよう。
②買ったものの返品や、契約取り消しはできるだろうか。

（沖縄県発行2012年）

2. では、商品の契約や使用をめぐるトラブルはどれくらい起きているか。

国民生活センターへの相談件数

1996年	351139件
2000年	547145件
2004年	1919662件
2008年	1108636件

①左の表から分かることを言おう。

・こうした諸問題を②〈　　　　〉問題という。その防止や解決のため③〈　　　　〉運動がさかんになると、アメリカのケネディ大統領が唱えた次の４つの権利が広く認められ、「売る企業ではなく買う消費者こそが主人公」＝消費者④〈　　　〉という考えが確立された。

⑤〈　　　　〉を求める権利　⑥〈　　　　〉する権利
⑦〈　　　　〉を反映させる権利　⑧〈　　　　〉される権利

・日本では、企業にミスはなくとも製品の欠陥で被害があればその賠償責任を問う⑨〈　　　　　〉法＝略称〈　　　〉法が1995年から実施される。また2004年には、消費者の権利の尊重を定めた⑩〈　　　　　〉法が制定された。

3. ⑧に関連した訴訟の判決の賠償金額に0・110・1580・2970の数を入れよう。
①接合不十分の椅子の脚が折れ、腰を骨折してうつ病に—〈　　　〉万円（09年）
②レンジのつまみの過熱で火傷の危険、説明書にも無警告—〈　　　〉万円（03年）
③祖母がこんにゃくゼリーを食べさせた１歳児が窒息死—〈　　　〉万円（10年）
④副作用が少ないという新抗がん剤の副作用で男性が死亡—〈　　　〉万円（11年）

第1章 学習課題とその展開　消費者の権利

授業のねらい

消費者被害とその対応を考えることから日本の消費者問題・消費者運動への理解を深め、消費者主権の考えと製造物責任法に基いてどんな司法判断がなされているかを学びあう。

板書

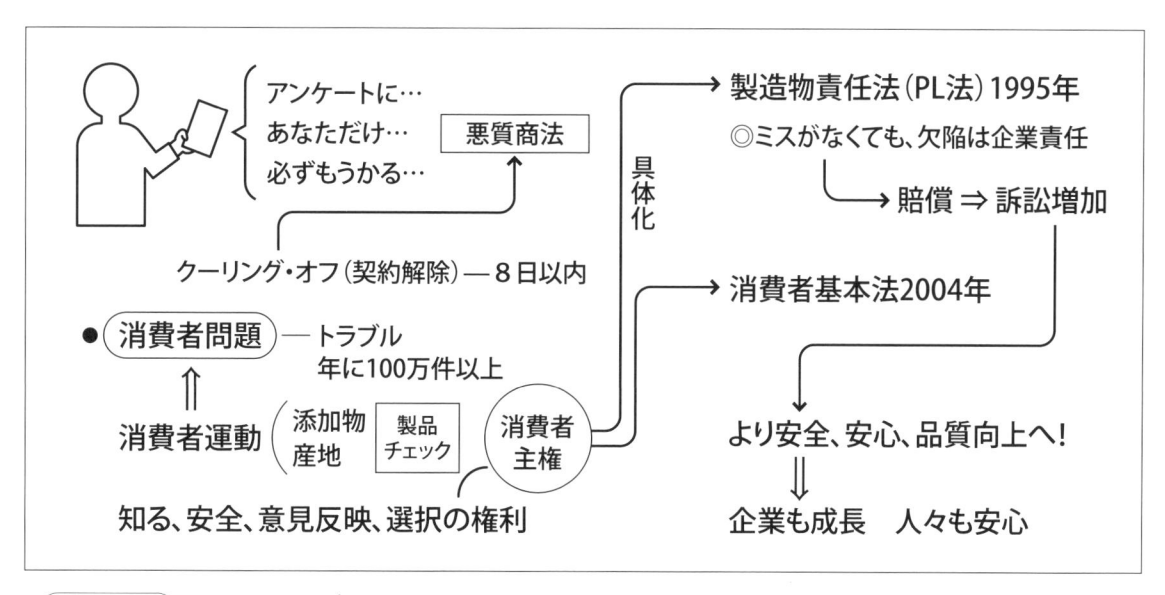

```
              アンケートに…              → 製造物責任法(PL法)1995年
              あなただけ…   悪質商法         ◎ミスがなくても、欠陥は企業責任
              必ずもうかる…                    → 賠償 ⇒ 訴訟増加
              クーリング・オフ(契約解除)—8日以内
                                    具
● 消費者問題 — トラブル         体     → 消費者基本法2004年
              年に100万件以上  化
        ⇧          添加物  製品        より安全、安心、品質向上へ!
     消費者運動    産地   チェック   消費者          ⇩
                              主権      企業も成長　人々も安心
     知る、安全、意見反映、選択の権利
```

解答

▲1.高齢者がうまい話に騙されない注意？ 多くの人が騙されているから ①各自の経験・見聞を発表（上手な生徒がいたらペアで実演）②クーリングオフ制度を教科書で確認（11年施行の改正商取引法により全商品・サービスが原則その対象）契約解除期間は8日以内（マルチ商法は20日）　2.①急増後やや減少 ②消費者 ③消費者 ④主権 ⑤安全 ⑥選択 ⑦意見 ⑧知ら ⑨製造物責任・ＰＬ ⑩消費者基本　3.①1580 ②110 ③0 ④2970

【チェックテスト】No.38　組　　名前

◆関係する語句を下の〈　〉に記入しよう。
・製品の欠陥は企業の責任⇒①〈　　　　　　〉法⇒②略称〈　　　〉法　・買って使う人が主人公⇒③〈　　　〉を求める権利⇒④消費者〈　　　　　〉の考えの確立⇒⑤〈　　　　　　〉法の制定　・契約解除も可能⇒⑥〈　　　　　〉オフ制度

◆正しい文には○、間違っている文には×をつけよう。
⑦製品の事故が起きれば、責任は全て企業にある。（　）
⑧高齢者,未成年の訪問販売の契約は無効である。（　）
⑨消費者運動は消費者問題解決のために起きた。（　）
⑩消費者は製品情報を「知らされる権利」がある。（　）

《チェックテスト解答》
①製造物責任 ②ＰＬ ③安全 ④主権 ⑤消費者基本 ⑥クーリング ⑦× ⑧× ⑨○ ⑩○
※ＰＬ法により、欠陥のない製品製造・品質管理の努力がさらに必要となった。それに対応する企業こそが競争に勝ち成長できるのだ。近年は、訴訟を起こされる前のリコールも企業によりさかんに行われるようになってきた。

■学習課題 No.39
消費生活の選択

1. 原発再稼働なしで電気使用が制限されたら？—君は我慢できるかできないか。

①2012年・大飯原発再稼働直前の世論調査の結果を予想しよう。（毎日新聞6月4日付）
「我慢できる」（　　）％　「我慢できない」（　　）％　「その他」4％

②実際には関西電力管内でどれほど電気が使用されたか。供給可能電力と比べて分かることは？

　大飯原発2基分 236万キロワット
　原発なしで 2763万キロワット
　81万キロワット
　2682万キロワット
　ピーク時供給可能電力　　最大需要　8月3日

※この年7月2日～8月17日の平均電力使用量は
工業12%減・企業11%減・家庭11%減（2010年比）

③家庭では、たとえばどんな節電ができるか。

④こうして、どんな消費生活を行うかを国民は自分自身で〈　　　　〉していく。

2. では、食生活ではどんな選択があるか。

〈A〉中国製冷凍餃子（40個・398円）2100kmの距離を－18℃の状態のままトラック・船で輸送、約7日後に店頭へ

〈B〉日本製生餃子（40個・968円）全部地元の食材で地元製。新鮮なままその日か翌日に店頭へ—〈　〉産〈　〉消

調理冷凍食品の輸入 単位：千トン
（中国／タイ／その他）
1997～06（年）
(社)日本冷凍食品協会資料より

①自分はどんな選択を？ 理由も発表しよう。

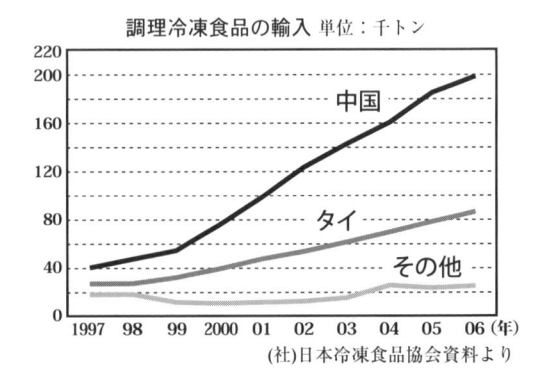

3. 近年、消費生活に関して言われる次の語句の意味を説明し、その例を挙げよう。
①リサイクル

②リユース

③リデュース

第1章 学習課題とその展開　消費生活の選択

授業のねらい

原発再稼働と電気使用の制限をめぐる世論の動向や実際の結果を知り、それが多くの消費者の選択によることを理解して食生活その他ではどんな消費の選択が可能であるかを考える。

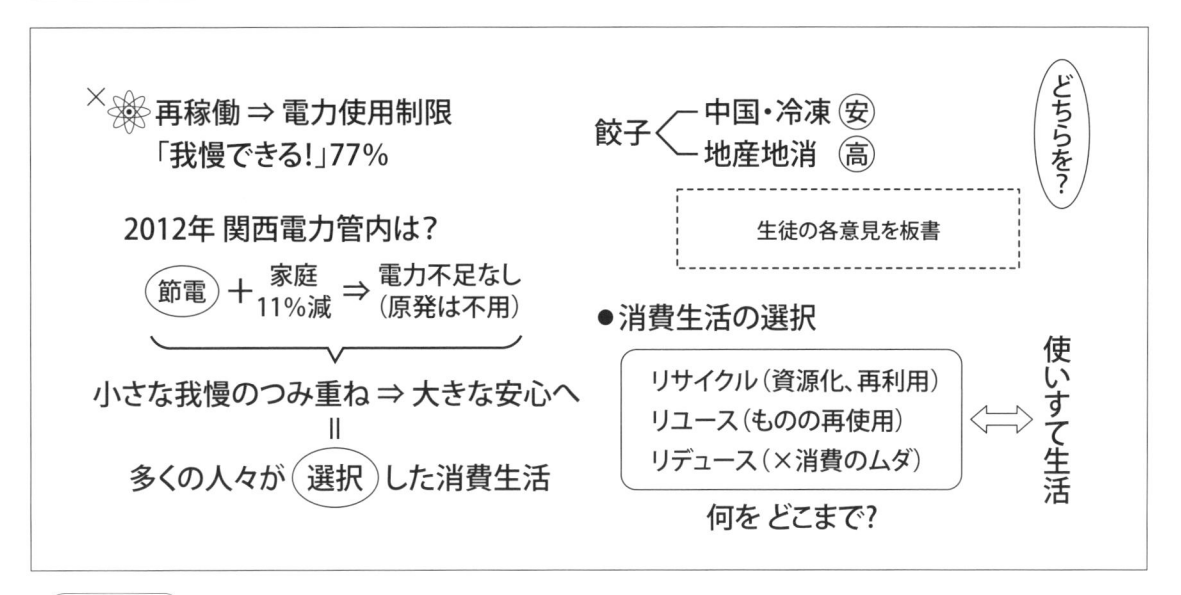

板書

×☢再稼働 ⇒ 電力使用制限
「我慢できる！」77%

2012年 関西電力管内は？
(節電)＋家庭11%減 ⇒ 電力不足なし(原発は不用)

小さな我慢のつみ重ね ⇒ 大きな安心へ
＝
多くの人々が(選択)した消費生活

餃子←中国・冷凍(安)
　　　地産地消(高)

どちらを？

生徒の各意見を板書

●消費生活の選択
リサイクル(資源化、再利用)
リユース(ものの再使用)
リデュース(×消費のムダ)
何をどこまで？

⇔使いすて生活

解答

▲1.各自の思いを十分に発表　傾向は挙手で確認したい　①我慢できる—（77）・我慢できない—（19）　②原発がなくても電力は足りた、みなが節電に努力。でも手を緩めればすぐに不足　③各自（班等で話し合わせてもよい）　④選択　2.〈B〉〈地〉産〈地〉消　①〈A〉か〈B〉かだけでなく他の多様な方法にも着目。3.①廃棄物等の再利用　②使ったものを修理するなどして再使用　③無駄な消費やゴミをなくす・減らす

【チェックテスト】No.39　　組　　　名前

◆次のひらがなを漢字に直せ。
①せつでん〈　　　〉②ちさんちしょう〈　　　　　〉
③原発さいかどう〈　　　　　〉④しょうひ〈　　　　〉
⑤せろん（よろん）ちょうさ〈　　　　　〉

◆関係ある語句を線で結べ。
⑥リユース　　・　　　　・廃棄物等の資源化・再利用
⑦リデュース・　　　　　・外国産冷凍食品の輸入増加
⑧リサイクル・　　　　　・電力使用を減らす努力とくふう
⑨遠距離輸送・　　　　　・修理・交換等で物品を再使用
⑩原発停止　・　　　　　・無駄なゴミ・買い物をなくす

《チェックテスト解答》
①節電　②地産地消　③再稼働　④消費　⑤世論調査　⑥修理—　⑦無駄な—　⑧廃棄物—　⑨外国産　⑩電力使用—

※日本の自販機は、北は宗谷岬から南は沖縄・波照間島まで日夜5206850台が稼働中。（2010年12月）消費生活の無駄はまだ各所にあるのではないだろうか。各自の日常体験と結びつく授業を展開したい。

■学習課題 No.40
流通のしくみとくふう

1. 全国の中学校数は計10815校（2012年）。同年の全国コンビニ数は①〈　　　　〉だ。
　スーパーマーケットの商品は２～３万種類。コンビニの商品は②〈　　　　〉種類だ。
　③売れる順に番号を入れよう。（　）ドリンク類・（　）弁当やおにぎり・（　）雑誌類
　④右は、あるコンビニのレジである。
　　このボタンは何か。

　⑤この情報はいつどこへ登録されるか。
　　同時にどんな情報が店から伝わるか。

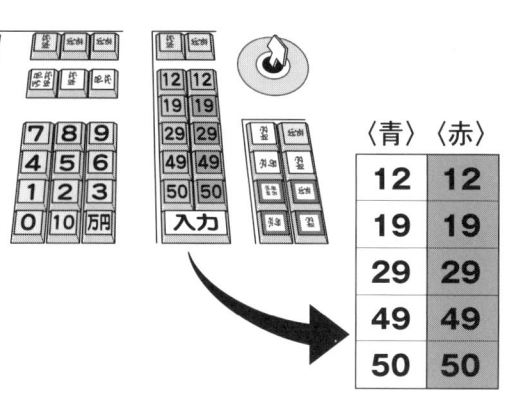

　⑥ＰＯＳシステムとは何か調べよう。

　★発注を受け各工場が生産した商品は全国の配送センターに輸送され、注文した店ごとにトラックに積み分けて日に２～３回届けられる。こうして、生産された商品が消費者に届くまでの過程を⑦〈　　〉といい、そこで販売に関係する仕事を⑧〈　　〉業という。

2. 野菜が店に届く過程はコンビニ商品とどう違うか。比べて気づくことを発表しよう。

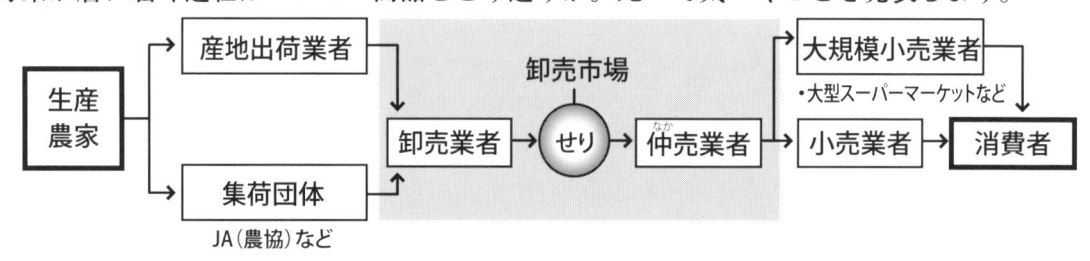

①生産者がさらに利益を挙げるには、このルートで出荷する以外にどんな方法があるか。

②大規模店がさらに安く野菜を売るには、こうして仕入れる以外にどんな方法があるか。

　・こうして人手や手間・流通費用を減らすことを③〈　　　〉の〈　　　〉化という。
　④安売りの流れに追いつけずに身近な小商店が減ると、地域にどんな問題が起きるか。

第1章 学習課題とその展開　流通のしくみとくふう

授業のねらい

コンビニに対する生徒の関心をその情報活用・流通改善のシステムの理解につなげ、野菜の流通過程の現状と課題を対比的に学んでその合理化の方法と消費者への影響を考える。

板書

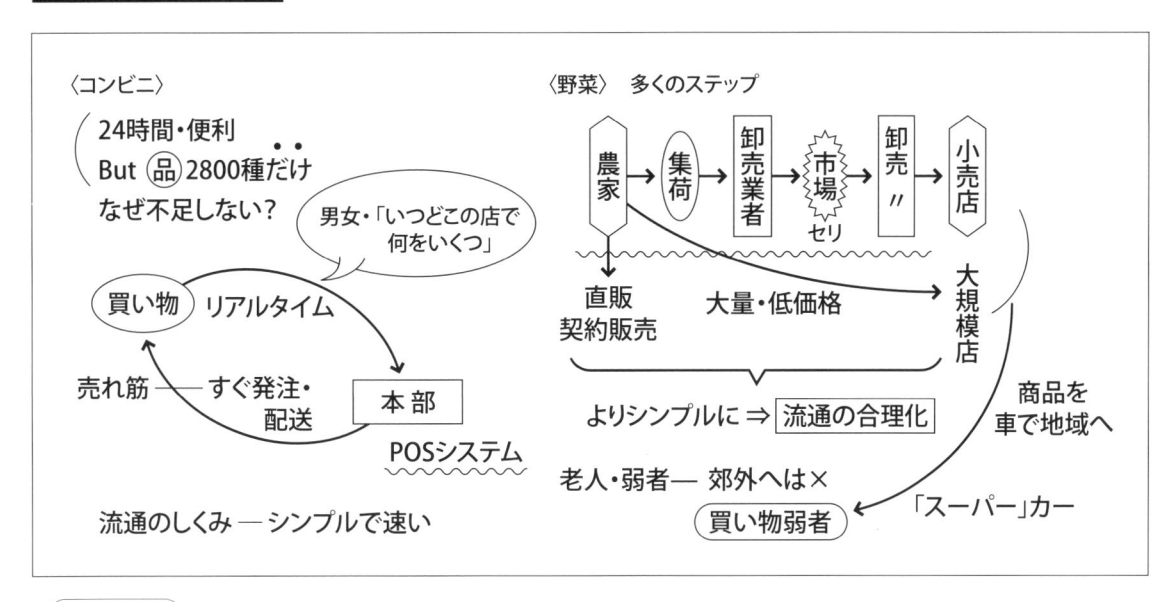

〈コンビニ〉
24時間・便利
But 品2800種だけ
なぜ不足しない？

男女・「いつどこの店で何をいくつ」

買い物　リアルタイム
売れ筋 ← すぐ発注・配送 ← 本部
POSシステム

流通のしくみ —— シンプルで速い

〈野菜〉　多くのステップ
農家 → 集荷 → 卸売業者 → 市場 セリ → 卸売〃 → 小売店

直販・契約販売　　大量・低価格

よりシンプルに ⇒ 流通の合理化

老人・弱者 — 郊外へは×
買い物弱者

大規模店　商品を車で地域へ
「スーパー」カー

解　答

▲1.①46134（8月・ＪＦＡコンビニ統計調査月報）②約2800　③2・1・3　④男女年齢別客層ボタン（青は男、赤は女）　12〜49歳は「以下」・50歳は「以上」　⑤即本部へ、いつ何をどこの店でいくつ買ったか　⑥本部へ顧客情報を瞬時に集中し、販売動向分析、店舗ごとの発注、新製品開発等を即行するしくみ　⑦流通　⑧商　2.卸売・市場等が介在　①通販、現地即売、直接取引、契約栽培等　②直接大量現金仕入れ　③流通・合理　④高齢者買い物弱者等

【チェックテスト】No.40　組　　　名前

◆野菜が届く順に番号をつけ、〈　〉に語句を入れよう。
①消費者（　）②卸売業者（　）③生産者（　）④小売店（　）
・この過程を⑤〈　　　〉といい、その流れを効率的にして人手や費用を省くことを⑤の⑥〈　　　〉という。
この過程で商品販売に関わる仕事を⑦〈　　　〉という。

◆関係ある語句を線で結べ。
⑧ＰＯＳシステム・　　・せりによる業者間の取引
⑨卸売市場　　　・　　・地域の小商店衰退と郊外店化
⑩買い物弱者　　・　　・コンビニ等での情報活用法

《チェックテスト解答》
①4 ②2 ③1 ④3 ⑤流通 ⑥合理化　⑦商業　⑧コンビニ—　⑨せり—　⑩地域の—

※学研マンガ『コンビニのひみつ』は紹介したい。流通合理化による低価格化に関しては、「百均」とアジアの関係を考えさせる。町場の小商店衰退と買い物弱者910万人の発生という視点からも「大規模店化」の問題を捉えさせたい。

■学習課題 No.41
株式会社のしくみと企業の役割

1．どうしたら大金持ちになれるか。君の考えは？
　①では、2011年7月、東日本大震災への義捐金・支援金100億円を寄付した人は？
　　〈　　　　　　　〉さん—主な役職は〈　　　　　　　　　　　　　　〉
　②この人は黙っていても年間9,268,160,000円を会社からもらえた。（2011年）それはなぜか？

　③それを可能にした株式会社のしくみとはどんなものか。□から語句を選んで考えよう。

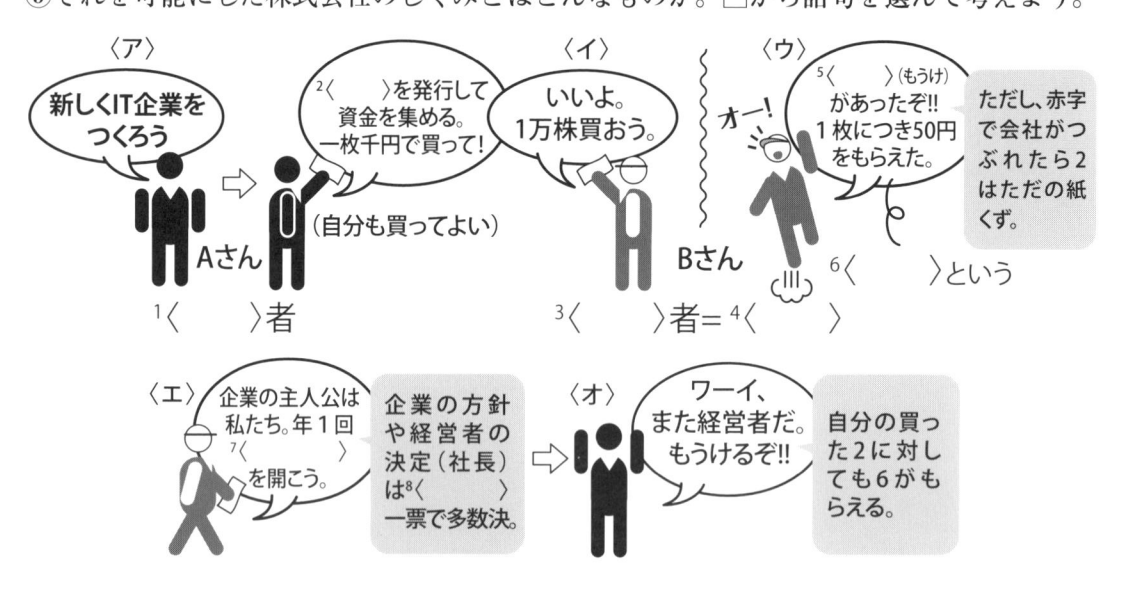

〈ア〉「新しくIT企業をつくろう」Aさん　1〈　　　〉者
〈イ〉「2〈　　〉を発行して資金を集める。一枚千円で買って！」（自分も買ってよい）
　　　「いいよ。1万株買おう。」Bさん　3〈　　〉者＝4〈　　　〉
〈ウ〉「5〈　　〉(もうけ)があったぞ!! 1枚につき50円をもらえた。」ただし、赤字で会社がつぶれたら2はただの紙くず。　6〈　　　〉という

〈エ〉「企業の主人公は私たち。年1回 7〈　　　〉を開こう。」企業の方針や経営者の決定（社長）は8〈　　　〉一票で多数決。
〈オ〉「ワーイ、また経営者だ。もうけるぞ!!」自分の買った2に対しても6がもらえる。

・もうかりそうな会社の2は誰もが欲しい。そこで2は9〈　　　　　　〉で売買される。

　一株・証券取引所・利潤・経営・出資・株主総・株券（株式でもよい）・配当（金）・株主

　④このしくみのよい点を挙げよう。

2．次の①〜⑥の〈　〉に□内の語句を入れて、さらに詳しく学ぼう。
　・会社＝①〈　　　　〉を経営する目的は②〈　　　〉を増やすこと。そのため、工場では 原材料 の他に③ 元手となるお金や財産〈　　　　〉・④ 働く人〈　　　　〉・⑤ 機械や設備等〈　　　　〉が必要だ。それらを使って企業が②を追求する経済を⑥〈　　　　〉経済という。　資本・企業・資本主義・労働者・生産手段・利潤

　⑦一方、多くの企業が加わる経済団体連合会は／公正な競争を通じて利潤を追求……すべての法律・国際ルール及びその精神を守る／との『企業行動憲章』を決めている。なぜだろうか。

第1章 学習課題とその展開　株式会社のしくみと企業の役割

授業のねらい

巨額配当の例を導入に株式会社のしくみに対する理解を深め、その利潤追求の意欲を原動力に活力ある資本主義社会が成り立つことを学び、企業の社会的責任について考える。

板書

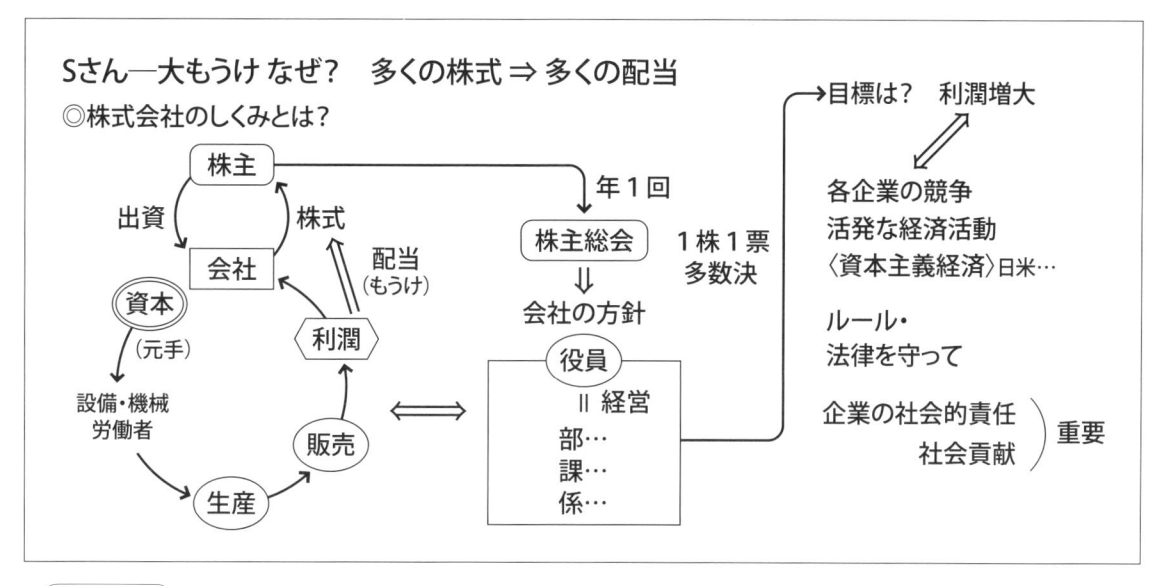

```
Sさん―大もうけ なぜ？　多くの株式 ⇒ 多くの配当
◎株式会社のしくみとは？

    株主                                →目標は？　利潤増大
  出資↓↑株式    年1回
    会社          株主総会    1株1票      各企業の競争
   資本    配当      ⇓      多数決        活発な経済活動
  （元手） （もうけ）  会社の方針           〈資本主義経済〉日米…
        利潤         役員
  設備・機械         ‖経営              ルール・
  労働者    販売     部…               法律を守って
        生産       課…
                   係…               企業の社会的責任 ）重要
                                    社会貢献
```

解答

▲1.各自　①孫正義・ソフトバンク（株）代表取締役　②231704000の自社株を持ち一株40円×保有数分の配当を得たから（1日約2540万円・1分約17634円）③1経営 2株券（株式）3出資 4株主 5利潤 6配当（金）7株主総会 8一株 9証券取引所　④気軽に会社をつくれる、成功すると株主も大もうけ、倒産しても損害は株券の分だけ、競争が起き経済が活性化　2.①企業 ②利潤 ③資本 ④労働者 ⑤生産手段 ⑥資本主義 ⑦利潤以外に社会的責任がある

【チェックテスト】No.41　組　名前

◆「株式会社」に関係する語句4つに〇をつけよう。
①野菜〈　〉②配当〈　〉③証券取引所〈　〉④義捐金〈　〉⑤倒産〈　〉⑥出資者〈　〉⑦資本〈　〉

◆―線の部分を正しく直そう。
⑧株券のことは株金ともいう。〈　　　〉
⑨給料を得て会社で働く人は事業者だ。〈　　　〉
⑩機械や設備のことを労働手段という。〈　　　〉
⑪企業のもうけのことを利子という。〈　　　〉
⑫元手となるお金や財産を企本という。〈　　　〉
⑬現在の日本経済は会社主義経済である。〈　　　〉

《チェックテスト解答》

②③⑥⑦が〇（計40点）⑧株式 ⑨労働者 ⑩生産手段 ⑪利潤 ⑫資本 ⑬資本主義

※毎月5万円を42年余り貯めると2540万円。それが孫さんの配当1日分だ。100億円という額の大きさもそこから想像できる。新聞の株式市況欄から仮想で一社の株を1千万円以内で購入させ、1週間の変動をたどらせてもおもしろい。

■学習課題 No.42
さまざまな企業とその展開

1. 知っている企業の名をできるだけ言ってみよう。

・企業は、利潤を目的とする民間の①〈　　〉企業と国・地方自治体などが公共のためにつくる②〈　　〉企業に区分される。また、従業員300人以上か資本金300億円以上を③〈　　〉企業といい、それ以下を④〈　　　〉企業という。（製造業等の場合）

⑤大企業と中小企業は日本の工業製品出荷額約265兆円のほぼ半分ずつを占める。（09年『工業統計表』）〈A〉従業員数〈B〉企業数のグラフをつくり、対比して分かることを言おう。

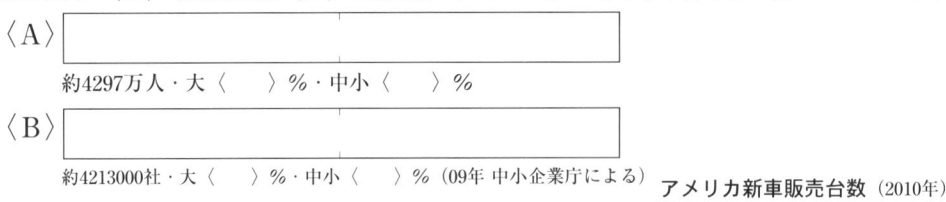

〈A〉
　　約4297万人・大〈　　〉％・中小〈　　〉％

〈B〉
　　約4213000社・大〈　　〉％・中小〈　　〉％（09年 中小企業庁による）

⑥ 大企業・中小企業それぞれの良さを挙げてみよう

アメリカ新車販売台数（2010年）

1	ＧＭ	約221万台
2	フォード	約193万台
3		約176万台
4		約123万台
5	クライスラー	約108万台
6		約91万台

〈米調査会社 オートデータ調べ〉

2. 右の表の3・4・6に入る企業名を予想しよう。

①これら3つの企業の生産台数グラフをみよう。（同年）
・グラフの中の ■□ は何を表すか。

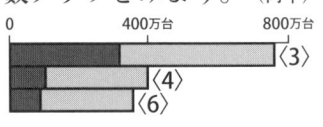

・こうして他の国々にも別会社を持つ企業を②〈　　　　　〉企業という。日本には逆に外国からどんな②企業が進出しているか。

3. 障がい者を会社の戦力に‼ ―気づくことを挙げ、さまざまな企業展開のあり方を考えよう。

　　ＩＴ人材の育成・派遣から喫茶店経営までを手がけるＩグループ。約2300名の従業員への「5つの約束」のトップは、「全員の雇用を守りぬく」だ。同社で働く障がい者213人をふくめてである。会社の大義は、引きこもり・難民・ホームレスから犯罪歴のある人まで困難者の「20大雇用」を実現することだ。適切な支援の下でみな懸命に働き、障がい者雇用への国の補助もあるので利益は十分あがっているという。

第1章 学習課題とその展開　さまざまな企業とその展開

授業のねらい

企業の種類・規模の違いとそれぞれの重要性を、作業等を通して学びあい、海外進出・多国籍企業化から障がい者雇用重視までさまざまな企業展開のあり方を多面的に考える。

板書

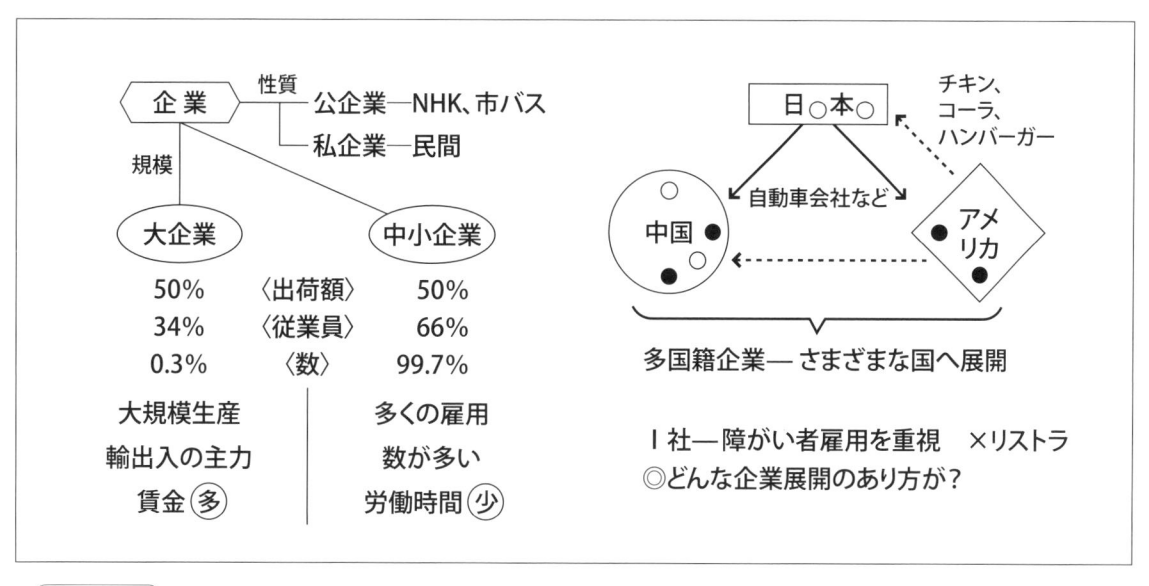

```
                性質 ┌ 公企業—NHK、市バス                      チキン、
         〈企業〉─────┤                           ┌日○本○┐    コーラ、
            │      └ 私企業—民間                 │      │    ハンバーガー
          規模                              自動車会社など
       ┌────┴────┐                         ↓      ↘
    〈大企業〉 〈中小企業〉                  ○中国○    〈アメリカ〉
      50%  〈出荷額〉 50%                    ○ ○      ●
      34%  〈従業員〉 66%                      ←──────
      0.3% 〈数〉   99.7%                  多国籍企業—さまざまな国へ展開
     大規模生産    多くの雇用
     輸出入の主力   数が多い              Ｉ社—障がい者雇用を重視　×リストラ
     賃金 多     労働時間 少              ◎どんな企業展開のあり方が？
```

解答

▲1.各自 ①私 ②公（ＮＨＫ・公立病院等）③大 ④中小 ⑤〈Ａ〉大34%・中小66% 〈Ｂ〉大0.3%・中小99.7%　大は従業員数・出荷額が多い割に企業数は少ない　企業のほとんどは**中小**　⑥自由討議—中小は多数で多くの雇用を生んで地域を支え専門技術で勝負、起業もしやすい。大は少数で大規模に生産　2.3トヨタ　4本田　6日産　■国内生産　□海外生産　①国内＜海外　②多国籍、マック・コーラ等　3.各自　企業の社会貢献について理解

【チェックテスト】No.42　組　　名前

◆どちらの企業に関係？　大・中小と〈　〉に入れよ。
①日本の全企業の圧倒的多数を占める。〈　　　〉
②企業数は少ないが工業製品出荷額では約半分。〈　　　〉
③起業しやすい。〈　　　〉④全従業員の３分の２を雇用。〈　　　〉⑤全国展開して名が知られている。〈　　　〉

◆公企業には公、私企業には私と〈　〉に記入せよ。
⑥ＮＨＫ〈　　〉⑦菓子・製造会社〈　　〉⑧市立病院〈　　〉

◆多国籍企業とはどのような企業か説明せよ。（20点）
⑨

《チェックテスト解答》
①中小 ②大 ③中小 ④中小 ⑤大 ⑥公 ⑦私 ⑧公 ⑨海外進出し、他国企業としても活動する企業

※製造業月間実労働時間は、５～29人の企業の約148時間に対し500人以上は約155時間。だが、賃金は大企業100に対し小企業は男子76女子83。（09年厚労省調査）これも対比の視点である。

—91—

■学習課題 No.43

労働者の権利

1. 次の仕事のうち「労働者」はどれか。○をつけよう。
   ①会社社長（　）　②プロサッカー選手（　）　③派遣社員（　）　④バイト高校生（　）
   ⑤上の「労働者」に共通することを挙げよう。

2. 右の表は労働者に関係するものを表す。この数字は何か。

   ①自分の地域を例に1カ月分を計算しよう。（×20日）

北海道	719円	奈良	699
青森	654	和歌山	690
岩手	653	鳥取	653
宮城	685	島根	652
秋田	654	岡山	691
山形	654	広島	719
福島	664	山口	690
茨城	699	徳島	654
栃木	705	香川	674
群馬	696	愛媛	654
埼玉	771	高知	652
千葉	756	福岡	701
東京	850	佐賀	653
神奈川	849	長崎	653
新潟	689	熊本	653
富山	700	大分	653
石川	693	宮崎	653
福井	690	鹿児島	654
山梨	695	沖縄	653
長野	700	(2012.10月時点)	
岐阜	713		
静岡	735		
愛知	758		
三重	724		
滋賀	716		
京都	759		
大阪	800		
兵庫	749		

   ・「賃金あげて!」と一人で言っても相手にされない。そこで 憲法28条は労働者にどんな権利を保障しているか
   ②〈　　　　　　　〉権―誰でも労働組合をつくれる。
   ③〈　　　　　　　〉権―使用者と集団で話しあえる。
   ④〈　　　　　　　〉権―ストライキなどをしてよい。
   これら3つの権利をまとめて⑤〈　　　　〉三権、
   または⑥〈　　　　〉基本権とよぶ。

   ・では、法律では労働者の権利はどう定められているか
   ⑦〈　　　　　　　〉法―労働条件の最低基準を示す。

   ・月に30時間深夜残業をすると君はいくらもらえるか。
   自地域の最低賃金で計算しよう。（電卓使用可）〈残業代―時給の125％・22時～翌5時までの深夜は150％と規定・違反には罰則―**教科書等でこの法律を読もう**〉

   ・組合活動の自由等を定めた⑧〈　　　　　　　〉法・使用者との交渉ルール等を定めた⑨〈　　　　　〉法と合わせ、これら3つの法律を⑩〈　　　　〉三法とよぶ。

3. 07年、以下のことを会社に認めさせた労働組合は何人でつくったか。〈　　　　〉人

   大手牛丼チェーン店Ｓのアルバイト店員がつくった労働組合は、会社が残業代を十分支給していなかったことを突き止め組合員に過去2年分を支払わせた。さらに前年11月にさかのぼり、全バイト6千人に労基法通り残業代を支払うことを約束させた。

   分かることを言おう。

第1章 学習課題とその展開　労働者の権利

授業のねらい

労働者とは？……その区分と定義を知って憲法・法律で認められたさまざまな権利を自地域とも関わって具体的に理解し、個人加盟組合のもつ意義を、一つの事例を通して考える。

板書

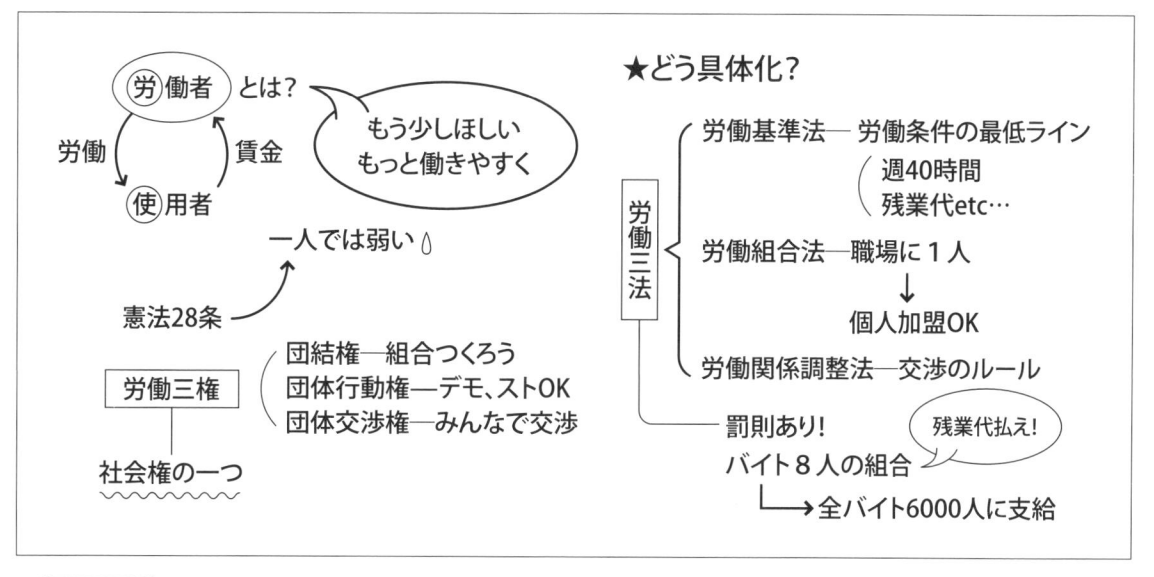

（労）働者とは？
労働 → 賃金
（使）用者
「もう少しほしい　もっと働きやすく」
一人では弱い
憲法28条
労働三権
　団結権──組合つくろう
　団体行動権──デモ、ストOK
　団体交渉権──みんなで交渉
社会権の一つ

★どう具体化？
労働三法
　労働基準法──労働条件の最低ライン
　　週40時間
　　残業代etc…
　労働組合法──職場に1人
　　↓
　　個人加盟OK
　労働関係調整法──交渉のルール
罰則あり！　「残業代払え！」
バイト8人の組合
　→全バイト6000人に支給

解答

▲1. ○は②③④　⑤労働の代わりに使用者から賃金をもらう。2. 都道府県ごとの最低賃金（時給）①各自計算（算出しての感想を発表）、地域間格差にも留意　②団結　③団体交渉　④団体行動－教科書巻末の憲法条文を参照　⑤労働　⑥労働　⑦労働基準　各自計算－知らなければ丸損「もしも自分が働いていたら」と投げかけ身近に感じさせたい　⑧労働組合　⑨労働関係調整　⑩労働　3.〈8〉人－労基法は強い味方、個人加盟の組合の役割も再確認

【チェックテスト】No.43　　組　　　名前

◆労働三権・労働三法につき適切な語句を記入しよう。
①〈　　　〉権──労働組合の結成　②〈　　　　　〉権──デモ・スト等の権利　③〈　　　　　〉権──皆が参画できる　④労働〈　　　〉法──労働の最低条件　⑤労働〈　　　〉法──結成や活動について規定　⑥労働関係〈　　　〉法──労使交渉のルールを規定

◆労働基準法を読み、正しい数字を〈　〉に記入しよう。労働時間は週⑦〈　　〉時間・1日⑧〈　　〉時間以内である。辞めさせる時は⑨〈　　〉日以上前に予告、できない時は平均賃金の⑩〈　　〉日分以上を支払う。

《チェックテスト解答》
①団結　②団体行動　③団体交渉　④基準　⑤組合　⑥調整　⑦40　⑧8　⑨30　⑩30

※中卒で働く生徒にこそ、労働者の権利について最低限の知識をもたせたい。高校・大学でアルバイトする際にも役立つ。最低賃金・残業・年休・労働基準監督署・個人加盟の労働組合の役割等にもさらに関心を拡げたい。

■学習課題 No.44
労働生活の課題

1. ある生徒が調べた母の仕事である。（弟を入れ3人家族）どこが大変？何がえらい？

☆公休は7回くらい（月）
☆夜勤は7回くらい（月）
1日の労働時間
　日勤:10時間　　夜勤:17時間

仕事：ヘルパー

あんまり母の仕事を気にとめていなかったけど、自分の将来なりたい職業と似ているから、少し調べてみて、何となく大変なんだなって理解した。

【夜勤】
時刻	内容	時刻	内容
2:30	出勤	6:00	患者を起こす
4:00	仕事開始		顔を拭いてあげる
	ふろそうじ	7:00	朝食
4:30	申し送り	8:00	かたづけ
5:00	おむつの取り替え	8:30	申し送り
	褥瘡	9:00	仕事終了
5:40	お茶をくばる	10:30	帰宅
6:10	食事をくばる	〜	睡眠
7:00	かたづけ	12:00	昼食
7:10	申し送り	12:30	かたづけ
7:40	自分たちのご飯		洗濯
8:00	入れ歯を洗う	1:30	そうじ
	・歯みがき	2:30	買い物
	・おむつを替える	3:30	休憩
9:00	消灯	〜	
12:00	見回り	6:30	夕食
3:00	見回り	7:30	かたづけ
3:30	仮眠		母の仕事終了
〜			
5:30	起きる		

・働きすぎが原因の死を①〈　　　〉という。その目安は、発病前1カ月間の時間外労働が②〈　　〉時間、または発病前2カ月～6カ月間の平均が③〈　　　〉時間以上であることだ。（厚生労働省通達）④この母親は①にならないだろうか。

⑤働きすぎと思える身近な人を挙げよう。なぜそう思うか。

2. 2つの〈　〉に語句を入れよう。
　①〈B〉には南米等からの〈　　　　〉労働者も入る。
　②〈A〉〈B〉を比べて気づくことを発表しよう。

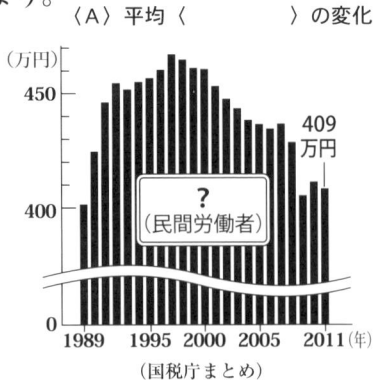

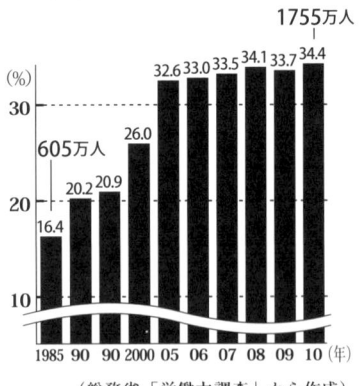

〈A〉平均〈　　　〉の変化
（万円）
？（民間労働者）
409万円
1989　1995　2000　2005　2011（年）
（国税庁まとめ）

〈B〉〈　　　〉労働者数の変化
1755万人
（%）
605万人　20.2　20.9　26.0　32.6　33.0　33.5　34.1　33.7　34.4
16.4
1985　90　90　2000　05　06　07　08　09　10（年）
（総務省「労働力調査」から作成）

— 94 —

第1章 学習課題とその展開　労働生活の課題

授業のねらい

「母の仕事」や身近な人々の労働実態から、労働生活の労苦と社会的意義・家族を支える力強さを学び、二つのグラフを対比して日本の労働者の状況や課題に関心を広げる。

解　答

▲1.●肉体労働の連続、事故を防ぐため神経を使う、月7回も夜勤、○一人で子育てする一方、入所者の命を支える　①過労死　②100　③80　④自由討議　⑤各自想起して発表　2.〈A〉賃金（賞与も含む）〈B〉非正規（意味を確認）①外国人　②反比例（理由も考察）

労働生活調査から授業へ
—キャリア教育と関連させ発表・学びあいの中で表現力を伸長。
自分がなりたい職業の人への取材も奨励。働き甲斐にも着目。

≪自営業者の事例≫—自分と対比して考察を深化。母は「仕事は楽しい」と断言している。

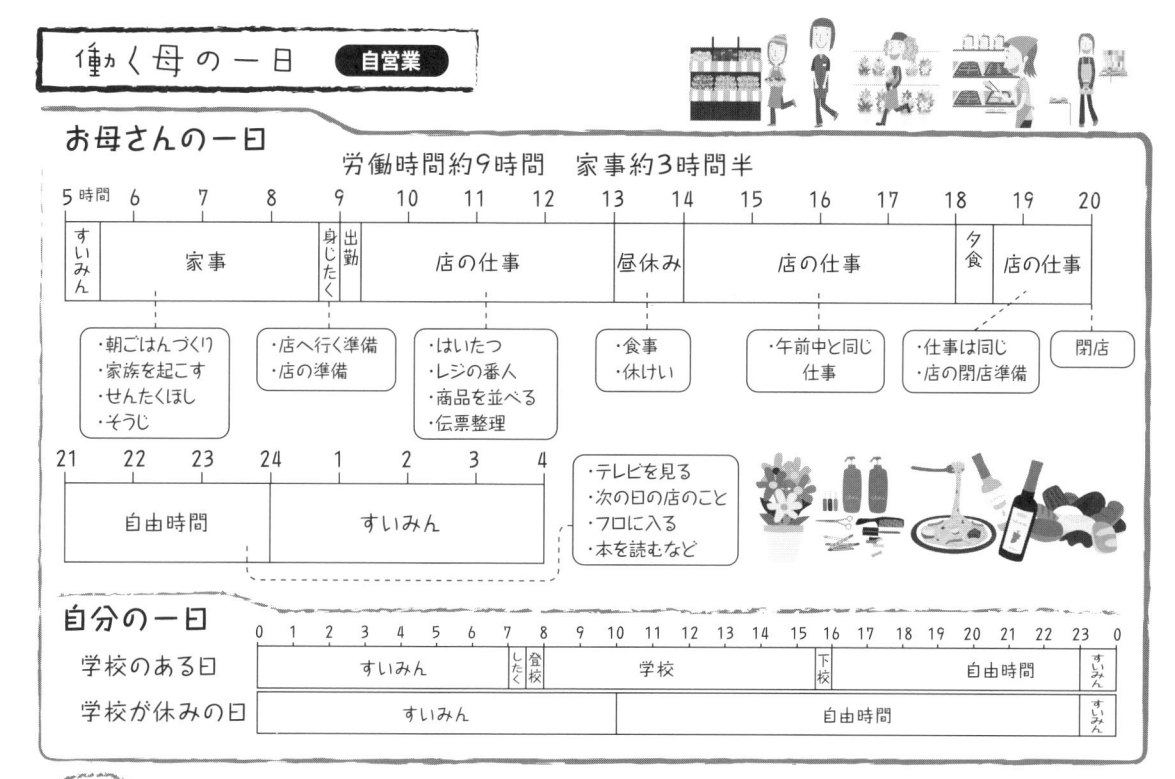

働く母の一日　自営業

お母さんの一日　労働時間約9時間　家事約3時間半

時刻	内容	詳細
5-6時	すいみん	
6-9時	家事	・朝ごはんづくり ・家族を起こす ・せんたくほし ・そうじ
9時	身じたく・出勤	・店へ行く準備 ・店の準備
9-13時	店の仕事	・はいたつ ・レジの番人 ・商品を並べる ・伝票整理
13-14時	昼休み	・食事 ・休けい
14-18時	店の仕事	・午前中と同じ仕事
18-19時	夕食	・仕事は同じ ・店の閉店準備
19-20時	店の仕事	閉店
21-24時	自由時間	・テレビを見る ・次の日の店のこと ・フロに入る ・本を読むなど
24-4時	すいみん	

自分の一日
- 学校のある日：すいみん（0-6）／したく・登校（6-8）／学校（8-15）／下校／自由時間（16-23）／すいみん
- 学校が休みの日：すいみん／自由時間／すいみん

質問
・一日で一番つらい仕事は？　⇒　☆年をとると体力がおち、物の持ち運びがつらくなる。
・仕事は楽しいですか？　⇒　☆楽しいです

感想
自分の一日とくらべてみると学校がある日でも自由時間の量の違いが、寝る時間も少なく、働く時間ばかりだ。こんな日が毎日続いていくと思うと、働いて暮らしていくというのは大変なことだと思った。

※B4版1枚・横書きで冊子にまとめた。休み中の課題としてもよい。「自分がなるとしたら？」—保育士と幼稚園教諭の対比・「どっちが大変？」—父母の仕事内容の比較等、視点を定めたい。（了解の上で取材。人名記載の場合も）1千万人が年収200万円以下という厳しさの中でも、多くの人が前向きに働いていることをとらえさせたい。（第3章で詳述）

■学習課題 No.45

市場価格と公共料金

1. 獲れた中では2匹だけ。
   ① 普通のサンマの仕入れ値はなぜ100円前後で、これにはなぜ高値がついたか。

   東京・池袋の百貨店地下にある鮮魚コーナーに3日、体全体が金色に輝く珍しいサンマ＝写真＝が入荷し、特別展示された。仕入れ値は1匹1万円。「幸運を運んでくれそう」と、携帯電話のカメラで撮影したり、「縁起がいい」と両手を合わせて拝んだりする買い物客の姿が見られた。

   （2012年10月5日 沖縄タイムス社提供、共同通信社配信・写真）

   ・こうした「モノ」の欲しがり具合を②〈　　　〉といい、こうした「モノ」の出まわり具合を③〈　　　〉という。
   ④サンマ価格はなぜ上下するか。②③の語句を使って理由を説明しよう。（図もOK）

   ⑤こうした価格の決まり方をするモノは、サンマ以外に何があるか。

   ・こうして②と③の関係で決まる価格を⑥〈　　　〉といい、モノが売買される場を⑦〈　　　〉とよぶ。たとえば株券を取引する場は⑧〈　　　〉である。
   ・社会には売りたいモノ＝⑨〈　〉品が多く出回るが安くて良いモノは⑩〈売れる・売れない〉。高くて良くないモノは⑪〈売れる・売れない〉。
   ・⑦で多く売るための自由な⑫〈　　　〉を通して活発に取引が行われ、成長していくこうした経済を⑬〈　　　〉という。⑭この経済のよい点や問題点を挙げよう。

2. 市場で日々価格が変わると生活上困るもの一つに○をつけよう。理由も発表しよう。
   ア プロ野球選手の年俸(　)　イ 電気代(　)　ウ 刺身(　)　エ ウナギの価格(　)

   ①その価格を認める所は〈　　　〉や地方自治体だ。こうした価格を②〈　　　〉料金という。③他にどんな②料金があるか。〈　　　　　　　〉
   ④市場価格と②料金のちがいは何か。まとめてみよう。

第1章 学習課題とその展開　市場価格と公共料金

授業のねらい

サンマを例に市場価格変動のしくみや市場経済についての理解を深め、生活安定を目的とする公共料金制と対比して、両者をバランスよく取り入れることがなぜ大切か学びあう。

板　書

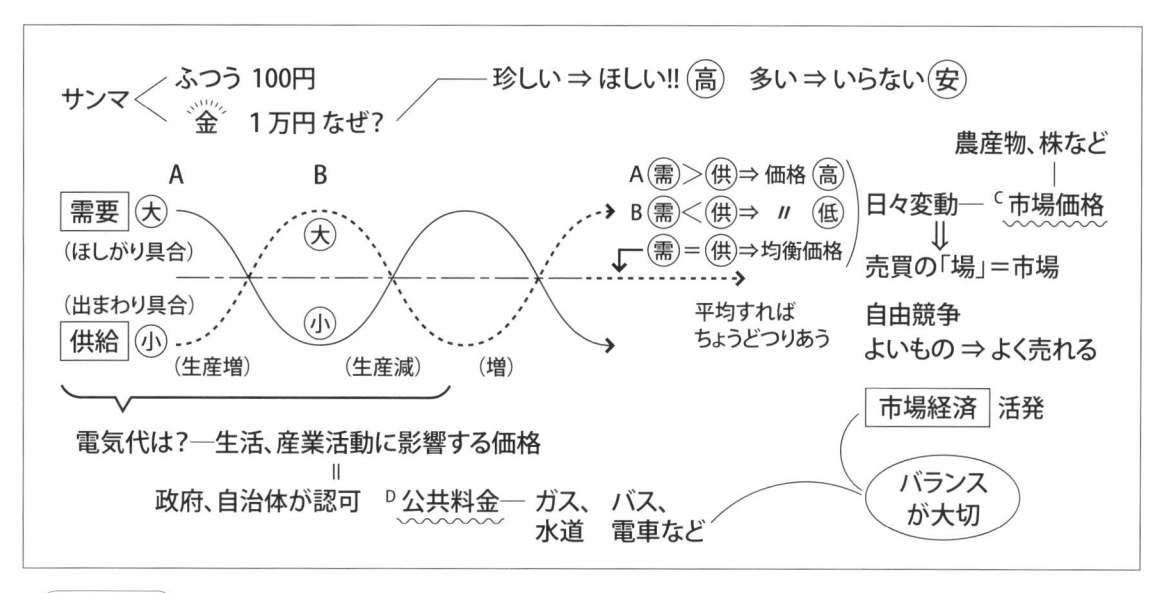

```
サンマ ＜ ふつう 100円      ─ 珍しい⇒ほしい!!（高）  多い⇒いらない（安）
         金  1万円 なぜ？

        A       B                    A（需）＞（供）⇒価格（高）    農産物、株など
 需要（大）                         → B（需）＜（供）⇒ 〃 （低）    日々変動── C 市場価格
 （ほしがり具合）   （大）               → （需）＝（供）⇒均衡価格         ⇒
                  （小）                                        売買の「場」＝市場
 （出まわり具合）
 供給（小）   （生産増）（生産減）（増）    平均すれば         自由競争
                                          ちょうどつりあう    よいもの⇒よく売れる

                                                              市場経済  活発
       電気代は？──生活、産業活動に影響する価格                          ＼
                 ＝                                                 バランス
       政府、自治体が認可 D 公共料金── ガス、バス、                    が大切
                                      水道 電車など
```

解　答

▲1.①欲しい店は多いが入手しにくい、普通のサンマは多量で誰もが入手可能　②需要　③供給　④供給＞需要⇒価格上昇、供給＜需要⇒価格下落、つりあう⇒均衡価格　⑤野菜等　⑥市場価格　⑦市場　⑧株式市場　⑨商　⑩売れる　⑪売れない　⑫競争　⑬市場経済　⑭売れれば利益増・売れなければ倒産　2.イ 生活・産業に必要で変動すると社会に悪影響　①政府　②公共　③ガス代・電車賃・水道代等　④市は日々変動。公は安定

【チェックテスト】No.45　組　　　名前

◆次の価格・経済に関係する語句を□から選べ。
①市場価格〈　　　　　〉②市場経済〈　　　　　　〉
③公共料金〈　　　　　〉④均衡価格〈　　　　　　〉

　　　野菜の値段・ガス代・自由競争・需要＝供給

◆市場で売買するものに○・違うものには×をつけよ。
⑤株券（　）⑥電車賃（　）⑦魚（　）⑧菓子（　）
⑨需要・供給のそれぞれの意味を説明せよ。　（20点）

《チェックテスト解答》
①野菜　②自由競争　③ガス代
④需要＝供給　⑤○　⑥×　⑦○
⑧×　⑨需─欲しがり具合・供─出まわり具合

※魚価は政府が統制せず、電気代は許可なく日々変動させない。自由競争の良さを生かしつつ生活の安定にも配慮することが必要なことを理解させる。サンマの他にも生徒の関心をよぶ教材を開発したい。

■学習課題 No.46
企業の集中と独占価格

1. 日本のビール消費は年間57億ℓ。成人一人約54ℓに達する巨大市場だ。〈国税庁統計情報 2009年〉

   ビール類出荷数量割合（2011年）
   ア〈　　　〉38%
   イ〈　　　〉36%
   ウ〈　　　〉13%
   エ〈　　　〉12%

   ①知っているビール会社の名を挙げ、グラフに記入しよう。何に気づくか。

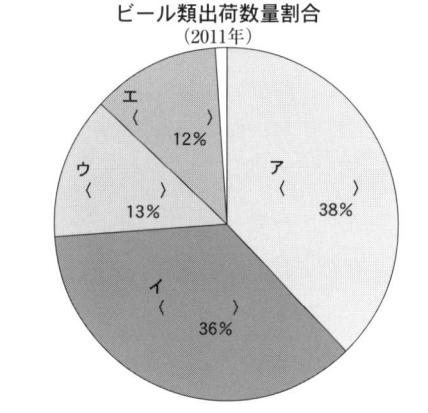

   ・次の産業の会社名も挙げ、①との共通点を探ろう。
   　②自動車産業　1位　　　　　2位　　　　　3位
   　③携帯電話産業　1位　　　　　2位　　　　　3位

   ・少数の大企業を中止とするこうした産業を④〈　　　〉産業といい、一産業の大部分を占める少数の会社を⑤〈　　　〉企業、さらには⑥〈　　　〉企業とよぶ。

2. どこかのビール会社の社長になり、悪だくみして大もうけしよう。①、②は何か？

   ①ムフフフ……4社で互いに値下げ競争しなくていい方法はこれだ!!

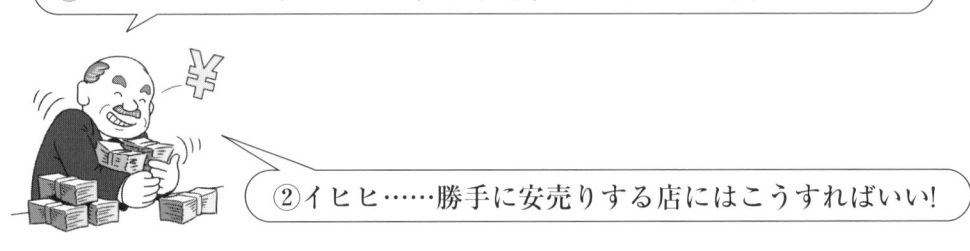

   ②イヒヒ……勝手に安売りする店にはこうすればいい!

   ・①のように、数社で③〈　　　〉した価格を④〈　　　〉価格という。
   　⑤こうなると、消費者にとってどんなマイナスがあるか。

   ・②の行為を許せば、消費者も小売店も被害を受ける。そこでつくられたものは？
   　⑥企業のいきすぎた行為を取り締まる法律　〈　　　　　　　〉
   　⑦取り締まるための政府の機関　　　　　〈　　　　　　　〉

3. 消費者に不利だとして⑦の機関から禁止されたことに×をつけ、理由も考えよう。
   ①ＡＫＢ48のＣＤを次々買い付録のポスター44種類全てを揃えればイベント招待。（　）
   ②売れ残りそうな弁当を安売りしたコンビニ店が、本部からやめるように言われた。（　）
   ③古書ストアで千円分本を買ってくじを引くと、時々50円のサービス券が当たる。（　）

第1章 学習課題とその展開　企業の集中と独占価格

授業のねらい

寡占・独占企業の占める割合をいくつかの産業を例に理解し、独占価格や不当な産業支配がどんな場合に生じるかを考えて、独占禁止法や公正取引委員会の果たす役割に気づく。

板書

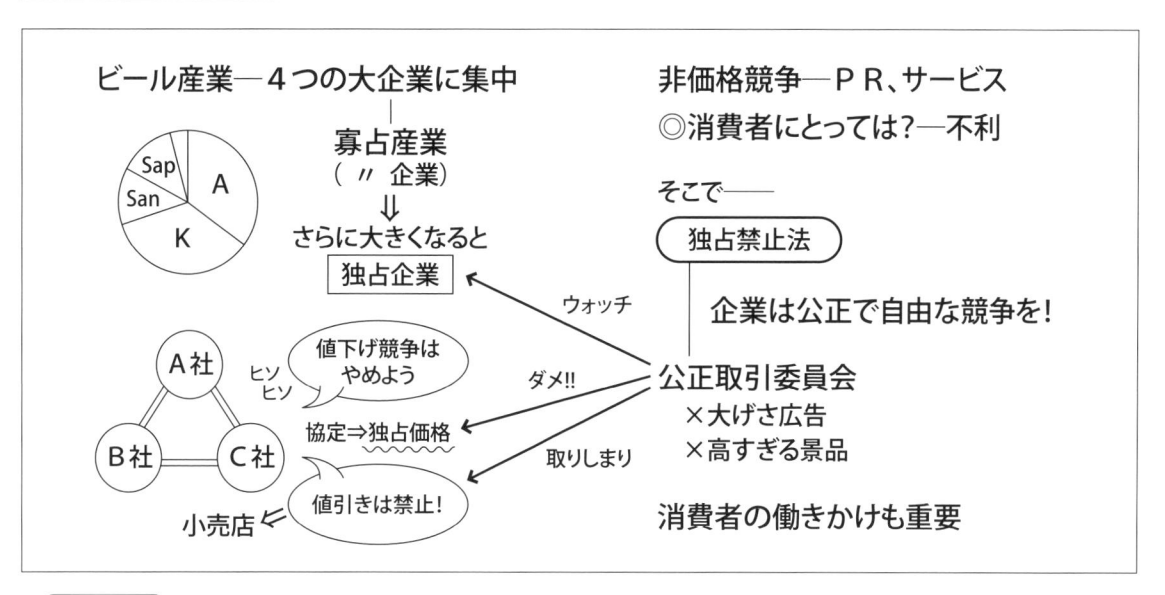

```
ビール産業―4つの大企業に集中          非価格競争―PR、サービス
         │                          ◎消費者にとっては？―不利
    ┌─Sap─┐    寡占産業
    │San   A   （〃 企業）           そこで――
    │   K  │       ⇓                ┌─────────┐
    └──────┘   さらに大きくなると     │ 独占禁止法 │
                                      └─────────┘
                  ┌独占企業┐←ウォッチ  企業は公正で自由な競争を！
                  └────────┘
     ┌A社┐値下げ                     公正取引委員会
     │   │競争は                     ×大げさ広告
    ヒソ  やめよう  ダメ!!            ×高すぎる景品
    ヒソ    協定⇒独占価格←
    B社─C社                  取りしまり
              値引きは禁止！         消費者の働きかけも重要
       小売店←
```

解答

▲1.①ア アサヒ イ キリン ウ サントリー エ サッポロ　4社でほぼ独占・アサヒが1位　②1トヨタ35％（2473546台）2ニッサン14％ 3スズキ11％（11年）③1ドコモ45％（60786600台）2au27％ 3ソフトバンク22％（12年9月末）企業が集中し3社で半分以上を占める　④寡占（独占）⑤寡占　⑥独占　2.①価格統一・生産調整　②値引き禁止・出荷制限　③協定　④独占（協定）⑤不当な高値で購入　⑥独占禁止法　⑦公正取引委員会　3.①×　②×　③○

【チェックテスト】No.46　　組　　　名前

◆次の漢字に続く語句を□から選んで記入せよ。
①独占〈　　　〉法　②〈　　　　〉価格　③④公正〈　　　〉〈　　　　〉⑤寡占〈　　　〉

　　委員会・独占・禁止・産業・取引

◆法により禁止されていることに○をつけよ。
⑥協定して価格つり上げ（　）⑦値段より高い切手の販売（　）⑧企業の巨大化（　）⑨実際と違う広告（　）

◆上位3社で半分以上を占める産業の名を2つ挙げよ。
〈　　　　　　　〉〈　　　　　　　〉（⑩各5点）

《チェックテスト解答》
①禁止　②独占　③④取引・委員会　⑤産業　⑥○　⑨○　⑩各自
※企業が集中して寡占・独占が生まれる理由や、その系列化について本時では扱わない。企業合併等が報道されたら、記事に即してこれらの点を補説する（住友グループ・三井グループ等）。2では、独占価格と非価格競争の関係についても言及しておきたい。

■学習課題 No.47
企業活動と環境問題

1．1968年3月27日、三重県四日市市立塩浜中学校での光景である。
   ①気づくことや？を言おう。

   ア〈　　〉のない青空の下へ
   学校ぐるみ イ〈　　　　〉

   ②右の〈　〉にことばを入れよう。
   ・前年は修学旅行前に女子1名が死亡・市認定患者数は65年～70年の間に18人⇒544人に急増した。
   ③〈　　　〉汚染によるこの病気は、市名をとって〈　　　　　〉と言われる。
   ④被害住民はどんな方法で各企業に責任を認めさせたか。

2．企業廃水による被害・環境破壊と併せて、①「四大〈　　　〉病」を調べよう。

1	四日市〈　　　〉 （三重県）	2	〈　　　〉病 （熊本県）	3	新潟〈　　　〉病 （新潟県）	4	〈　　　〉病 （富山県）
原因	各石油化学工場からの亜〈　　　〉ガス		工場廃水中の〈　　〉に汚染された魚		工場廃水中の〈　　〉に汚染された魚		鉱山流出のカドミウムによる汚染食物
症状	呼吸器をいため、激しい発作・心臓の弱化		手足のしびれ・視覚や内臓の障害が進行		手足のしびれ・視覚や内臓の障害が進行		すぐに骨折、痛さを訴えながら悪化
判決	1972年　排出6企業に共同責任		1973年　排出企業に全面責任		1971年　排出企業に全面責任		1972年　流出企業に全面責任

   ②数百名の死者を出したこれらの企業犯罪は、なぜ1960～70年代に集中したのか。

3．□内の語句を①～③に記入して、問題に答えよう。　環境基本法・住民運動・環境庁
   ・公害反対の①〈　　　　〉が高まる中で、1971年には②〈　　　　〉が発足した。
   （2001年より省となる）93年には③〈　　　　〉が制定された。
   ④現代の企業は、環境問題に対してどんな努力をしているか。

第1章 学習課題とその展開　企業活動と環境問題

授業のねらい

四日市ぜんそくを糸口に四大公害病の概要を理解し、それらがなぜ６０～７０年代に集中したかを高度経済成長との関連で考え、現代企業の環境問題への取り組みや課題を探る。

板書

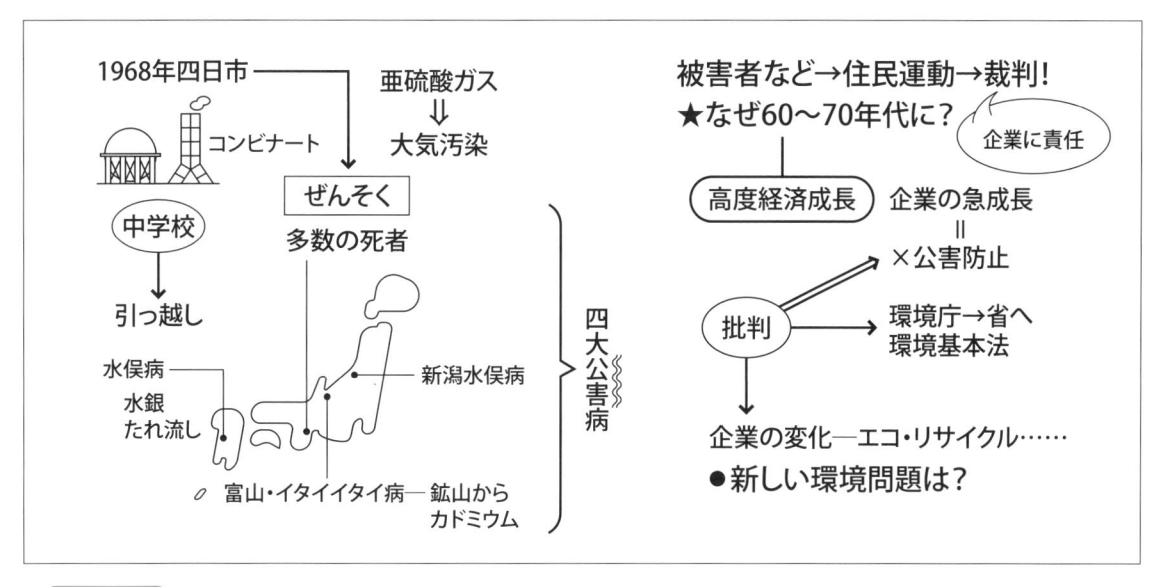

```
1968年四日市 ──┐    亜硫酸ガス         被害者など→住民運動→裁判！
    ┌─┐         ↓↓                   ★なぜ60～70年代に？
    │ │ コンビナート  大気汚染                        ┌企業に責任┐
    └─┘              ┌──┐              高度経済成長  企業の急成長
   ┌中学校┐          │ぜんそく│                          ‖
        ↓            └──┘              ┌──┐    ×公害防止
     引っ越し       多数の死者              │批判│
                                         └──┘   環境庁→省へ
   水俣病                  新潟水俣病              環境基本法
   水銀
   たれ流し                         四大公害病
                                              企業の変化──エコ・リサイクル……
      富山・イタイイタイ病──鉱山から        ●新しい環境問題は？
                       カドミウム
```

解答

▲1.荷物を校庭に出した多くの生徒（１・２年約400人）や保護者・背後に丸いタンクが林立「プロパン」の文字も　②ア公害　イ引越し（コンビナート隣接地から1.2km先へ）　③大気　四日市ぜんそく　④反対運動で世論の理解を得て裁判へ　2.①公害　1ぜんそく・硫酸　2水俣・水銀　3水俣・水銀　4イタイイタイ　②高度経済成長で企業生産は活発化したが、利益優先で公害防止を怠った　3.①住民運動　②環境庁　③環境基本法　④エコ商品など各種

【チェックテスト】No.47　　組　　名前

◆四大公害病が起きた地域名・県名を〈　〉に記入せよ。
①大気汚染によるぜんそく〈　　　　〉・水銀による中毒②〈　　　〉③〈　　　〉
④カドミウムによる骨の異常〈　　　　〉
⑤これらの公害はなぜ60～70年代に集中したか。(20点)

◆その後の動きに関係する語句を〈　〉に入れよ。
⑥被害関係者は〈　　　〉運動を起こす。⑦71年には〈　　〉庁ができる。⑧裁判ではすべて〈　　　〉側が負ける。⑨93年には〈　　　　〉法が制定。

《チェックテスト解答》
①四日市　②③水俣・新潟　④富山　⑤高度成長で企業活動は活発化したが、利益優先で公害防止を怠ったため　⑥住民　⑦環境　⑧企業　⑨環境基本
※水俣病患者については認定地域の範囲をめぐり今も国と係争中。企業と自治体・市民の間ではペットボトル処理の責任、企業公害と生活公害の関係などが論議されている。

■学習課題 No.48
金融のはたらきと日本銀行

1. お金を貸し借りしたり、預かったりするところはどこか。①その名を挙げよう。

　②それらの機関をまとめて、〈　　　　　　　　〉とよぶ。
　③その中の〈　　　　　〉は、お金を預かった上に利子までつける。それなのになぜ利益が生まれるのか。ア〜ウから答えを選び、図を使って説明しよう。
　　〈ア　地下で紙幣を印刷。　イ　ある方法でもうけている。　ウ　国が安く紙幣を提供。〉

　④こうしたしくみがうまくはたらくと、どんなよい点があるか。

2. では、どこが紙幣を発行するか。机の上に1万円札を出し、気づくことを言おう。（ない人は右を参照）

・下の□から適切な語句を選ぼう。

> 紙幣の正式名は①〈　　　　　　〉で、②〈　　　　　　〉だけが発行できる。こうした役割を持つ銀行を③〈　　　　　〉銀行という。②は他に2つの役割を持つ。
> ④政府のお金を管理し、出し入れする—〈　　　　〉の銀行
> ⑤一般の銀行のお金を預かったり、お金を貸し出したりする—〈　　　　〉の銀行
> ⑥このように、一つの国において特別の役割を持つ銀行を〈　　　　〉銀行という。

政府・中央・日本銀行・銀行・発券・日本銀行券

※日本銀行と一般の銀行との違いを、もう一度まとめてみよう。

第1章 学習課題とその展開　金融のはたらきと日本銀行

授業のねらい

金融機関とは何かを知って銀行の利益獲得のしくみや社会で果たす役割を学びあい、紙幣から気づくことを手がかりに中央銀行として日本銀行がもつ3つの特性を理解する。

板書

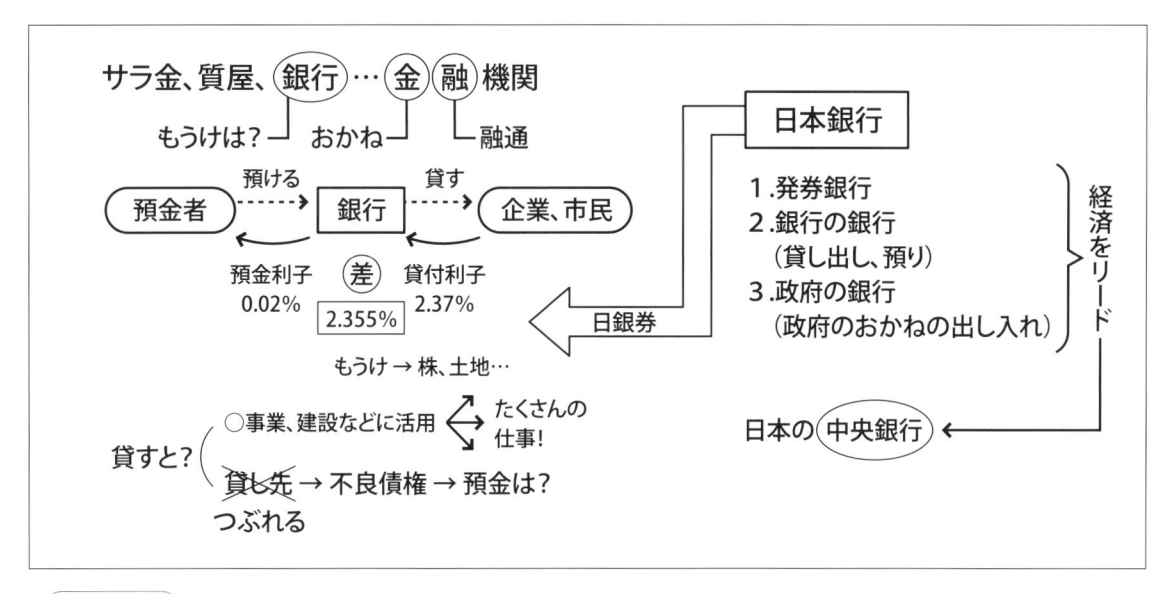

```
サラ金、質屋、銀行…金融機関
     もうけは？    おかね  融通

預金者 ──預ける→ 銀行 ──貸す→ 企業、市民
       ←──         ←──
     預金利子  (差)  貸付利子
      0.02%  2.355%  2.37%
           もうけ → 株、土地…

貸すと？ { ○事業、建設などに活用 ⇔ たくさんの仕事！
         貸し先 → 不良債権 → 預金は？
         つぶれる

日本銀行
1. 発券銀行
2. 銀行の銀行
   （貸し出し、預り）
3. 政府の銀行
   （政府のおかねの出し入れ）
          ← 日銀券

          経済をリード

日本の (中央銀行)
```

解答

▲1.①質屋 サラ金 信用金庫 銀行 農協 保険会社等 ②金融機関 ③銀行 イ（図は略・板書例参照）貸付利子と預金利子の差額から利益を上げることが主、投資・土地買収などを行うことも説明 ④しまわれていたお金が社会に出まわり、事業・住宅建設などに有効に活用される。2.各自（教師が提示して関心を高める）①日本銀行券 ②日本銀行 ③発券 ④政府 ⑤銀行 ⑥中央 ※日銀は市中での預貯金・金融活動には関わらない。

【チェックテスト】No.48　組　　名前

◆お金の貸し借りや預金に関わるところに○をつけよ。
①銀行（　）②農協（　）③財務省（　）④市場（　）
⑤それらをまとめて〈　　　　　〉とよぶ。(20点)

◆銀行はどのように利益を生むか説明せよ。（⑥）(20点)

◆日本銀行の役割について、正しい語句を記入せよ。
⑦銀行券を発行するただ一つの〈　　　〉銀行
⑧一般銀行とお金をやり取りする〈　　　〉の銀行
⑨政府のお金を管理し出し入れする〈　　　〉の銀行
⑩こうした銀行をその国の〈　　　〉銀行という。

《チェックテスト解答》
①②が○　⑤金融機関　⑥主に貸付利子—預金利子の差から　⑦発券　⑧銀行　⑨政府　⑩中央　※質屋・サラ金がどう利益を上げるのかも確認して銀行とのちがいを押さえたい。預金している生徒にはその金融機関名を聞いてもよい。現在はほとんど利子がつかない等、知っていることも出させると次時の展開につながる。

■学習課題 No.49
通貨と金融政策

1．現在、日本で使われている紙幣の種類を挙げよう。

　①右は戦前に使用された紙幣である。正しい
　　名前は〈　　　　　　　　〉券という。
　②戦前はこの紙幣を銀行にもっていくと、同
　　じ価値の〈　　　〉と交換してくれた。
　③09年３月現在、流通中の通貨（紙幣＋貨幣）
　　は計〈　　　　　　〉円に達するが、現在の銀行は②とは交換しない。ならば、「今
　　の紙幣・貨幣は額面ほど価値がないので売買に使わない」という自由は国民にあるか。

　　銀行券は、法貨として無制限に通用する。（日本銀行法第46条２）　*貨幣は、額面価格
　　の二十倍までを限り、法貨として通用する。*（通貨の単位及び貨幣の発行等に関する法律第７条）

2．日本銀行は、その通貨の発行・流通をどう調整するか。順序よく○をつけよう。
　　①景気が悪い⇒モノが（売れる・売れない）⇒発行量を増加・一般銀行もどんどん企業
　　　等に貸し出す⇒②事業等にお金を使い〈やすい・にくい〉⇒③社会で動く通貨の量が
　　　〈増える・減る〉⇒④モノの売買が〈活発になる・減る〉だろう。⇒景気がよくなる。
　　　（量が増えすぎ紙幣の価値が下がると通貨量を減らす⇒バブル景気が収まるだろう）
　　⑤こうして通貨流通量の増減で景気を調整しようとする方法を〈　　　　〉政策という。
　　　（賃金を上げる方が、モノの売買が活発になるという意見もある）

3．では、通貨を使わずに買い物するにはどんな方法があるか。

　　①その中の〈　　　　　〉カードのしくみを
　　　矢印を使って右の□に図解し、説明しよう。

　　②こうしてカードの裏づけに使われる通貨を
　　　〈　　　　〉通貨とよぶ。
　　③このしくみを使う際は、何に注意すべきか。

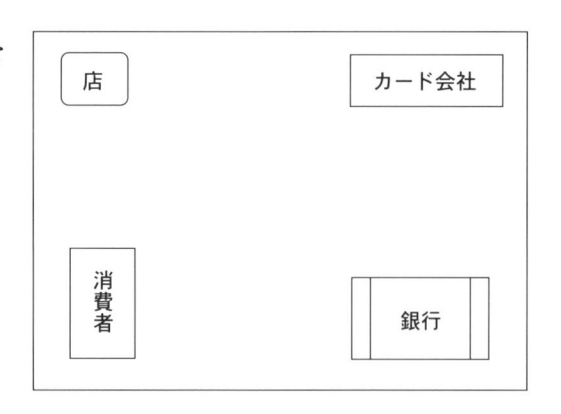

第1章 学習課題とその展開　通貨と金融政策

授業のねらい

現在の紙幣は法律により強制通用力を与えられ、日本銀行はその通貨流通量を調整して景気のコントロールに努めていることを理解した上で、預金通貨活用のしくみと留意点を考える。

板書

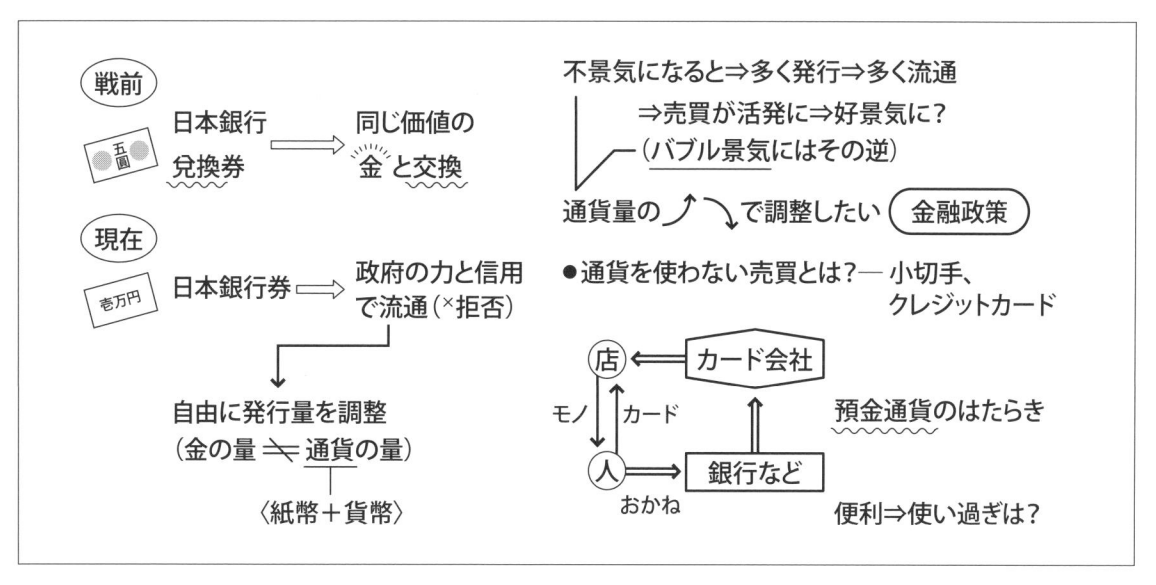

```
戦前
［五圓］日本銀行      →  同じ価値の
        兌換券            金と交換

現在
［壱万円］日本銀行券  →  政府の力と信用
                          で流通（×拒否）
                              ↓
                          自由に発行量を調整
                          （金の量 ≒ 通貨の量）
                              〈紙幣＋貨幣〉

不景気になると⇒多く発行⇒多く流通
  ⇒売買が活発に⇒好景気に？
  ↓─（バブル景気にはその逆）
通貨量の ↑↓ で調整したい 〔金融政策〕

●通貨を使わない売買とは？― 小切手、
                              クレジットカード

  店 ⇐ カード会社
モノ↑ ↑カード        預金通貨のはたらき
  人 ⇒ 銀行など
  おかね              便利⇒使い過ぎは？
```

解答

▲1.千円　二千円札　五千円　一万円　①日本銀行兌換券（金との交換券）②金（塊）③81兆4215億　④紙幣は政府の力で強制通用（1万円札の原価は02年時点で約28円・通貨自体に額面と同じ価値はない）。貨幣（コイン）は同一種類21枚以上は受け取り拒否も可　2.①売れない　②やすい　③増える　④活発になる　⑤金融　3.小切手・商品券・クレジットカード等　①クレジット―説明は板書参照　②預金　③預金量以上買いすぎない

【チェックテスト】No.49　　組　　　名前

◆今のお金に関するものに○、違うものに×をつけよ。
①日本銀行券（　）②日本銀行兌換券（　）③同じ価値の金と交換（　）④法律で強制通用（　）⑤紙幣は3種類（　）⑥貨幣は通常6種類（　）

◆次の〈　〉に当てはまる語句を記入せよ。
⑦通貨流通量の増減で景気を調整―〈　　　〉政策
⑧現在使われている紙幣・貨幣を合わせて〈　　　〉とよぶ。
⑨クレジットカード使用の裏付け―〈　　　〉通貨
⑩兌換とは、「〈　　　〉する」という意味である。

《チェックテスト解答》
①○　②×　③×　④○　⑤×　⑥○　⑦金融　⑧通貨　⑨預金　⑩交換

※1では実物紙幣を提示すると関心が高まる。紙幣と貨幣の違いと、現行の両者を合わせて通貨とよぶことを押さえたい。金融政策はそれだけでうまく行くわけではない。通貨量が増えても、国民の所得が増えなければモノは売れない。

■学習課題 No.50

円高・円安と国際経済

1．これは何か。〈　　　　　　　〉　現在、日本円いくらで入手できるか。〈　　　〉円

・百万枚もらったら、何に使うか。

2．右のグラフは、この紙幣と日本円との交換比率を表す。

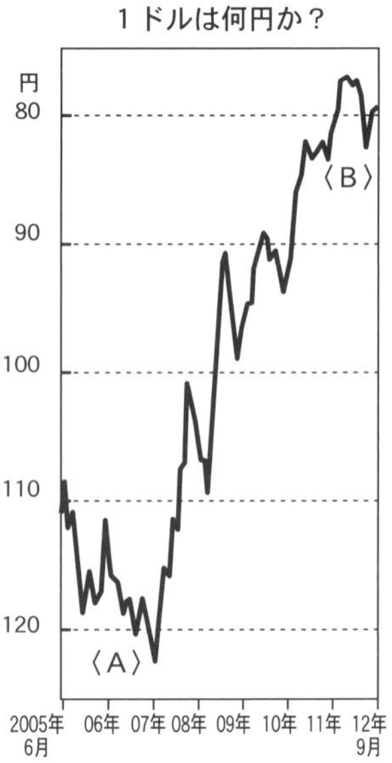

① 80円でこの1ドル紙幣を買えるのは〈A・B〉の時だ。

天秤の左の皿の上に、10円玉8枚を書いてみよう。

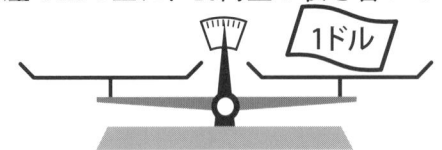

② 120円で1ドル紙幣を買えるのは〈A・B〉の時だ。

天秤の左の皿の上に、10円玉12枚を書いてみよう。

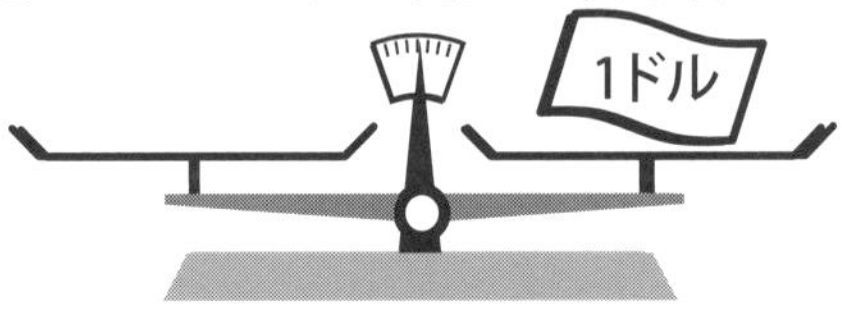

1ドルは何円か？

③比べると、より少しの円で1ドルを買えるのは〈①・②〉だ。より額が少なくとも1ドルを買えるのだから、この時円の価値はより〈高い・低い〉。そこで円〈高・安〉という。

④ 1ドルを買うのにより多く円が必要なのは〈①・②〉だ。それだけ多くてやっと1ドルと釣りあうからこの時円の価値は、より〈高い・低い〉。そこで円〈高・安〉という。

⑤ A⇒Bの変化は円〈高・安〉、B⇒Aは円〈高・安〉だ。

⑥円⇔ドル等、通貨の交換比率を〈　　　　　　　〉、または為替レートという。右は何を表しているか。

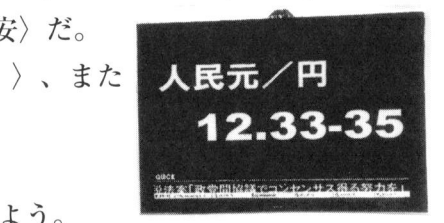

人民元／円
12.33-35

3．円高・円安どちらが得？　輸出・輸入の場合を計算しよう。

① 一つ1万円の時計をアメリカに輸出 ─ 1ドル100円（円高）の時 ─〈　　　〉ドルで売れる。1ドル200円〈円安〉の時 ─〈　　　〉ドルで売れる。

② 一着100ドルのスーツをアメリカから輸入 ─ 1ドル100円（円高）の時 ─〈　　　〉円払う。1ドル200円〈円安〉の時 ─〈　　　〉円払う。

第1章 学習課題とその展開　円高・円安と国際経済

授業のねらい

1ドル紙幣を見てドルと円との関係に関心を深め、円高・円安の原理をイメージ化して為替相場のしくみを学びあい、輸出・輸入時の得失や国際経済との関わりを考える。

板書

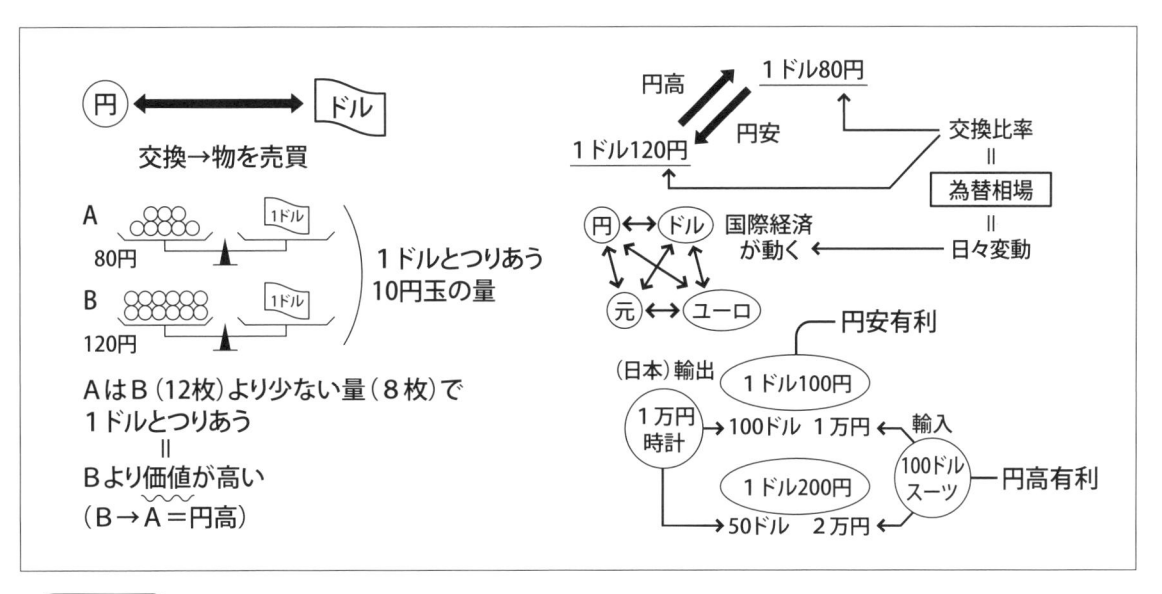

（板書内容）

円 ⇔ ドル　交換→物を売買

A 80円　1ドルとつりあう10円玉の量
B 120円

AはB（12枚）より少ない量（8枚）で1ドルとつりあう
＝
Bより価値が高い
（B→A＝円高）

円高 1ドル80円　円安 1ドル120円　交換比率＝為替相場＝日々変動

円⇔ドル、元⇔ユーロ　国際経済が動く

（日本）輸出　1万円時計 → 1ドル100円 100ドル 1万円　円安有利
　　　　　　　　　 → 1ドル200円 50ドル 2万円
輸入　100ドルスーツ　円高有利

解答

▲1.1ドル紙幣　ニュース・新聞等から外国為替相場を紹介　何に使うかは各自発表　2.①B ②A ③—①・高い・高 ④—②・低い・安（天秤の図を対比）⑤高・安 ⑥為替相場・中国の通貨の人民元と円との為替相場（対ユーロの相場にも関心を広げ、国政経済では各通貨ごとの為替相場に従って輸出入・取引を行うことを理解させる）3.①100・50（円安は輸出に有利・円高はその逆）②1万円・2万円（円高は輸入に有利・円安はその逆）

【チェックテスト】No.50　組　名前

◆各国の通貨の単位は、①中国は〈　　　〉②EU16カ国は〈　　　〉である。

◆1ドル100円の時50ドルのペンを輸入すると③〈　　　〉円・1ドル200円の時は④〈　　　〉円
1ドル100円の時400円の玩具を輸出すると⑤〈　　　〉ドル・1ドル200円の時は⑥〈　　　〉ドル

◆1ドル100円⇒200円を⑦〈円高・円安〉といい、1ドル200円⇒100円を⑧〈円高・円安〉という。円高とはドルに対して円の⑨〈額・価値〉が高くなることで、⑩〈輸出・輸入〉に有利となる。

《チェックテスト解答》
①（人民）元 ②ユーロ ③5千 ④1万 ⑤4 ⑥2 ⑦円安 ⑧円高 ⑨価値 ⑩輸入

※ドルは実物を示したい。円高・円安の説明は一度で分かりにくいので、全体学習の後分かった者と分からない者でペア学習を行う。「円の額が高くなれば円高」ではなく「円の価値が上がれば円高」であることをつかませたい。

■学習課題 No.51

財政のしくみとその変化

1. 右のABは、国の会計のそれぞれ何を表しているか。(2012年度)

   A 約90兆3千億円 ←→ B 約90兆3千億円
   (所得税14.9、消費税11.5、法人税9.8、その他の税10.7、その他の収入4.1、国債発行による収入49.0)
   (社会保障費29.2、国債費24.3、地方交付税交付金等18.7、文教費6.0、軍事費5.2、公共事業5.1、その他)

   Aは①〈　　　　〉、Bは②〈　　　　〉とよぶ。政府が①②を通して行う経済活動を③〈　　　　〉という。

   ④Bの中で君が減らしたいと思う一つに着色しよう。

   ⑤ABを1980年度のCDと比べて分かることは？

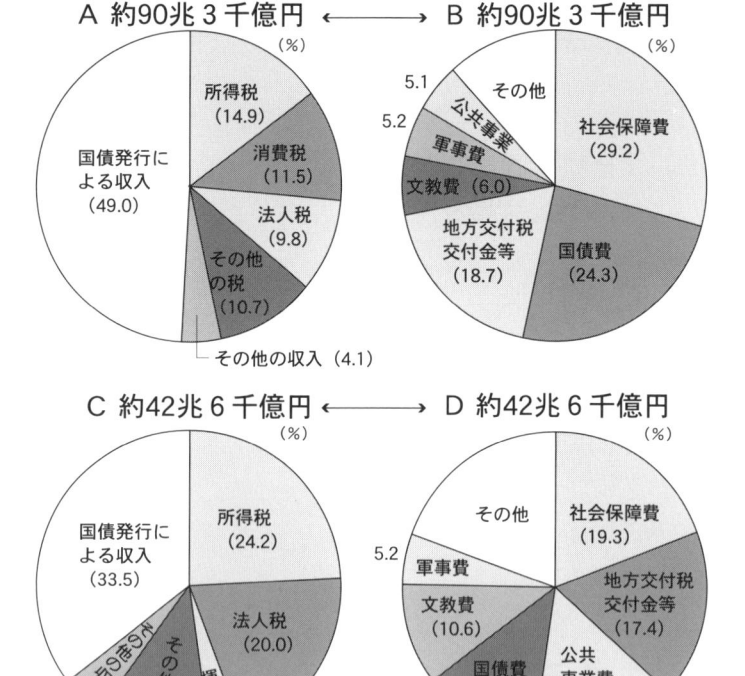

   C 約42兆6千億円 ←→ D 約42兆6千億円
   (所得税24.2、法人税20.0、揮発油税3.6、その他の税、その他の収入4.5、国債発行による収入33.5)
   (社会保障費19.3、地方交付税交付金等17.4、公共事業費15.6、国債費12.5、文教費10.6、軍事費、その他5.2)

   〈A⇔C〉―

   〈B⇔D〉―

   〈ABは財務省資料、CDは『税の社会科』昭和55年版 名古屋国税局 による〉

2. **709兆円**（12年度末）⇒日本の財政に関係するこの金額は何か。①〈　　　　　　　　〉

   ②12年度の国の財政を1カ月の家計に例えてみる。問題と思うことを挙げよう。

一世帯月収	40万円
借金38万4千円（残高7384万円）	
1カ月の支出	78万4千円
医療費等	22万9千円
借金や利子返済	19万円
田舎への仕送り	14万4千円
家の修理費等	4万円
その他	13万4千円

   ③年ごとの①の変化を教科書等のグラフから読み取ろう。気づくことは何か。

   ④なぜ？ 原因を考え、教科書等で調べよう。

   ⑤改善するためにはどうすればよいか。さまざまな考えを発表しよう。

第1章 学習課題とその展開　財政のしくみとその変化

授業のねらい

国の財政が歳出・歳入から成り立つことを知ってその内容の特色や変化を理解し、国債残高がなぜ巨額となり財政にどんな影響を与えているか資料から読みとって改善方法を考える。

板書

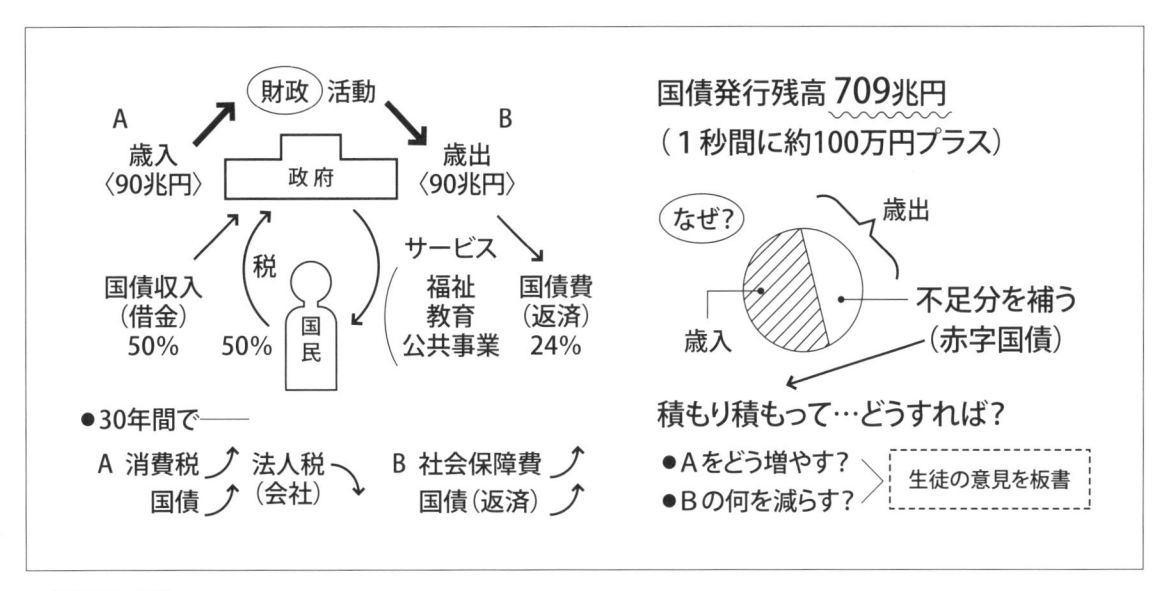

```
        A   →（財政）活動  B
       歳入         ↘ 歳出
      〈90兆円〉 政府  〈90兆円〉
         ↑          ↓
      国債収入  税  サービス
      （借金）      福祉        国債費
       50%   50%  教育        （返済）
              国民 公共事業      24%

●30年間で——
 A 消費税↗ 法人税↘   B 社会保障費↗
   国債↗ （会社）       国債（返済）↗
```

国債発行残高 709兆円
（1秒間に約100万円プラス）

```
 なぜ？       歳出
         ／
    ┌──┐
    │▓▓│──不足分を補う
    └──┘   （赤字国債）
    歳入
```

積もり積もって…どうすれば？
●Aをどう増やす？
●Bの何を減らす？　　[生徒の意見を板書]

解答

▲1.収入や支出（国の会計）①歳入 ②歳出（歳とは「1年間」の意）③財政 ④各自（理由も発表して学びあう）⑤〈A⇔C〉国債発行激増、法人税半減、その分消費税が増加等〈B⇔D〉公共事業費激減、国債費急増、文教費激減、社会保障費も増加等（約30年間の変化を把握）2.①国債発行残高 ②月収と借金がほぼ同じ、月収の約半分を返済等にまわしている ③加速度的に急増 ④歳出維持のため赤字国債を発行 ⑤各自

【チェックテスト】No.51　組　　名前

◆当てはまる漢字2文字を〈　〉に記入しよう。
①国の年間収入〈　　　〉②国の年間支出〈　　　〉
③年間を通しての国の経済活動〈　　　〉④国の借金
〈　　　〉⑤道路鉄道等の建設—〈　　　〉事業費
⑥医療福祉等に使用—社会〈　　　〉費

◆正しい文には○、間違った文には×をつけよ。
⑦国の借金は、国の年間収入の約7倍に達する。（　）
⑧国の借金は、返済する反面で年々増加している。（　）
⑨現在、国は借金することをやめている。（　）
⑩現在、国の年間収入の約半分は借金による。（　）

《チェックテスト解答》
①歳入 ②歳出 ③財政 ④国債
⑤公共 ⑥保障 ⑦× ⑧○ ⑨×
⑩○

※各種の税の説明は簡潔に行い、今後の学習につなげる。グラフを色分けさせると約30年間の変化が目で分かる。ネットで『日本の借金時計』を検索させると刻々の増加に驚く。歳出入の何を増減するかは国の進路の学習でもある。

■学習課題 No.52

景気変動と財政政策

1．現在の日本は好景気か不景気か。なぜそう考えるか？

　①好景気と不景気では何がちがうか。○か×を下の表に記入しよう。分かることは何か。

	好景気	不景気
1 商品の販売量		
2 商品の生産量		
3 雇　　　用		
4 倒産・失業		

　②漢字2文字に言いかえると、不景気＝〈　　　〉・好景気＝〈　　　　〉という。
　③景気がよすぎてモノが売れ物価が上がり続ける情況を〈　　　　〉という。
　　景気が悪化し、物価が下がり続けモノが売れない情況を〈　　　　〉という。

2．景気が移り変わることを〈　　　　　〉という。なぜそうなるか。グラフの続きを書き、〈　〉には 不・好 の語句を入れて説明しよう。（二度使用可）

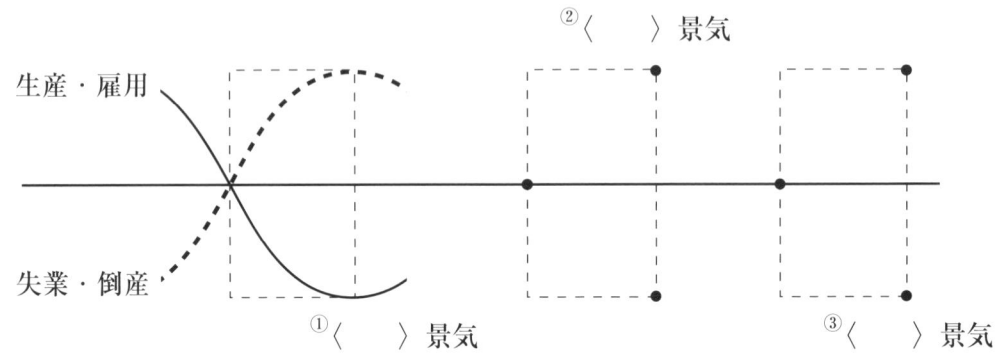

②〈　　〉景気

生産・雇用

失業・倒産

①〈　　〉景気　　　　　③〈　　〉景気

3．政府はどうやって景気を調整しようとするか。当てはまる語句に○をつけ理由を言おう。
　・不景気すぎる場合⇒①税金を〈減らす・増やす〉。②公共事業費を〈増やす・減らす〉。

　③こうして公共事業に政府の予算を使うことを〈　　　　　〉という。
　④好景気すぎる場合には、逆にどんなことを行うか。

　⑤こうして、歳入・歳出の変化により景気を調節しようとする方法を〈　　　　〉政策という。現在、景気はうまく調整されていると思うか。

第1章 学習課題とその展開　景気変動と財政政策

授業のねらい

好景気・不景気とはどんな状況を指すのかを5つの示標からとらえ、景気変動の原因について図化作業を通して学びあい、政府が財政政策を行う意図とその効果を考えあう。

板書

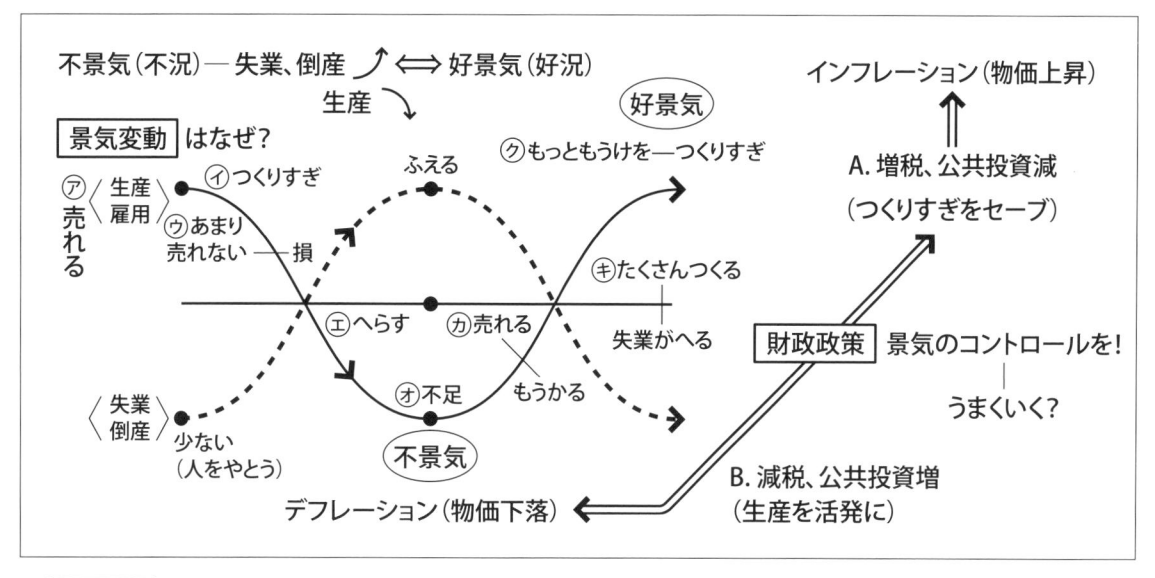

```
不景気(不況)―失業、倒産 ↗ ⇔ 好景気(好況)        インフレーション(物価上昇)↑
              生産 ↘         好景気                      ⇑
 景気変動 はなぜ？       ㋗もっともうけを―つくりすぎ   A.増税、公共投資減
 ㋐ 生産   ㋑つくりすぎ  ふえる                          （つくりすぎをセーブ）
   雇用
 売 ㋒あまり       損
 れ  売れない ―
 る        ㋓へらす ㋕売れる ㋖たくさんつくる
                              失業がへる   財政政策 景気のコントロールを!
 〈失業〉        ㋔不足  もうかる                       うまくいく？
  倒産   少ない         不景気
        (人をやとう)
        デフレーション(物価下落) ←           B.減税、公共投資増
                                             （生産を活発に）
```

解答

▲1.各自①1 好○・不× 2 好○・不× 3 好○・不× 4 好×・不○ ②不況・好況 ③インフレーション・デフレーション 2.景気変動 ①〈不〉・②〈好〉・③〈不〉 好況⇒販売増⇒生産増⇒雇用増⇒失業・倒産減⇒生産過剰⇒販売減⇒不況⇒生産減⇒雇用減⇒失業・倒産増 （説明の一例） 3.①減らす ②増やす 減税⇒販売増・公共事業増⇒雇用増で景気回復 ③公共投資 ④増税・公共事業減 ⑤財政 授業時の状況に対応

【チェックテスト】No.52　組　名前

◆次の場合、景気は「好」か「不」か。〈 〉に記入せよ。
①倒産・失業の減少〈　〉②商品販売量の減少〈　〉
③商品生産量の増加〈　〉④物価がじりじり下落〈　〉

◆次のことを何というか。□から正しい語句を選べ。
⑤物価がしだいに下落〈　　　　〉⑥物価がしだいに上昇〈　　　　〉⑦歳入・歳出を変化させ景気を調整〈　　　　〉⑧公共事業へ政府予算を投入〈　　　　〉⑨景気の移り変わり〈　　　　〉
⑩不景気＝〈　　　　〉ともいう。 公共投資・インフレーション・デフレーション・不況・景気変動・財政政策

《チェックテスト解答》
①好 ②不 ③好 ④不 ⑤デフレーション ⑥インフレーション ⑦財政政策 ⑧公共投資 ⑨景気変動 ⑩不況

※財政政策は効果を挙げているか。公共投資をしても非正規労働者が増えるのでは賃金は増えず、年金も生活保護費も下げるのではモノも売れない。教育・福祉への投資増こそ有効との意見も紹介したい。

■学習課題 No.53
税制のあり方

1．次のモノにかかる税はいくら？ 予想して答えを確かめ、分かることを発表しよう。
①ガソリン１ℓ 〈　　　　　〉円　②ビール大びん（633mℓ）１本〈　　　　　〉円
③たばこ一箱（20本・410円）〈　　　　　〉円　④モノを買うと〈　　〉％の税
⑤税はなぜ必要か。

2．主な税は〈　　　　〉種類。□から語句を選び、線で結んで２つの点から区分しよう。

○どこに納めるか　　　　○税の名　　　　　　○誰が納めるか

①〈　　　〉税・　　　・⑤〈　　　〉税・　　　・③〈　　　〉税
（国に納める）　　　　（個人のもうけに対し）　　　（税を負担する人が自分で）

　　　　　　　　　　　・⑥〈　　　〉税・
　　　　　　　　　　　（会社のもうけに対し）

①～④に記入　　　　　・⑦〈　　　〉税・　　　⑤～⑨に記入
┌─────────┐　（多くの遺産を得た時）　　　┌─────────┐
│ 直接　　国　　│　　　　　　　　　　　　　　│ 所得・消費・相続・│
│ 地方　　間接　│　・⑧〈　　　〉税・　　　　│ 固定資産・法人　│
└─────────┘　（所有する土地や家に）　　　└─────────┘

②〈　　　〉税・　　　・⑨〈　　　〉税・　　　・④〈　　　〉税
（各地方自治体へ）　　　（モノを買えば誰もが）　　　（税の負担者と納税者が別）

3．Ｂの税のかけ方はＡと比べてどこが違うか。Ｂのような課税を〈　　　　〉課税という。

Ａ 消費税
┌──────────────────┐
│ ある商品を買った人は、金持ちでも　│
│ 貧乏でも大人でも子どもでも全て同　│
│ じ率・同じ額の税金を払う。　　　　│
└──────────────────┘

Ｂ 所得税
┌──────────────────┐
│ 所得300万円の人⇒10％・30万円　　│
│ 所得900万円の人⇒23％・207万円　│
│ 所得1800万円の人⇒40％・720万円　│
└──────────────────┘

①水平的平等とは〈Ａ・Ｂ〉の課税方法を指し、垂直的平等とは〈Ａ・Ｂ〉の課税方法
　をいう。
②君はＡＢどちらの課税法がよいと思うか。

4．97年に消費税が５％になると税収はそれ以前とどう
　変化したか。右の表から気づくことを言おう。

　　　　　　　　　　　　　　　　　　90.3兆円
　　　　　　　　　　　　　　　　　　　　　　　76.2兆円
　　　　　　　　　　　　　　　その他の税
　　　　　　　　　　　　　　　31.5
　　　　　　　　　　　　　　　　　　　　　　　24.3
　　　　　　　　　　　　　所得税・住民税
　　　　　　　　　　　　　28.0
　　　　　　　　　　　　　　　　　　　　　　　24.5
　　　　　　　　　　　　　法人３税
　　　　　　　　　　　　　23.3　　　　　　　14.8
　　　　　　　　　　　　　消費税7.6　　　　12.7
　　　　　　　　　　　　　1996年度　　　　2010年度
　　　　　　　　　　　　（財務省、総務省の税収決算額のデータから）

第1章 学習課題とその展開　税制のあり方

授業のねらい

身近な物品の税率や税額に関心を持って税の果たす役割を考え、主な税やその種類を理解した上で、水平的公平・垂直的公平のどちらを重視すべきか今後の税制のあり方を学びあう。

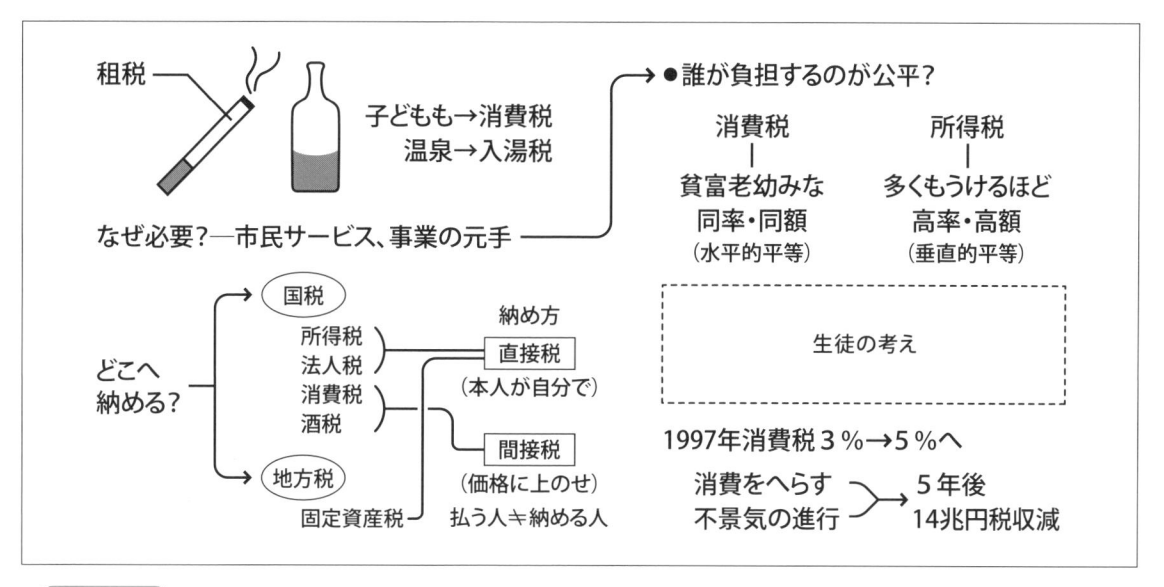

板書

```
租税 ──┐
       │  子どもも→消費税
       │  温泉→入湯税          ●誰が負担するのが公平？
       │                         消費税            所得税
なぜ必要？─市民サービス、事業の元手    │              │
                              貧富老幼みな      多くもうけるほど
                              同率・同額        高率・高額
                              （水平的平等）    （垂直的平等）

            ┌ 国税
            │   所得税 ┐          ┌─────────────┐
どこへ      │   法人税 ├─納め方    │             │
納める？────┤   消費税 │  直接税   │  生徒の考え  │
            │   酒税  ┘ (本人が自分で)│             │
            │                      └─────────────┘
            └ 地方税              1997年消費税 3％→5％へ
                固定資産税  間接税  消費をへらす   5年後
                          (価格に上のせ) 不景気の進行  14兆円税収減
                          払う人≠納める人
```

解答

▲1. ①約54円 ②約139円 ③約245円 ④5（2012年）モノによって税率が違う、酒やたばこの税は重い ⑤政府の活動に使うとともに、市民等に対して国が多様な事業・サービスを行うため　2.4 ①国 ②地方 ③直接 ④間接 ⑤所得（①③）⑥法人（①③）⑦相続（①③）⑧固定資産（②③）⑨消費（①④）　3.累進　Aは誰にも同率、Bは所得が多いほど税率が高い ①水平─A 垂直─B ②各自　4.代わりに法人税が激減、買い控えで税収自体も減少

【チェックテスト】No.53　組　　名前

◆直接税には直、間接税には間と記入せよ。
①所得税〈　〉②消費税〈　〉③酒税〈　〉
④法人税〈　〉

◆国税には国、地方税には地と記入せよ。
⑤固定資産税〈　〉⑥法人税〈　〉⑦消費税〈　〉

◆下の〈　〉にあてはまる語句を記入せよ。
金額が増えるほど税率が高くなる課税法を⑧〈　　〉課税という。会社の所得にかかる税を⑨〈　　〉税、遺産を多く得た時にかかる税を⑩〈　　〉税という。

《チェックテスト解答》
①直 ②間 ③間 ④直 ⑤地 ⑥国 ⑦国 ⑧累進 ⑨法人 ⑩相続
※課税では水平的・垂直的いずれの公平を重視するか。将来の主権者として話し合わせたいポイントだ。97年に消費税が3％から5％に上がった後、他の税収が軒なみ減って税収全体が減少した理由も考えさせたい。（最大限は法人税）

■学習課題 No.54
社会保障と私たち

1. けがや病気で医者へ行く時、君は何を持っていくか。その理由は？

   ①保険料を納め続ければ必要な医療を誰もが低額で受けられる制度を〈　　　　〉保険という。（1961年実施 沖縄は73年）次の〈　〉に予想数字を入れ、気づくことを言おう。

   ・1973年 ⟶ ・2010年

女性平均寿命76.02歳	女性平均寿命②〈　　　〉歳
国民健康保険1人当たりの医療費2.9万円	同じく③〈　　　〉万円
70歳以上の老人医療費無料化（83年に廃止）	

   ・国が①など社会保障の充実に努力すべき根拠を調べ、次の〈 〉に語句を入れよう。

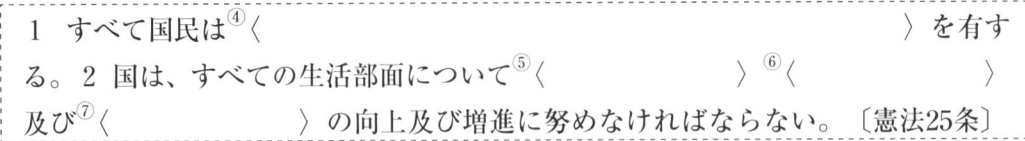

   > 1 すべて国民は④〈　　　　　　　　　　　　　　　〉を有する。 2 国は、すべての生活部面について⑤〈　　　　　〉⑥〈　　　　　〉及び⑦〈　　　　　〉の向上及び増進に努めなければならない。〔憲法25条〕

2. 社会保障とは何か。□中の語句を選んで〈 〉に入れ、役割の違いを考えよう。

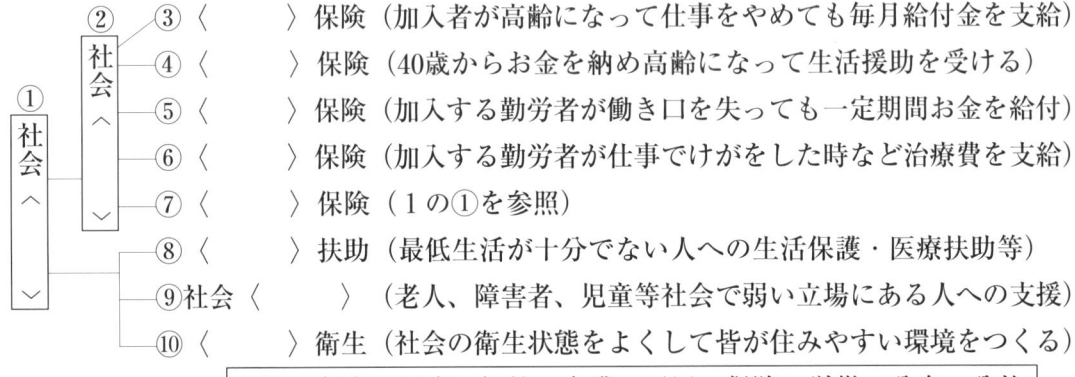

   ①社会〈　〉
   ②社会〈　〉
   ③〈　　　〉保険（加入者が高齢になって仕事をやめても毎月給付金を支給）
   ④〈　　　〉保険（40歳からお金を納め高齢になって生活援助を受ける）
   ⑤〈　　　〉保険（加入する勤労者が働き口を失っても一定期間お金を給付）
   ⑥〈　　　〉保険（加入する勤労者が仕事でけがをした時など治療費を支給）
   ⑦〈　　　〉保険（1の①を参照）
   ⑧〈　　　〉扶助（最低生活が十分でない人への生活保護・医療扶助等）
   ⑨社会〈　　　〉（老人、障害者、児童等社会で弱い立場にある人への支援）
   ⑩〈　　　〉衛生（社会の衛生状態をよくして皆が住みやすい環境をつくる）

保険・年金・医療・福祉・介護・雇用・保障・労災・公衆・公的

   ※分かることは何か。

3. 訪問介護ヘルパーの実態から気づくことは？（相手に応じ「25〜45分」「60〜70分」程度の2区分で仕事）
   ・仕事内容（例）《調理・掃除・買い物・世間話・健康観察・洗濯と干し物等》
   ・平均年収約206万円（2010年）　　・非正規労働者の割合は56.6%

   （『高齢者分野の介護労働実態報告書』中間報告）

   ※福祉の現場へ行った人は、感じたことを発表しよう。

第1章 学習課題とその展開　社会保障と私たち

授業のねらい

身近な健康保険証から医療保険が果たす役割を想起し、日本では憲法25条を基に多様な社会保障制度があることを理解して、その良さや課題を共有しつつ今後の方向を学びあう。

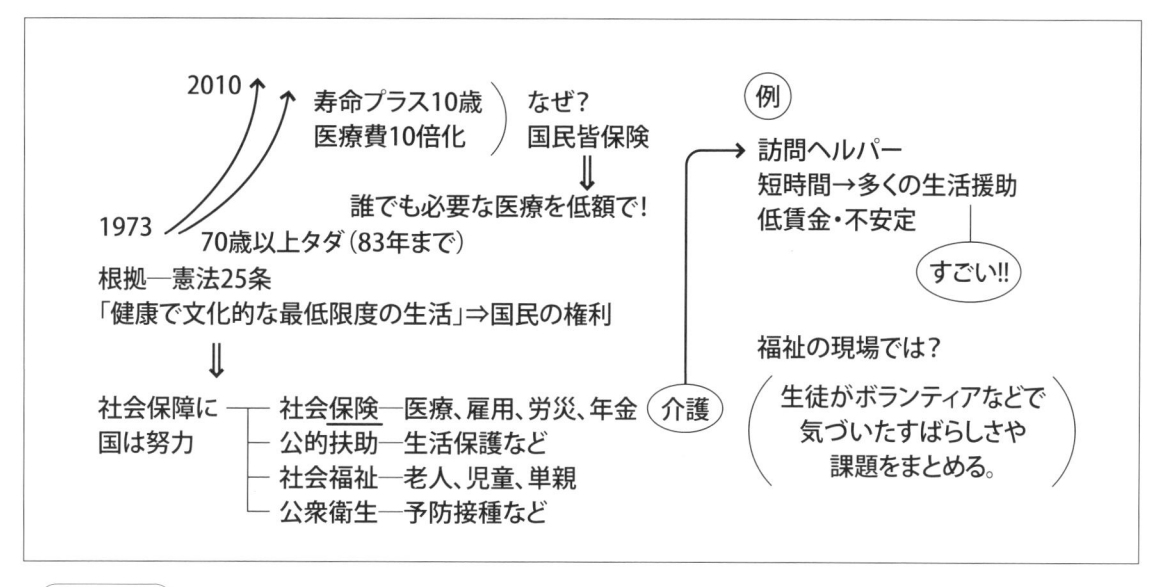

板書

```
                2010↗
             ↗     寿命プラス10歳    なぜ？        例
                    医療費10倍化     国民皆保険    →訪問ヘルパー
                                       ↓            短時間→多くの生活援助
                    誰でも必要な医療を低額で！       低賃金・不安定
     1973  70歳以上タダ（83年まで）
                                                            すごい!!
  根拠──憲法25条
  「健康で文化的な最低限度の生活」⇒国民の権利
                ↓                          福祉の現場では？
  社会保障に ┬ 社会保険──医療、雇用、労災、年金     生徒がボランティアなどで
  国は努力  ├ 公的扶助──生活保護など    介護  気づいたすばらしさや
            ├ 社会福祉──老人、児童、単親         課題をまとめる。
            └ 公衆衛生──予防接種など
```

解答

▲1.お金の他に健康保険証　医療費が原則として3割負担（7割引き）　①医療　②86.3（厚労省「簡易生命表」）③29.9（沖縄県健康保険課）　寿命は10年以上、医療費は10倍以上の伸び　④健康で文化的な最低限度の生活を営む権利　⑤社会福祉　⑥社会保障　⑦公衆衛生　2.①保障　②保険　③年金　④介護　⑤雇用　⑥労災　⑦医療　⑧公的　⑨福祉　⑩公衆・弱者や収入の乏しい人を保護　3.低賃金・不安定な待遇の中、短時間で介護体験を発表させ、その重要性と課題を考察

【チェックテスト】No.54　　組　　　名前

◆次のひらがなを漢字に直せ。
①ろうさい〈　　　〉保険　②こよう〈　　　〉保険
③社会ふくし〈　　　〉④社会ほしょう〈　　　〉
⑤公的ふじょ〈　　　〉⑥公衆えいせい〈　　　〉

◆関係ある語句を互いに線で結べ。
⑦医療保険　　・　　　　・健康で文化的な最低限度の生活
⑧介護保険　　・　　　　・高齢になってからの現金支給
⑨憲法25条　　・　　　　・健康保険証の活用・国民皆保険
⑩年金保険　　・　　　　・ヘルパーによる生活援助等

《チェックテスト解答》
①労災　②雇用　③福祉　④保障　⑤扶助　⑥衛生　⑦健康保険証─　⑧ヘルパーによる─　⑨健康で─　⑩高齢に─

※保険証は実物を提示。社会福祉は25条2で第一に記される社会的弱者への施策で、社会保険には被保険者の自己負担がある。それらをふくむ2②～⑩全体が社会保障。相互の区別と関連を押さえたい。

■学習課題 No.55

社会保障と財政を考える

1. 教科書等のグラフから社会保障関係費の変化を読みとり、気づくことを発表しよう。

・その中で国民の負担は？〈予想〉　〈A〉増えてきた（　）・〈B〉減ってきた（　）

	項　　目	1988年	現　　在
医療	①サラリーマン本人窓口負担	費用の1割	費用の〈　〉割
同	②70歳以上窓口負担	外来 月800円	費用の〈　〉割
年金	③厚生年金支給開始年齢	60歳	〈　　〉歳
同	④国民年金保険料	月7700円	月〈　　　〉円
福祉	⑤特別養護老人ホーム待機者	2万人	〈　　〉万人

＜上の表から分かること＞

2. では、今後の社会保障費は？—どちらかを選び、資料や学んだことを元に話しあおう。

〈A〉抑える—社会保障を受ける人がもう少し自己負担してもよい。それでも足りない分は消費税を増やし、全国民で痛みを分けあう。社会保障費の伸びを抑えれば、国の借金も少しずつ減り、様々な事業が行えて仕事も増える。すると景気もよくなって、自分達の将来も安心だ。

〈B〉抑えない—戦車や米軍への費用・政党助成金等をまず削る。その分社会保障・教育を充実し人を多く雇えば、給料が増え消費も増えて好況となり税収も増えて国の借金が減る。また消費税ではなく累進課税を強め、今まで減らしてきた大金持ちへの税率を元に戻す。

①はじめの自分の考え—〈　　　〉

②話しあった後の自分の考え—〈　　　〉

③話しあってよかったことは？

第1章 学習課題とその展開　社会保障と財政を考える

授業のねらい

社会保障関係費が急増する一方、国民負担も増えていることを知り、今後の社会保障費を抑えるか抑えないか、財源・国債の問題等もふくめて多面的に論じあう。

板書

```
社会保障関係費─急増　国民も負担増　今後はどうすれば？

　　〈抑える〉　　　　　　　　　〈抑えない〉

        ┌──────────────────────────┐
        │ それぞれの意見を板書、または生徒自身に板書させる │
        └──────────────────────────┘

                                    〈話しあってよかったこと〉
  財源は？、誰が負担？              ┌──────────┐
  国債費を減らすこととどう両立？    │ 生徒の感想を板書 │
                                    └──────────┘
```

解答

▲1.はじめ伸びが緩やか、やがて急増　①3　②1　③65　④1万5100　⑤42　2.教科書や資料集等は自由に参照、No.7「少子高齢化社会を迎えて」・No.53「税制のあり方」・No.54「社会保障と私たち」等の既習学習も想起させる。まずは個人で考えを①に記入し、班または全体での話し合いにつなげたい。授業の残り時間が7分くらいになったところで②や③に記入。最後は数名に発表させ、授業後は生徒からシートをいったん回収して各意見に目を通す。代表的な意見は印刷して、次時の冒頭にクラスで読みあわせたい。

【チェックテスト】No.55　　組　　　名前

①社会保障関係費はどう変化しているか。問題点は？

②社会保障の国民負担はどう変化したか。問題点は？

③社会保障費を抑えるか抑えないか。理由も記そう。

◆ひらがなを漢字に直そう。
④ざいげん〈　　　　　〉
⑤ねんきん〈　　　　　〉⑥るいしん課税〈　　　　　　〉
⑦しょうひぜい〈　　　　　　〉　（①②③は各20点）

《チェックテスト解答》
①急増　財源不足　②増加　弱者への負担増　③各自　④財源　⑤年金　⑥累進　⑦消費税
※結論をまとめる必要はない。視野を広げ、認識を深めるのである。「なので」「でも」「そこで」等の語句を使い、相手の意見をふまえてどう考えを深めるか、事実に基く論理の力を学びあいの中で伸ばし評価につなげたい。

■学習課題 No.56
変化する世界

1．1926年、領土の広さが世界一の国名を右のグラフに記入せよ。
　①なぜ世界一か。この国の東半球の領土を下の地図に着色して考えよう。（『日本国勢図絵』昭和2年・13年版 国名を一部改変）

　②この国の現代の領土はどう変わったか。地図帳を開いて読みとろう。

・1927年には③〈　　　　〉であった世界の独立国の数は、現在約④〈　　　　〉となった。世界中に広がっていた植民地は、現在ほぼ⑤〈　　　　〉になったとされる。
　⑥第2次大戦後の世界では、人権・平和・交流等の点で他にどんな進歩があったか。

2．その現代世界と国々のありさまについて、□から適切な語句や数字を選んで記入しよう。
　①アメリカ人一人あたりの炭酸飲料消費量は年間約〈　　　　〉ℓである。（2005年）
　②日本との貿易額が最も多い国は〈　　　　〉である。（2011年）
　③〈　　　　〉は世界で5番目に軍事費の多い国だ。（「ミリタリーバランス」12年版）
　④現在、外国に軍隊を出して戦争をしている国は〈　　　　〉だけである。
　⑤現代世界で労働する児童の数は約〈　　　　〉人である。（2009年 ユニセフ）
　⑥世界の宗教人口の33％・約23億人は〈　　　　〉教徒である。（2009年）
　　キリスト・日本・アメリカ・中国・1億5千万・204

3．現代世界には、解決すべきどんな問題があるか話しあおう。教科書等でも調べよう。

第1章 学習課題とその展開　変化する世界

授業のねらい

1920年代の地図と対比してその後の国際社会に起きた変化をとらえ、現代世界と国々の特色の一端を理解した上で、解決すべきどんな問題があるかを、既習知識を生かして学びあう。

板書

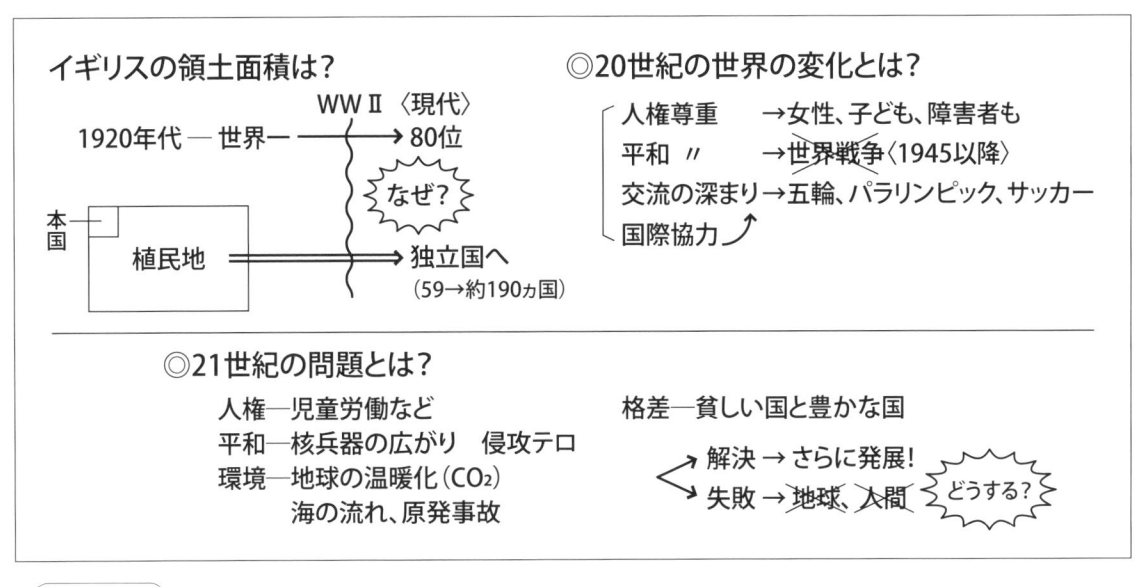

```
イギリスの領土面積は?              ◎20世紀の世界の変化とは?
                WWⅡ〈現代〉        ┌人権尊重　→女性、子ども、障害者も
1920年代―世界一→80位             │平和　〃　→世界戦争〈1945以降〉
              〰〰 なぜ?           │交流の深まり→五輪、パラリンピック、サッカー
 本国                              └国際協力 ↗
  ┌─┐
  │植民地│→→→独立国へ
  └─┘    (59→約190ヵ国)

       ◎21世紀の問題とは?
       人権―児童労働など         格差―貧しい国と豊かな国
       平和―核兵器の広がり　侵攻テロ
       環境―地球の温暖化(CO₂)    →解決→さらに発展!
            海の流れ、原発事故    →失敗→地球、人間 どうする?
```

解答

▲1.①イギリス　世界各地に広大な植民地をもっていたから　②植民地がほぼ独立し、本国だけとなる　③59　④190　⑤ゼロ　⑥世界人権宣言、国際人権規約、女性差別撤廃条約、子どもの権利条約等人権保障の国際化、世界戦争と核使用の防止、国際連合の権限強化、国際支援の発展、オリンピックやパラリンピックの広がり等＝発言を生かして板書　2.①204　②中国　③日本　④アメリカ　⑤1億5千万　⑥キリスト　3.核問題・温暖化など適宜

【チェックテスト】No.56　組　　　名前

◆70年前と現代世界を対比して増・減の語を入れよ。
①植民地〈　　　〉②西欧諸国の領土〈　　　〉③独立国の数〈　　　〉④世界的戦争〈　　　〉⑤国々の交流〈　　　〉

◆正しい文には○、間違っている文には×をつけよ。
⑥日本との貿易額が最も多い国はアメリカだ。（　　）
⑦日本は平和主義なので軍事費は世界15位だ。（　　）
⑧労働する児童は現代世界で1億人以上いる。（　　）

◆現代世界にある解決すべき問題を2つ書け。
⑨　　　　　　　　　　⑩

《チェックテスト解答》
①減　②減　③増　④減　⑤増　⑥×　⑦×　⑧○　⑨⑩は各自
※独立、人権、平和、交流……それらの点で、現代世界が大きく前進したことは確かである。だが、そこには人類衰亡や地球破壊につながりかねない問題も多く生まれた。本時は、その両面をとらえさせて以後の学習でその解決法をさらに深く考えさせたい。

■学習課題 No.57
国家と領域

1. 右の写真から気づくことを言おう。

   これは①〈　　　　　　〉である。
   （場所は北緯20度・東経135度）

   画像提供：国土交通省関東地方整備局京浜河川事務所
   撮影年月：昭和62年10月

   ②日本は①を「島」といい、中国・韓国は「岩」という。君の意見は？〈島・岩〉

国連海洋法条約（1982年）121条（やさしく書き直し）
1　島とは自然にできた地形で、水に囲まれ満潮の時でも水面上にあるものをいう。
3　人が住んだり生活できない岩は、排他的経済水域や大陸棚をもつことができない。

   ③これが「岩」とされると、日本にとってどんな困ったことが起きるか。

   ④やはり領土問題がある次の地域を地図帳で探し、相手の国名を〈　〉に入れよう。
   　1ー 尖閣諸島　　　　　2ー 竹島　　　3ー 歯舞諸島・色丹島・千島列島
   　〈　　　〉〈　　　〉と　〈　　　〉と　〈　　　〉と

2. 国の領域とはどこまでか。□から語句を選んで右の図に記入しよう。 領海・排他的経済水域・領土・領空
   ・図のように他国に支配されない領域を持ち、そこで独自に政治を行う権利を⑤〈　　　　　〉という。そうした力を持つ国家を⑥〈　　　　　〉とよぶ。
   ・これらのことは国々の協議を通して共通理解されてきた。そのようにして形成された世界的ルールをまとめて、⑦〈　　　　　〉法という。

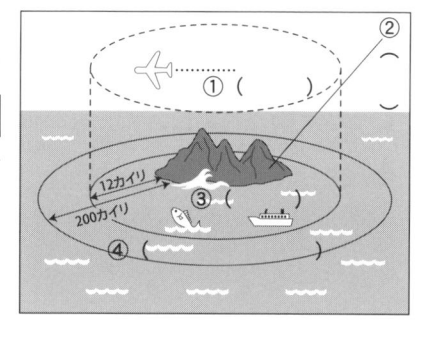

3. ならば、①どこの国の領域にも属さない海洋はあるか。〈ある・ない〉＝〈　　　〉海
   ②どこの国にも属さない広い陸地（日本の約38倍）はどこか。②〈　　　　　　　　〉
   ③②はなぜそうなったのか。予想の後に調べよう。

第1章 学習課題とその展開　国家と領域

授業のねらい

沖ノ鳥「島」や日本の領土問題について考える中から国家主権や領域・国際法についての理解を深める一方、広大な南極が国々の合意で人類の共同利用地とされている意味を考える。

板書

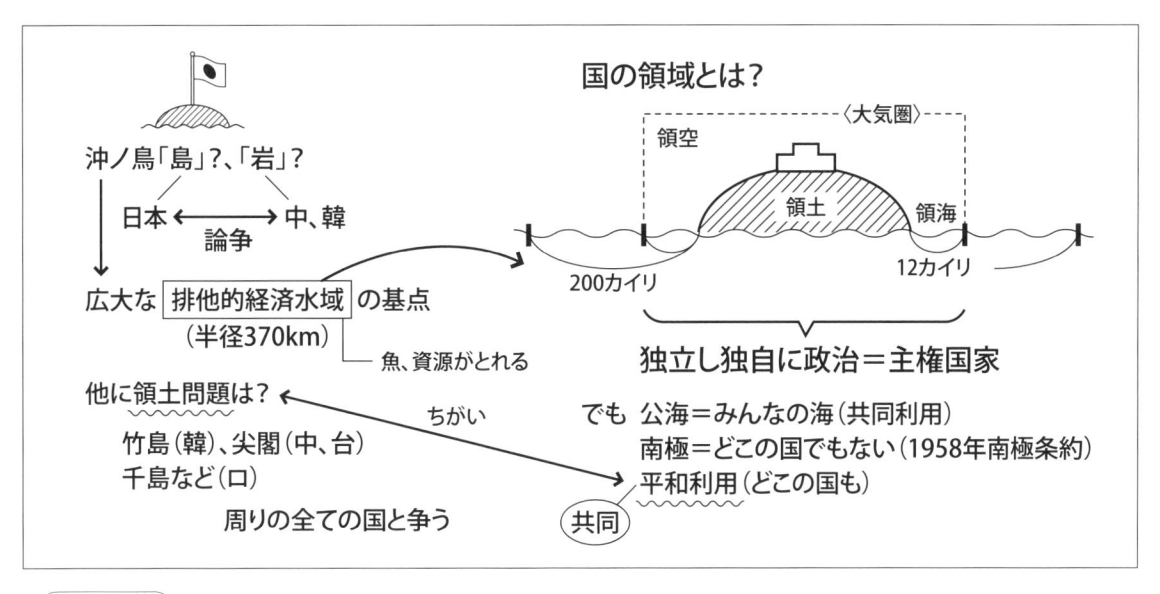

```
沖ノ鳥「島」?、「岩」?              国の領域とは?
    ↓                                        〈大気圏〉
  日本 ←論争→ 中、韓              領空┌─────────┐
    ↓                                 │    ┌─┐    │
広大な 排他的経済水域 の基点          │   領土     │領海
   （半径370km）              ───────┤            ├───
           ↓  魚、資源がとれる     200カイリ        12カイリ
他に領土問題は?    ちがい        独立し独自に政治＝主権国家
  竹島（韓）、尖閣（中、台）
  千島など（ロ）              でも 公海＝みんなの海（共同利用）
                               南極＝どこの国でもない（1958年南極条約）
      周りの全ての国と争う  共同  平和利用（どこの国も）
```

解答

▲1.海中に小さい岩 ①沖ノ鳥島（周囲の防波工事施行以前）―地図帳で経緯度から確認。②各自 日本は海洋法条約の1を根拠に「島」と主張。中韓は3により「岩」と主張 ③「岩」であれば日本は半径200浬（約370km）の円内の資源・魚への優先権を失う。④1 中国・台湾 2 韓国 3 ロシア 2.①領空 ②領土 ③領海 ④排他的経済水域 ⑤主権 ⑥主権国家 ⑦国際 3.①ある＝〈公〉海 ②南極大陸 ③南極条約（1959年）で12カ国が合意したため

【チェックテスト】No.57　組　　　名前

◆次の地域には、どこの国との間で領土問題があるか。
①竹島〈　　　　〉②尖閣諸島〈　　　　〉〈　　　　〉③千島列島等〈　　　　〉〈10点×4〉

◆岩か島か問題となっているのは④〈　　　　　　〉だ。

◆適切な語句を下の〈　〉に入れよ。
⑤独立して自国の政府が政治を行う国〈　　　　　〉
⑥その国の主権が及ぶ海〈　　　　　〉⑦その国の主権が及ぶ空〈　　　　　〉⑧その国が魚や海底資源等を獲る権利を持つ水域〈　　　　　〉⑨外国に支配されている国や地域〈　　　　　〉

《チェックテスト解答》

①韓国 ②台湾・中国 ③ロシア ④沖ノ鳥島 ⑤主権国家 ⑥領海 ⑦領空 ⑧排他的（200カイリ）経済水域 ⑨植民地

※条約でどこの国も平和利用することを決めた南極、何カ国かで領有権を争う尖閣・竹島・千島等の地域。これまでの歴史を想起させつつ、それらを対比的に扱うことで多面的に領土問題を考えさせたい。

■学習課題 No.58
国際連合の役割

〈A〉

1 〈A〉中の○にカタカナ2文字を入れよう。分かることは？

①よびかけたのは〈　　　　　〉である。なぜだろうか。

②〈B〉はその組織の旗である。気づくことを言い、この組織の目的を考えてみよう。（憲章も参照）

〈B〉

③国際〈　　　　〉―1920年設立⇒国際〈　　　　〉―1945年設立　どちらが結びつきが強いだろうか。

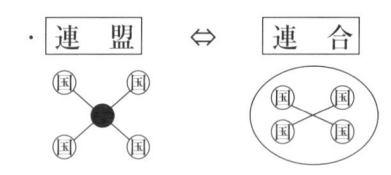

・ 連盟 ⇔ 連合

2．国連のしくみや活動について適切な語句を下の□から選ぼう。（【　】―文字・〈　〉―英字）

① 【　　　】―② 【　　　　　　　】ＵＮＩＣＥＦや国連大学など
　各国1票で多数決　　●経済社会理事会―③ 国連教育科学文化機関〈　　　　　〉
　年に1度開催　　　　　　　　　　　　　④ 世界保健機関〈　　　　〉等の専門機関
　　　　　　　―⑤ 【　　　　　】理事会―紛争解決・戦争防止のために活動
　　　　　　　　　　　　　　　　　⑥ 【　　　】理事国（5カ国）が中心。
　　　　　　　　　　　　　　　　　⑦ その国名【　】【　】【　】【　】【　】
　　　　　　　　　　　　　　　　　（さらに任期2年の非常任理事国10カ国を置く）
unicef　②のマーク　　　　　　　⑧ 平和維持活動〈　　　　〉等を行う。

※⑤での決定は⑦のうち一国でも反対すると不成立―⑨「五大国〈　　　　〉の原則」
　⑦の国々に特別に与えられたこうした権利を⑩〈　　　　〉権という。

| 一致・安全保障・国連児童基金・総会・拒否・常任・米・英・ロ・仏・中・WHO・PKO・UNESCO |

⑪上の4つの組織のうち、その活動が多数の国に支持される3つに○をつけよう。
　（②③④⑤）

⑫他の一つの活動に対し、時に反対する国が出るのはなぜか。

⑬これから国連は何を重点に活動したらよいか。自分の考えを発表しよう。

第1章 学習課題とその展開　国際連合の役割

授業のねらい

国際年を実施する意義を考え旗のデザインを読み解く中で、戦後つくられた国際連合の理念や特色を知り、活動の様々な側面への理解を深めて今後の方向について自分の意見を持つ。

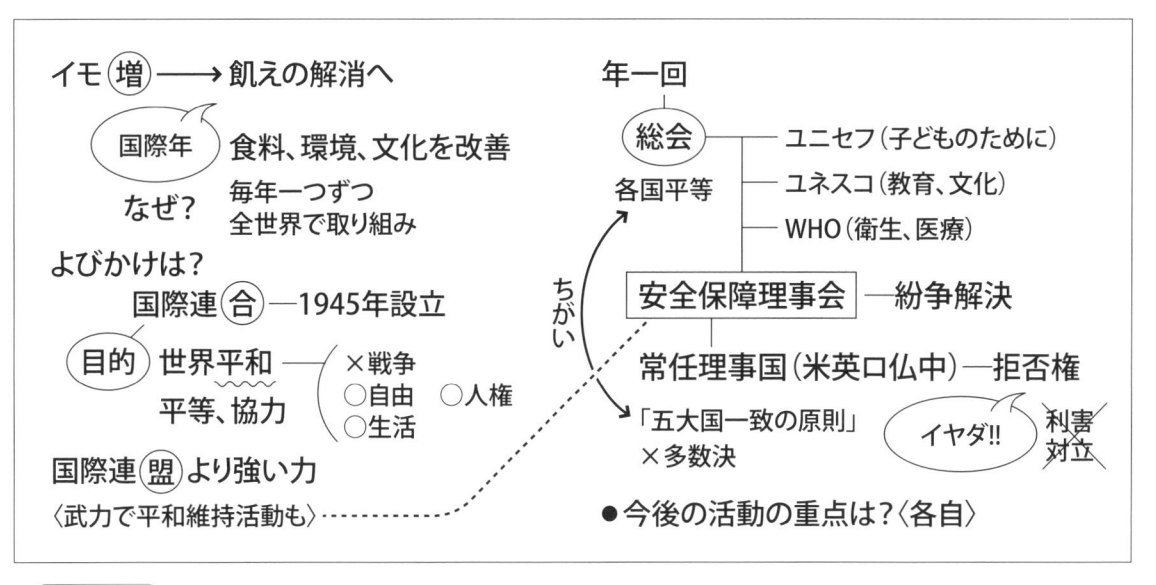

板書

```
イモ㊡ ──→ 飢えの解消へ           年一回
  ┌国際年┐食料、環境、文化を改善    総会 ─┬ユニセフ（子どものために）
  なぜ？  毎年一つずつ              │    ├ユネスコ（教育、文化）
         全世界で取り組み       各国平等  └WHO（衛生、医療）
よびかけは？                     ↑
   国際連㊐─1945年設立         ち
  ┌目的┐世界平和─×戦争        が  安全保障理事会─紛争解決
        平等、協力 ○自由 ○人権 い  常任理事国（米英ロ仏中）─拒否権
                  ○生活         ↓
 国際連㊋より強い力              「五大国一致の原則」┌イヤダ!!┐利害
 〈武力で平和維持活動も〉‥‥‥‥‥  ×多数決                     対立
                                ●今後の活動の重点は？〈各自〉
```

解答

▲1. イモ 世界でもっと作ろうとよびかけ ①国際連合 増産すれば世界の飢えの解消に役立つ（他の国際年の意義も説明）②地球を囲むオリーブ⇒平和（×戦争・○自由・○人権向上・○生活向上）中心国のない地図⇒国々の平等　③「盟」は個々の国の結びつき・同盟⇒「合」はさらに一体化　2. ①総会 ②国連児童基金 ③UNESCO ④WHO ⑤安全保障 ⑥常任 ⑦米英ロ仏中 ⑧PKO ⑨一致 ⑩拒否 ⑪②③④ ⑫利害の不一致 ⑬各自

【チェックテスト】No.58　組　名前

◆当てはまる語句を下の□から選んで記入せよ。
・戦前の国際①〈　　　〉から戦後の国際②〈　　　〉へ　③年に1回開催―国連〈　　　〉④国際児童基金〈　　　〉⑤世界保健機構〈　　　〉⑥国連教育科学文化機関〈　　　〉⑦平和維持活動〈　　　〉⑧〈　　　〉理事会―常任理事国→⑨その国名〈　〉〈　〉〈　〉〈　〉〈　〉―どこか1国でも⑩〈　　　〉権を使えば、決議は不成立

米・英・ロ・仏・中・連盟・拒否・常任・総会・連合・安全保障・WHO・PKO・UNESCO・UNICEF

《チェックテスト解答》
①連盟 ②連合 ③総会 ④UNICEF ⑤WHO ⑥UNESCO ⑦PKO ⑧安全保障 ⑨米英ロ仏中 ⑩拒否

※五大国一致が安保理の原則であるのに対し、総会は全参加国平等の原則で方針を決め決議を行う。大国中心と平等主義の並列である。近年の国連は市民活動の支援を重視し、人権侵害の告発にも対応する。

■学習課題 No.59

「国」を超える共同

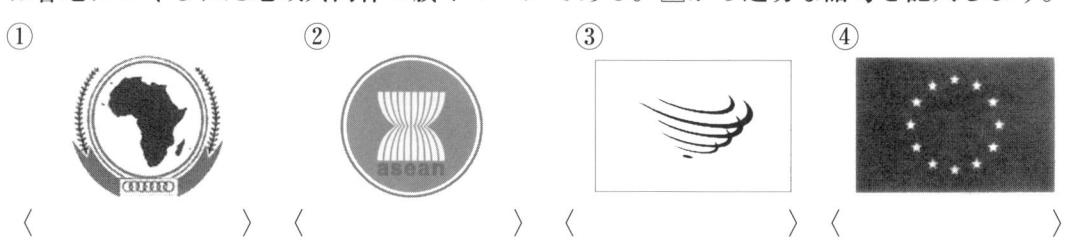

1．国々が各地域ごとにまとまり協力しようとする動きを〈　　　〉主義という。①〜④は各地につくられた地域共同体の旗やマークである。□から適切な語句を記入しよう。

①　　　　　　　②　　　　　　　③　　　　　　　④

〈　　　　　　　〉〈　　　　　　　〉〈　　　　　　　〉〈　　　　　　　〉

| 東南アジア諸国連合・ヨーロッパ連合・アフリカ連合（AU）・南米諸国連合（UNASUR） |

②の略称は⑤〈　　　　〉で、④の略称は⑥〈　　　　〉である。⑦第一次・第二次世界大戦で死闘を展開した⑥内の国々が和解するため、ドイツは何をしただろうか。

・こうしてできた⑥に生じた〈よい点〉　　　・〈問題点〉

2．右のマークは、上の①〜④と何が違うか。

①APECとは〈　　　　　　　　　〉の略称である。それはどんなものか。

②地域主義を越えた協定には他に何があるか。教科書等で調べよう。

3．では、東アジアにある4カ国とは？〈　　　〉〈　　　〉〈　　　〉〈　　　〉

①右下のグラフのアジアに関する部分に着色し、気づくことを言おう。

②他の地域に続き、この4カ国の間で「東アジア共同体」はできるか。意見を発表して考えあおう。

日本の輸出入金額に占める国別割合（2011年）

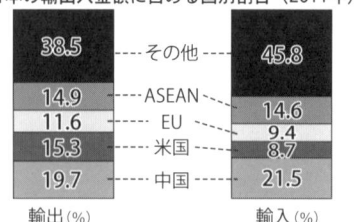

	輸出(%)	輸入(%)
その他	38.5	45.8
ASEAN	14.9	14.6
EU	11.6	9.4
米国	15.3	8.7
中国	19.7	21.5

（財務省「貿易統計」を基に作成）

第1章 学習課題とその展開　「国」を超える共同

授業のねらい

世界にはどんな地域共同体が生まれたかを知り、EUを例にそのよい点や問題点を理解して、地域を超えて広がる協定にも目を向けて東アジア共同体形成の可能性を考えあう。

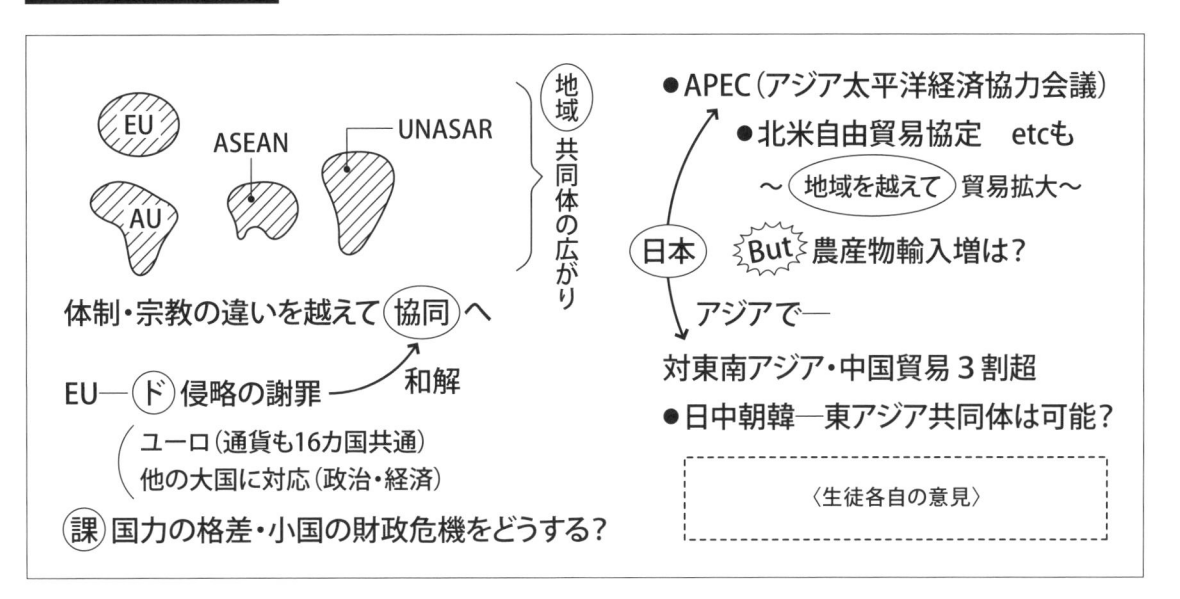

板書

```
   EU    ASEAN   UNASAR  ┐地域        ● APEC（アジア太平洋経済協力会議）
                          │共          ● 北米自由貿易協定  etcも
   AU                     │同体        ～（地域を越えて）貿易拡大～
                          │の
                          │広がり   日本  But 農産物輸入増は？
  体制・宗教の違いを越えて（協同）へ  ↓
                                    アジアで―
  EU―（ド）侵略の謝罪―→和解         対東南アジア・中国貿易3割超
    ┌ユーロ（通貨も16カ国共通）     ● 日中朝韓―東アジア共同体は可能？
    └他の大国に対応（政治・経済）
  （課）国力の格差・小国の財政危機をどうする？   〈生徒各自の意見〉
```

解答

▲1.地域 ①アフリカ連合 ②東南アジア諸国連合 ③南米諸国連合 ④ヨーロッパ連合 ⑤ASEAN（太陽を背に10本の稲の束＝国々が団結）⑥EU ⑦ヒトラーによる侵略と虐殺の謝罪 ㋵往来自由 共通通貨（16カ国）・産業協力等で大国に対抗、㋻域内格差 一部の国の財政危機 2.世界と日本を記載 ①アジア太平洋経済協力会議、関係国の経済協力の拡大（貿易品をめぐり対立も）②各自 3.日中朝韓 ①どちらもアジアが3割強 ②各自

【チェックテスト】No.59　組　　　名前

◆各地域共同体の略称を□から選んで記入せよ。
①南米諸国連合〈　　　　　〉②ヨーロッパ共同体〈　　　　　〉③アフリカ連合〈　　　　　〉
④東南アジア諸国連合〈　　　　　〉

　　AU・ASEAN・EU・UNASUR

◆日本が加盟したものに○、それ以外には×をつけよ。
⑤東アジア共同体（　）⑥北米自由貿易協定（　）⑦アジア太平洋経済協力会議（　）⑧ASEAN（　）

⑨上の⑦の略称は〈　　　　〉だ。⑩東アジアには日本の他に〈　　〉〈　　〉〈　　〉の3国がある。

《チェックテスト解答》
①UNASUR ②EU ③AU ④ASEAN ⑤× ⑥× ⑦○ ⑧× ⑨APEC ⑩中国・韓国・北朝鮮

※共同が広がり深まる中で格差・矛盾も生じるが、それを解決してまた協力がすすむ。地域共同体を超えた各種の貿易協定も、様々な矛盾をふくみつつ広がっていることに気づかせ問題点も考えさせたい。

■学習課題 No.60
戦争とテロの連鎖

1. 比べて気づくことを発表しよう。〈A〉〈B〉ではそれぞれ誰が誰を攻撃したか

〈A〉1941年―航空機によるハワイ米軍基地の攻撃（太平洋戦争）

（写真提供：共同通信社）

〈B〉2001年―航空機の自爆によるニューヨークのビルの破壊（同時多発テロ）

（©2013 The New York Times）

2. 〈B〉の後、アメリカはどこの国に侵攻したか。
　①2001年から〈　　　　　〉へ　②2003年から〈　　　　〉へ
　〈一人当たりGDP（08年）アメリカ―45230ドル　①―466ドル　②―788ドル〉
　③これは何か。①の戦争での使い方は？

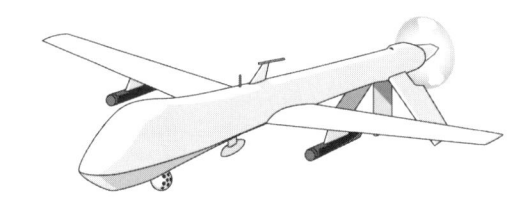

　④ ①の戦争からどんな問題が生じているか
　　現地で活動する団体代表の国会での意見(要旨)から考えよう。⑤こうした民間団体を〈　　　　　〉＝略称〈　　　　〉とよぶ。

> 私は一昨日までアフガンのある干ばつ地帯で土木作業をやっていた。数十万人が冬を越せないだろうという状況だ。食物の自給こそアフガンの命をにぎる問題なので5年前から用水路の建設に着手し、現在20kmを完成させつつある。一方、外国軍の空爆は外国兵の戦死者の百倍の農民を殺し、復讐を誓うその家族たちが日々自爆要員として拡大再生産されている。　（2008年11月）

3. 他に世界のどこでどんな戦争・紛争が起きているか。教科書等の資料から挙げよう。

第1章 学習課題とその展開　戦争とテロの連鎖

授業のねらい

二つの資料を対比して現代の戦争の"非対称"性・無差別性に気づき、米軍による軍事対応がさらにどんな問題を生み出すかを考えて民族紛争・内戦が広がる世界の現状を理解する。

板書

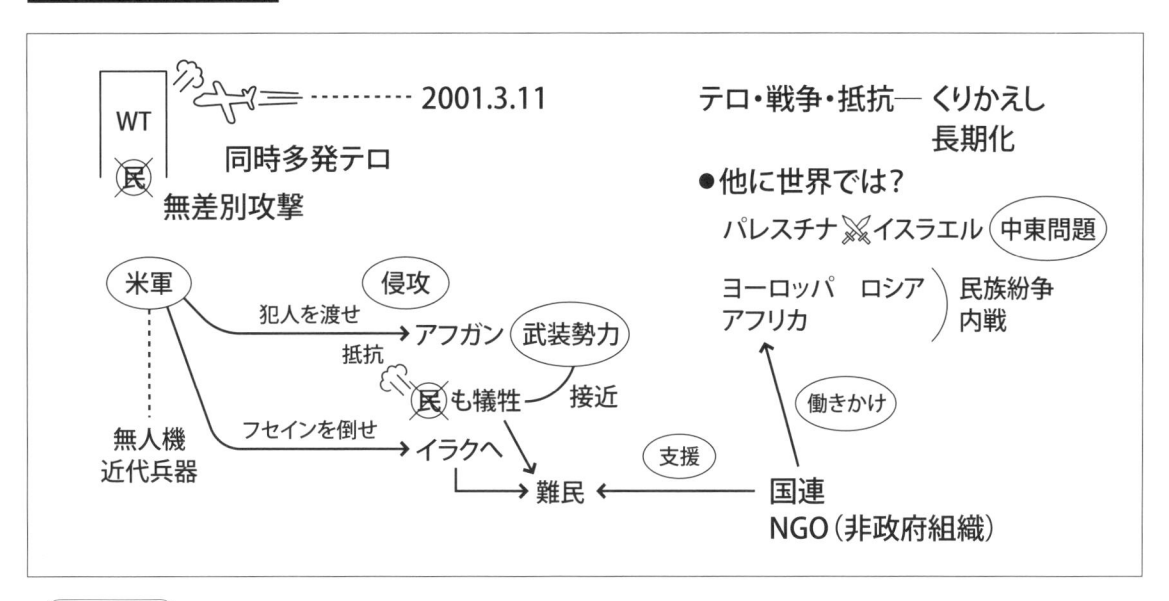

```
[WT ✈------- 2001.3.11        テロ・戦争・抵抗―くりかえし
 民✕] 同時多発テロ                        長期化
      無差別攻撃            ●他に世界では？
                             パレスチナ⚔イスラエル（中東問題）
 (米軍) ─犯人を渡せ→ アフガン (侵攻)
                    抵抗   (武装勢力)    ヨーロッパ ロシア ）民族紛争
         ↘         民✕も犠牲─接近          アフリカ      ）内戦
 無人機    フセインを倒せ                              ↑
 近代兵器   →イラクへ    (支援)            (働きかけ)
              ↘難民 ←                    国連
                                         NGO（非政府組織）
```

解答

▲1.軍艦やビルが激しく炎上〈A〉は日本軍が米軍を、〈B〉は外国人集団が米国市民を攻撃 軍対軍の戦争から民対民の殺傷へ 2.①アフガニスタン―テロ集団を支援したとの理由 ②イラク―独裁を倒し大量破壊兵器を除くとの理由 ③無人機 米本国で画像を見ながら操縦し、現地の「敵」にミサイル発射（安価で戦死も減るが「誤爆」が多い）④罪なく殺された人々の関係者がさらに米軍を攻撃する連鎖 ⑤非政府組織・NGO 3.中東問題等各種

【チェックテスト】No.60　組　　名前

◆戦争・抗争について適切な語句を□から記入せよ。
①米軍の侵攻先〈　　　〉〈　　　　　　〉②米国の被害〈　　　　　〉③パレスチナ対イスラエル〈　　　　　　〉④ソマリア〈　　　　　　〉

| 内戦と海賊・イラク・同時多発テロ・中東問題・アフガン |

◆次のひらがなを漢字に直せ。
⑤みんぞくふんそう〈　　　　　　〉⑥なんみん〈　　　　〉⑦ひんこん〈　　　　〉⑧じばくテロ〈　　　　〉⑨ひせいふそしき〈　　　　　　〉

《チェックテスト解答》
①イラク・アフガン ②同時多発テロ ③中東問題 ④内戦と海賊 ⑤民族紛争 ⑥難民 ⑦貧困 ⑧自爆 ⑨非政府組織
※無差別テロ・超大国軍の小国侵攻に加えて紛争・内戦が世界で多発する中で、ペシャワール会の中村哲代表が民生支援の重要性を強調していることに着目させる。なぜ侵攻でテロはなくせないのだろう。

■学習課題 No.61
核兵器の広がりと世界

1. 核兵器は何が恐ろしいか。3つ挙げよ。大型弾の威力は"広島型"の〈　　〉倍である。

・被爆国日本は、国の根本方針として次のような①〈　　　　〉三原則を定めている。
　　★核兵器を②〈　　　　〉ず、③〈　　　　〉ず、④〈　　　　〉ず。

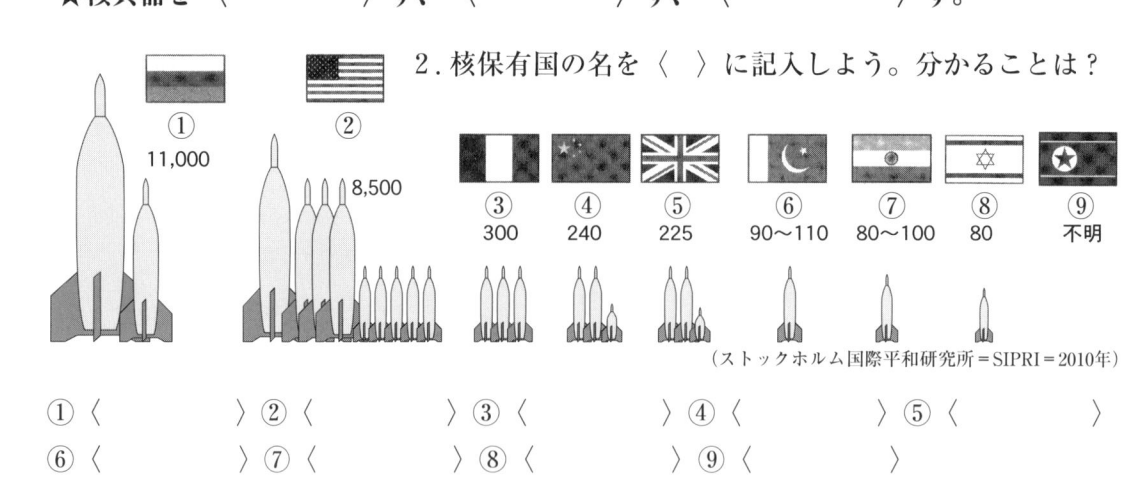

2. 核保有国の名を〈　〉に記入しよう。分かることは？

① 11,000　② 8,500　③ 300　④ 240　⑤ 225　⑥ 90〜110　⑦ 80〜100　⑧ 80　⑨ 不明

（ストックホルム国際平和研究所＝SIPRI＝2010年）

①〈　　　　〉②〈　　　　〉③〈　　　　〉④〈　　　　〉⑤〈　　　　〉
⑥〈　　　　〉⑦〈　　　　〉⑧〈　　　　〉⑨〈　　　　〉

⑩左の①〜⑤の国をふくむ190カ国は、この5カ国以外は核兵器を持たない・5カ国は核兵器を減らして無くすと決めた〈　　　　　〉条約を結んでいる。（右の4カ国は加入せず）この条約の問題点は何か。

3. 核兵器等の軍備を縮小することを①〈　　　　〉という。では、持っていた核兵器を全廃した国はあるか。②（ある・ない）君の考えを言おう。

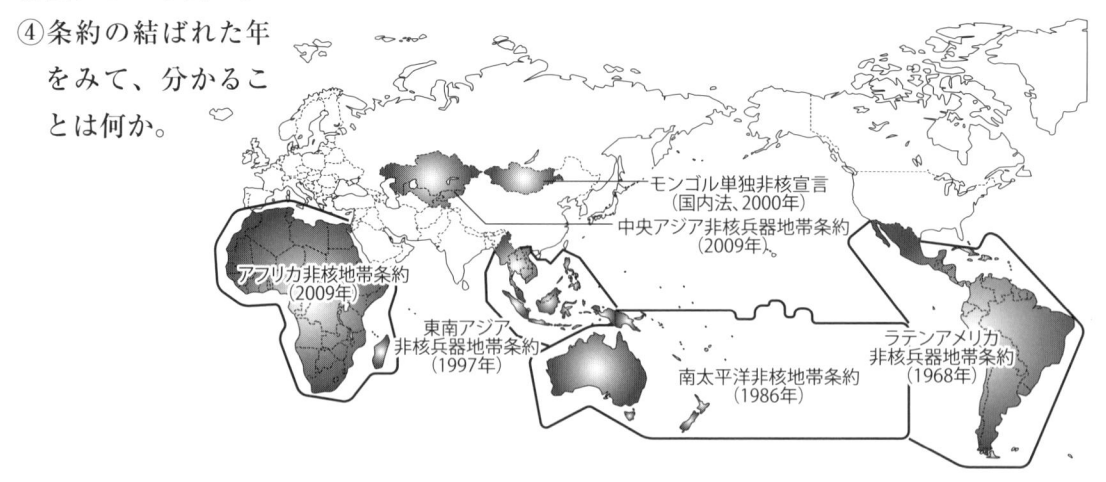

③■はどんな国々か
④条約の結ばれた年をみて、分かることは何か。

モンゴル単独非核宣言（国内法、2000年）
中央アジア非核兵器地帯条約（2009年）
アフリカ非核地帯条約（2009年）
東南アジア非核兵器地帯条約（1997年）
南太平洋非核地帯条約（1986年）
ラテンアメリカ非核兵器地帯条約（1968年）

第1章 学習課題とその展開　核兵器の広がりと世界

授業のねらい

核兵器の恐ろしさを想起して国是・非核三原則の重要性を知り、世界の核保有の現状と核拡散防止条約の関係を考えた上で、南半球から北半球への非核地帯の着実な広がりに気づく。

板書

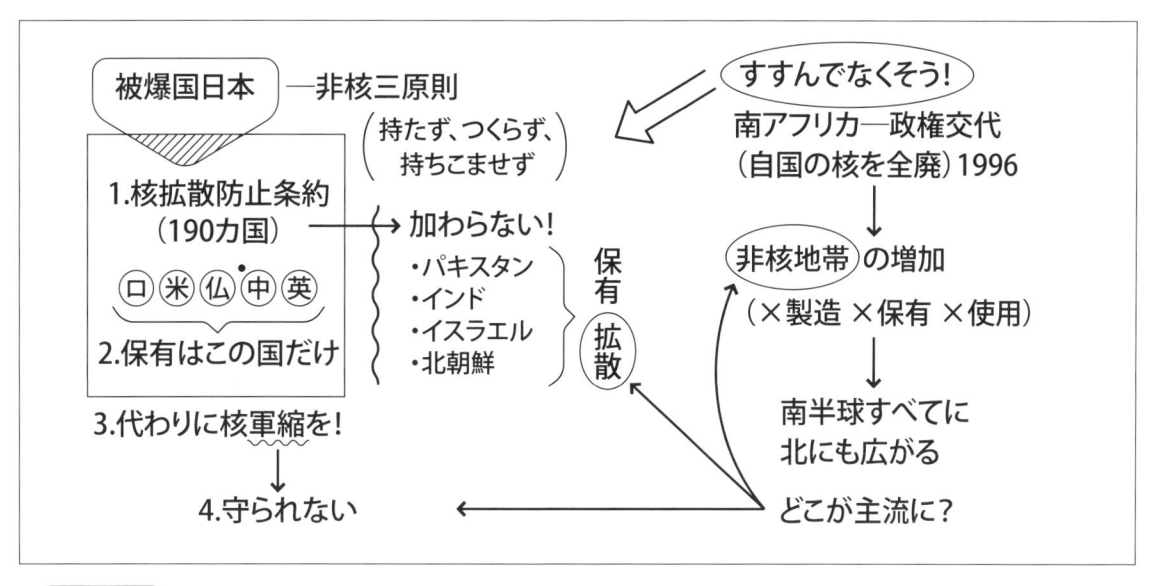

```
被爆国日本 ──非核三原則              すすんでなくそう！
         ┌─────────┐  (持たず、つくらず、    南アフリカ─政権交代
         │          │   持ちこませず)      (自国の核を全廃)1996
         │1.核拡散防止条約  → 加わらない！           ↓
         │ (190ヵ国)      ・パキスタン   保   非核地帯 の増加
         │ ロ 米 仏 中 英  ・インド      有   (×製造 ×保有 ×使用)
         │                ・イスラエル  拡           ↓
         │2.保有はこの国だけ ・北朝鮮     散   南半球すべてに
         └─────────┘                     北にも広がる
         3.代わりに核軍縮を！              どこが主流に？
                ↓
         4.守られない ←──────────────
```

解答

▲1.熱線・爆風・放射能　被害の無差別性と持続性等、4千　①非核　②持た　③つくら　④持ちこませ　2.①ロシア　②アメリカ　③フランス　④中国　⑤イギリス　⑥パキスタン　⑦インド　⑧イスラエル　⑨北朝鮮　⑩核拡散防止　非加入国に核が拡散、5ヵ国が核保有を持続　3.①軍縮　②ある　南アフリカは保有する6発全てを1996年に廃棄。非核を掲げた黒人中心勢力が白人政権を倒し選挙で勝利したから　③南半球は核ゼロを達成、北でも着実に増大

【チェックテスト】No.61　組　　　名前

◆〈　〉に適切な語句を入れよう。
①核〈　　　　　　〉条約─加盟国のうち核保有国は②〈　　〉③〈　　〉④〈　　〉⑤〈　　〉⑥〈　　〉⑦〈　　〉三原則─⑧〈　　　　〉ず・⑨〈　　　　〉ず・⑩〈　　　　　〉ず　（②〜⑥・⑧〜⑩は各5点）

◆正しい文には○・間違っている文には×をつけよ。
⑪上の5ヵ国以外にも核を持つ国は4つある。（　）
⑫自国の核兵器を廃棄した国は日本である。（　）
⑬現在、南半球では核を持つ国は一つもない。（　）
⑭アメリカには世界で最も多くの核兵器がある。（　）

《チェックテスト解答》
①拡散防止　②③④⑤⑥米英仏ロ中（順不同）　⑦非核　⑧⑨⑩持た・つくら・持ちこませ
⑪○　⑫×　⑬○　⑭×

※核兵器の拡散と共に、非核地帯の広がりにも着目させる。核をなくすには、そう主張する政党に政権を委ねればよい──それが廃絶国・南アフリカでの教訓である。被爆国日本の役割も考えさせたい。

■学習課題 No.62
軍事同盟と平和主義

1. ○色の８カ国の名を記入しよう。共通点は何か。〈　　　　　　　　　〉

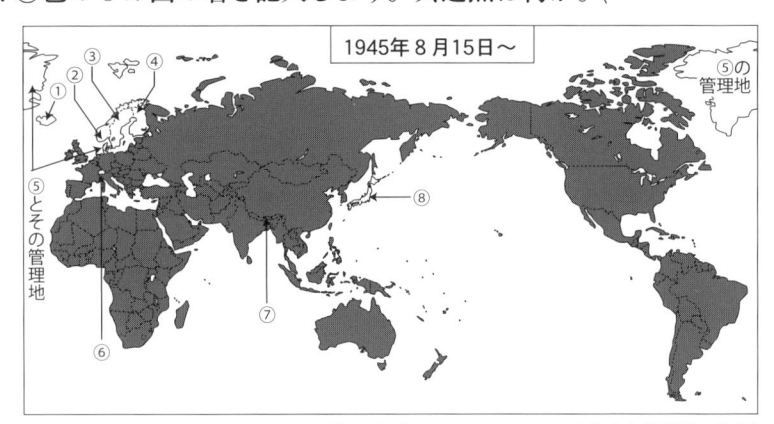

［地図：1945年８月15日〜〕

① 〈　　　　　〉ランド
② ノ〈　　　　　　　〉
③ 〈　　　　　〉デン
④ フィン〈　　　　　　〉
⑤ 〈　　　　　〉マーク
⑥ ス〈　　　　　　　〉
⑦ ブー〈　　　　　　〉
⑧ 〈　　　　　〉国

⑤とその管理地
⑤の管理地

（広瀬隆『クラウゼヴィッツの暗号文』新潮社に加筆）

2. なぜ日本国がそこに入ることができたかを考えよう。

| 1　日本国民は、正義と秩序を基調とする①〈　　　　　〉を誠実に希求し、国権の発動たる②〈　　　　〉と武力による威嚇又は③〈　　　　　〉は、国際紛争を解決する手段としては、永久にこれを④〈　　　　〉する。
2　前項の目的を達成するため、⑤〈　　　　　　〉その他の⑥〈　　　　　〉はこれを⑦〈　　　　〉しない。国の⑧〈　　　　　〉は、これを認めない。　　（憲法９条）|

3. では、軍事同盟加盟国の数はどう変化したか。

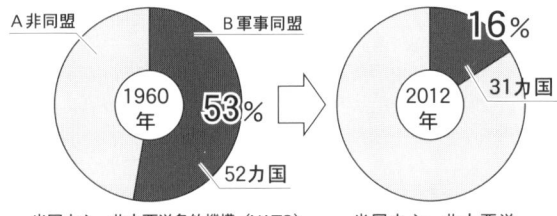

［円グラフ：1960年　A非同盟　B軍事同盟53%　52カ国〕
米国中心…北大西洋条約機構（NATO）、東南アジア条約機構、中央条約機構、日米安保条約、米韓相互防衛条約、アンザス条約、米州相互援助条約など
ソ連中心…ワルシャワ条約機構

［円グラフ：2012年　16%　31カ国〕
米国中心…北大西洋条約機構、日米安保条約、米韓相互防衛条約、米豪同盟

※1960年から2012年まで、世界の国の数は増加している。

①日本はＡＢどちらに属するか。〈　　〉
これらのうち、米国と西欧諸国の同盟は
②〈　　　　　　　〉（ＮＡＴＯ）
であり、米国と日本が結んでいるのが
③〈　　　　　　　　〉である。

④軍事費上位６国を見て分かることは？

		単位10億ドル	％
❶	米国	739.3	45.7
❷	中国	89.3	5.5
❸	英国	62.7	3.9
❹	フランス	58.8	3.6
❺	日本	58.4	3.6
❻	ロシア	52.7	3.3

（「ミリタリーバランス」2012年版に基づき作成）

4. 今後の日本の安全保障に関する世論調査は？

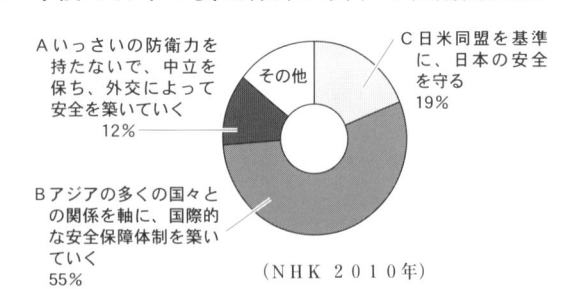

［円グラフ〕
Ａ いっさいの防衛力を持たないで、中立を保ち、外交によって安全を築いていく　12%
Ｂ アジアの多くの国々との関係を軸に、国際的な安全保障体制を築いていく　55%
Ｃ 日米同盟を基準に、日本の安全を守る　19%
その他
（ＮＨＫ　２０１０年）

・どの道を進みたいか。君の意見は？

第1章 学習課題とその展開　軍事同盟と平和主義

授業のねらい

日本が戦後世界の非戦8カ国に属するのは憲法9条に起因することを理解する一方、米国と軍事同盟を結び軍事費も世界5位であることを知り、日本の今後の方向を考えあう。

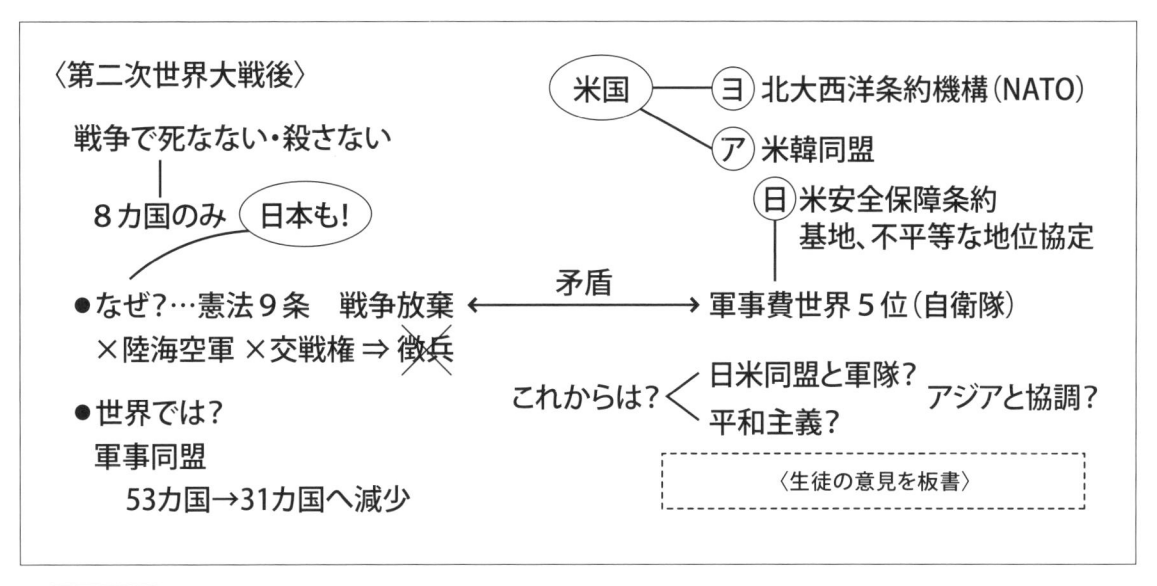

板書

〈第二次世界大戦後〉

戦争で死なない・殺さない

8カ国のみ　日本も！

米国 ─ ㋳北大西洋条約機構（NATO）
　　　 ─ ㋐米韓同盟
　　　 ─ ㋐米安全保障条約
　　　　　基地、不平等な地位協定

●なぜ？…憲法9条　戦争放棄　←矛盾→　軍事費世界5位（自衛隊）
　×陸海空軍 ×交戦権 ⇒ 徴兵

●世界では？　　　　これからは？ < 日米同盟と軍隊？　アジアと協調？
　軍事同盟　　　　　　　　　　　　平和主義？
　53カ国→31カ国へ減少

〈生徒の意見を板書〉

解答

1. 戦後一度も戦争や内戦をしていない ①フィン ②ルウェー ③スウェー ④ランド ⑤デン ⑥イス ⑦タン ⑧日本　2. ①国際平和 ②戦争 ③武力の行使 ④放棄 ⑤陸海空軍 ⑥戦力 ⑦保持 ⑧交戦権　3. はじめ世界の過半数であったが現在は少数 ①B ②北大西洋条約機構 ③日米安全保障条約 ④米国が突出、中国が2位、日本がロシアを超えて5位　4. グラフから気づくことを発表＝アジアとの協調による平和構築が最多・生徒も各自の意見を発表

【チェックテスト】No.62　組　　　名前

◆次の憲法①〈　〉条の条文に適切な語句を入れよ。
②〈　　　の　　　〉は国際紛争を解決する手段としては、永久にこれを③〈　　　〉する。④〈　　　　　〉その他の戦力はこれを⑤〈　　　〉しない。国の⑥〈　　　　〉は、これを認めない。

◆軍事同盟や軍事費について適切な語句を記入せよ。
⑦米国は日本と〈　　　　　　〉条約を結んでいる。
⑧米国は西欧諸国と〈　　　　　　　〉機構を形成。
⑨この機構の略称を〈　　　　　　〉という。
⑩世界の軍事費の約半分を占める国は〈　　　　〉だ。

《チェックテスト解答》
①9 ②武力・行使 ③放棄 ④陸海空軍 ⑤保持 ⑥交戦権 ⑦日米安全保障 ⑧北大西洋条約 ⑨NATO ⑩アメリカ

※日米安保条約は教科書等で参照。2条の経済協力義務・6条の基地設置範囲の無限定・10条の通告1年後の条約廃棄規定等には補説を加える。公務中の米軍人の犯罪は日本側で裁けないことにふれたい。

■学習課題 No.63
地球環境問題を考える

1．地球環境問題には何があるか。①できるだけ挙げて問題どうしの関連を考えよう。

②問題の主な原因は何か。

③このまま増えると何が起きるか。

〈A〉 大気中のCO_2濃度 — ワットが蒸気機関を発明

〈B〉 CO_2排出国と一人当たりの割合
- 中国 20.7%　4.5トン／人
- アメリカ 20.1　19.2
- ロシア 10.8　5.3
- インド 4.7　1.2
- 日本 4.2　9.6
- ドイツ 2.7　9.4
- イギリス 1.8　8.7
- 合計 3.4　1.0
- アフリカ

2．〈B〉はCO_2排出国と一人当たりの割合である。①分かることは何か。

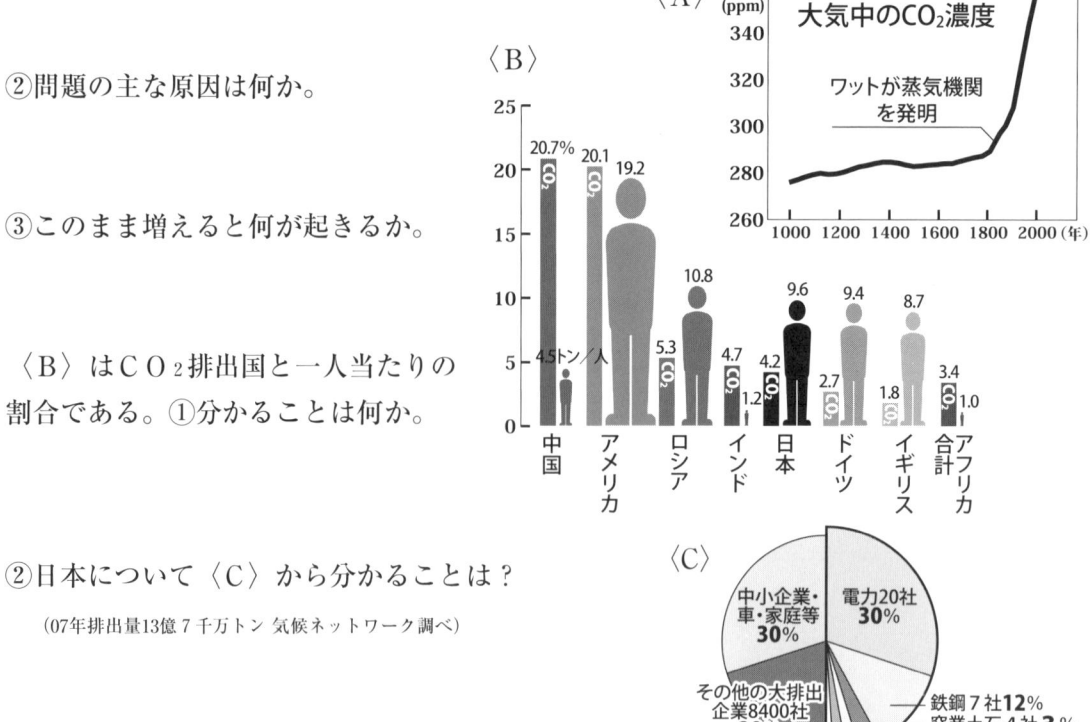

②日本について〈C〉から分かることは？

(07年排出量13億7千万トン　気候ネットワーク調べ)

〈C〉
- 電力20社 30%
- 中小企業・車・家庭等 30%
- その他の大排出企業8400社 20%
- 鉄鋼7社 12%
- 窯業土石4社 3%
- 化学工業6社 2%
- 石油精製4社 2%
- 製紙3社

③温室効果ガス（CO_2など）削減に向けての世界の取り組みを調べよう。
・1992年〈　　　　　　　〉会議
・1997年〈　　　　　　　〉を採択―先進工業国に90年比約5％の削減目標を設定

④削減目標は達成できるか。国々の主張やその後のアメリカの行動から考えよう。

〈発展途上国の主張〉

これまで温暖化の主な原因となってきたのは世界人口の1・2割の先進工業国で、今もCO_2の6割を排出している。その責任を負わずに、西欧の植民地を脱してこれから工業の発展が必要な途上国にも多くの削減を求めるのは不公平だ。

〈先進工業国の主張〉

2010年代には途上国でも急速に工業が発達し、排出CO_2の総計は先進工業国を上まわってくる。工業国だけ多く削減するのは一方的で国の発展を妨げる。代わりに途上国がもっと削減し世界全体の排出量を減らして地球を守ろう。

⑤今後の日本では目標達成のために何が大切か。自分の意見を発表しよう。

第1章 学習課題とその展開　地球環境問題を考える

授業のねらい

各種の地球環境問題の根底には近代の産業化に伴うCO_2の増加や過度な生産活動があることを知り、世界や日本の現状と対応を理解して削減目標達成の今後の手だてを考える。

板書

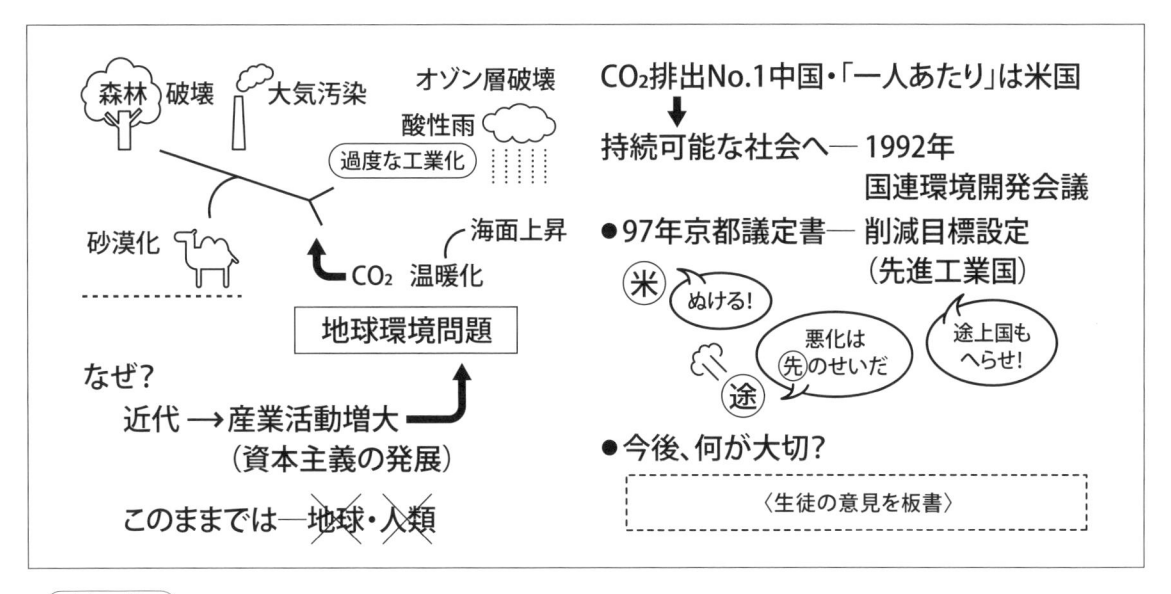

```
森林破壊  大気汚染   オゾン層破壊
                    酸性雨
              過度な工業化

砂漠化        海面上昇
        ← CO₂ 温暖化
              ↑
          地球環境問題

なぜ？
  近代 → 産業活動増大
       （資本主義の発展）

このままでは ― 地球・人類 ×

CO₂排出No.1中国・「一人あたり」は米国
    ↓
持続可能な社会へ ― 1992年
                国連環境開発会議
●97年京都議定書 ― 削減目標設定
                  （先進工業国）
   米 「ぬける！」
   途 「悪化は先のせいだ」「途上国もへらせ！」

●今後、何が大切？
   〈生徒の意見を板書〉
```

解答

1.①森林破壊、砂漠化、大気と海洋汚染、オゾン層破壊、温暖化、極地の氷の減少、酸性雨など（関連づけは板書参照）②産業革命後の資本主義化に伴う工業化、人口増、使い捨て生活 ③生態系破壊、人類滅亡　2.①国別では中国、一人当たりでは米国が1位、アフリカの合計は日本以下　②電力が最多、他の大企業が3分の2、その恩恵を国民が享受　③国連環境開発・京都議定書　④困難？米国は議定書から離脱し途上国と工業国が対立　⑤各自

【チェックテスト】No.63　組　　　名前

◆地球環境問題につき適切な語句を記入せよ。
①紫外線の地球直撃〈　　　　　　〉②空気の汚れ〈　　　　　〉③持続的な気温上昇〈　　　　　〉
④水不足と土の乾燥〈　　　　〉⑤アマゾンの乱開発〈　　　　〉⑥海水面上昇〈　　　　　　〉

◆関連する語句を線で結べ。
⑦京都議定書　　　　　　・　　　　・中国
⑧国連環境開発会議　　　・　　　　・持続可能な開発の討議
⑨CO_2最多排出国　　　・　　　　・アメリカ
⑩CO_2最多排出国民　　・　　　　・CO_2削減目標の設定

《チェックテスト解答》
①オゾン層破壊　②大気汚染　③地球温暖化　④砂漠化　⑤森林破壊　⑥極地の氷の減少　⑦CO_2—　⑧持続可能な開発—　⑨中国　⑩アメリカ

※1①の問題には生徒の関心も高い。資料集等の写真と随時対照させるとイメージが鮮明となり、その後の学習にも主体的に取り組む。今、地球共同管理の時代がやってきた。

■学習課題 No.64

資源・エネルギー問題の今日と明日

1. 次の6つを〈　〉次エネルギーという。「化石燃料」3つを赤く塗ろう。共通点は何か。
　①石油　②天然ガス　③石炭　④原子力　⑤水力　⑥再生可能エネルギー

| 〈A〉 | ① 34 | ② 24 | ③ 30 | ④ 5 | ⑤ 6 | ⑥ 1 |

| 〈B〉 | ① 40 | ② 17 | ③ 25 | ④ 13 | ⑤ 4 | ⑥ 1 |

（『原子力・エネルギー図面集』電気事業連合会より）

⑦上のグラフの〈A〉は〈日本・世界平均〉であり、〈B〉は〈日本・世界〉である。
⑧日本が世界より多いものに着色し、日本のエネルギー構成の特色を言おう。（2010年）

⑨日本はどこの国から化石燃料を輸入しているか。地図帳等で調べよう。

2. 東アジア・西ヨーロッパでは？
　①右の地図から分かることは何か。

　②この中で風力発電世界一の国を予想しよう。〈　　　　　〉

　③ヨーロッパで「原発早期廃止」を決めたのは次のどちらの国か。④「原子力」に着色してから予想しよう。〈　　　　　〉

| フランス | ① 33 | ② 17 | ③ 5 | ④ 38 | ⑤ 6 | ⑥ 1 |

| ドイツ | ① 36 | ② 23 | ③ 24 | ④ 10 | ⑤ 1 | ⑥ 6 |

> 高い安全技術を持っていた日本でさえ、地震と津波による原発事故は防げなかった。人間の安全を第一に置く。妥協は許されない。（この国の首相の発言・2012年3月）

3. 日本の一次エネルギーは、今後何を中心としたいか。中独仏の例を参考に考えよう。

第1章 学習課題とその展開　資源・エネルギー問題の今日と明日

授業のねらい

一次エネルギー・化石燃料とは何かを知って日本と世界の消費の現状を理解し、東アジアや西欧での原発稼働をめぐる動きをふまえて日本のエネルギーの今後のあり方を考えあう。

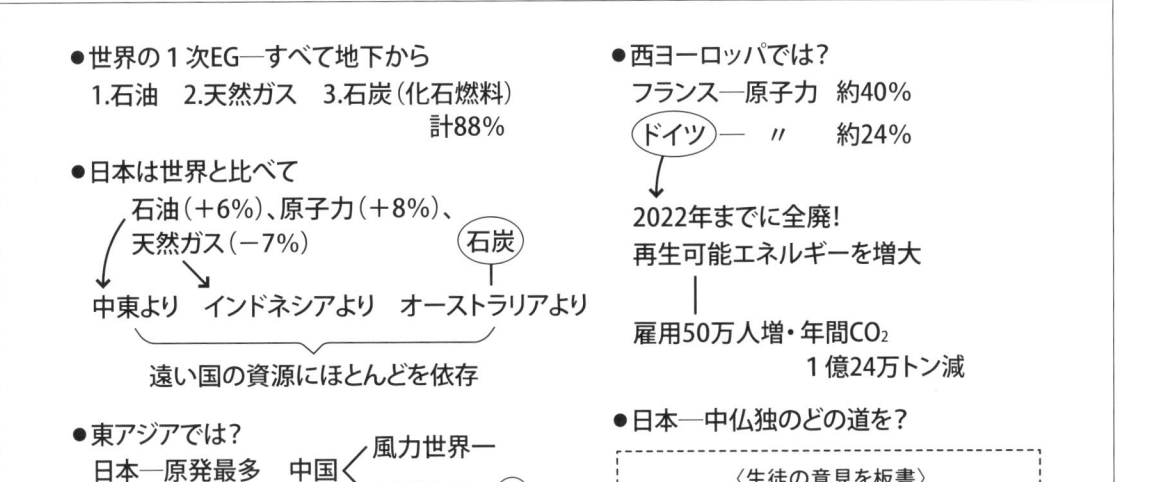

板書

- 世界の１次EG―すべて地下から
  1. 石油　2. 天然ガス　3. 石炭（化石燃料）
  　　　　　　　　　　　計88％
- 日本は世界と比べて
  　石油（＋6％）、原子力（＋8％）、
  　天然ガス（－7％）　　　　〔石炭〕
  　↓　　　　↓
  中東より　インドネシアより　オーストラリアより
  　　　遠い国の資源にほとんどを依存
- 東アジアでは？
  日本―原発最多　　中国〈風力世界一
  　　　　　　　　　　　　原発計画も（多）

- 西ヨーロッパでは？
  フランス―原子力　約40％
  〔ドイツ〕―　〃　　約24％
  　↓
  2022年までに全廃！
  再生可能エネルギーを増大

  雇用50万人増・年間CO_2
  　　　　　　　1億24万トン減
- 日本―中仏独のどの道を？
  〈生徒の意見を板書〉

解答

1. ― ①②③に着色（地下から得るEG）⑦〈A〉世界〈B〉日本 ⑧着色は①と④・石油に多く依存、原子力も世界の3倍弱　石油・石炭より大気汚染の少ない天然ガスは世界に比べて少　⑨石油はサウジ等中東諸国、石炭はオーストラリア、天然ガスはインドネシア（遠くの国から）　2. ①東アジアでは日本が最大の原発保有国。中国は最大の建設計画国 ②中国 ③ドイツ（2022年までに全廃、再生可能EGを伸長⇒雇用増へ）　3. 各自

【チェックテスト】No.64　　組　　名前

◆一次エネルギーには○、違うものには×をつけよ。
①電力（　）②水力（　）③牛馬の力（　）④原子力（　）

◆化石燃料に分類されるもの3つの名を記入せよ。
⑤〈　　　　　〉⑥〈　　　　　〉
⑦〈　　　　　〉
⑧風力発電世界一の国は〈　　　〉である。
⑨東アジアで最大の原発計画国は〈　　　〉である。
⑩フランスとドイツでは原発への態度がどう違うか。

《チェックテスト解答》
①× ②○ ③× ④○ ⑤⑥⑦石油・石炭・天然ガス ⑧中国 ⑨中国 ⑩仏は維持、独は廃止
※増設・維持・廃止…世界の国々は一次エネルギーのあり方をそれぞれに考え、原発についても様々な道を選択している。では、日本はどうする？原発などの現況・活断層調査の結果をふまえて、明日の進路を考えさせたい。

■学習課題 No.65

南北問題と日本

1．国名の欄を「南」と「北」に色分けして、①②に入る数字を予想しよう。正解は？

2009年	アメリカ	日　本	フィリピン	ジンバブエ
人　口	3億1500万人	1億2800万人	9200万人	1250万人
国内総生産	13兆9700億$	5兆0350億$	1680億$	①
輸出額	1兆0567億$	5800億$	408億$	②

③「南」と「北」の国内総生産や輸出額を比べよう。分かることは？　こうした格差から生じる問題を〈　　　　〉問題という。

④ハンガーマップ等をみて「南」の最貧困地域を探そう。「南」にある問題とは何か。

2．ジンバブエの輸出入品中の①②に入る語句を考え、右から選ぼう。穀物・タバコ (2010年)

輸出品	鉱産物（ニッケルなど）・綿花（約28万ｔ）・①〈　　　　　〉（約12万ｔ）
輸入品	自動車・機械類・②〈　　　　　〉等

③この国の輸出入の特色は何か。こうした方法ではなぜ豊かになれないのか。

④こうしてまだ十分発展できない国を〈　　　　　　〉国という。その原因を考えよう。

3．下の表から分かることを言おう。

2011年	アメリカ	日　本	フィリピン	ジンバブエ
年間自殺率	11人/10万人	24人/10万人	8人/10万人	2人/10万人

①モノが豊かな「北」の社会では、他にどんな問題が起きているか。

②「南」側と「北」側の問題を比べて、気づくことを発表しよう。

第1章 学習課題とその展開　南北問題と日本

授業のねらい

先進工業国と発展途上国の格差から「南」にどんな問題が生まれたかを理解し、その原因を現在のジンバブエの貿易構造や南北間の歴史から考えて「北」にある固有の問題と対比する。

板書 ――世界大地図か地図帳で4つの国を確認した後、板書にすすむ。

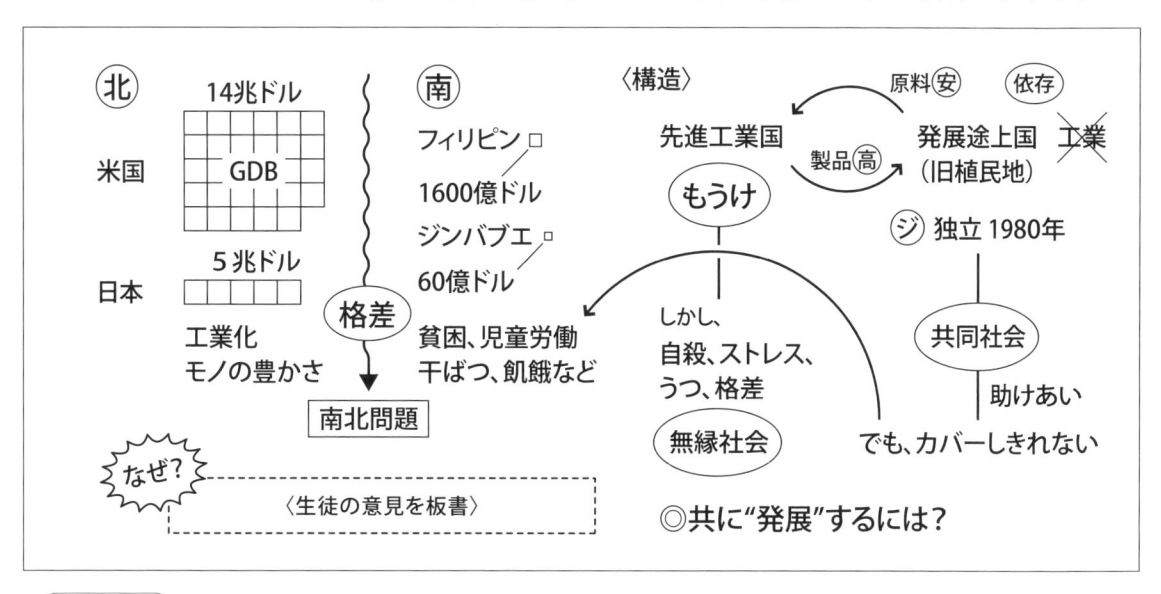

⑪ 北
米国　14兆ドル　GDB
日本　5兆ドル
工業化
モノの豊かさ

南
フィリピン □　1600億ドル
ジンバブエ □　60億ドル
格差 ↓
貧困、児童労働
干ばつ、飢餓など
南北問題

〈構造〉
先進工業国 →製品(高)→ 発展途上国 工業×
　　　　　←原料(安)← (旧植民地) 依存
もうけ
しかし、自殺、ストレス、うつ、格差
無縁社会

ジ 独立 1980年
共同社会
助けあい
でも、カバーしきれない

なぜ？〈生徒の意見を板書〉

◎共に"発展"するには？

解答

1. ①60億$（世界137位）②22億$ ③極端な南北差・南北 ④サハラ以南のアフリカ 干ばつや飢餓、医療の不備、多産と貧困、内戦、児童労働や子ども兵士等 2. ①タバコ ②穀物 ③原料や商品作物を輸出し代価で製品や食料を輸入・自国の商工業が未発達なので ④発展途上　昔から原料供給・製品購入の植民地とされ産業が未発達 3.「北」が多い（日本は交通事故死者の6.5倍）①ワーキングプア等 ②「北」に都市的格差と「南」にモノの乏しさ

【チェックテスト】No.65　組　名前

◆次の語を二つずつ①〜③に入れ、続く問題に答えよ。
　問題・途上国・先進・発展・南北・工業国

・世界の北側には①〈　　　　　〉が多く、南と北の間には②〈　　　　　〉が多い。①②の間の格差から南側に生じる問題を③〈　　　　　〉という。③の問題を2つ書け。④〈　　　　　〉⑤〈　　　　　〉

◆⑥〜⑧は南北どちらの側か記入し、⑨〜⑫のうち南の発展の遅れの原因である2つに○をつけよ。
⑥日本（　　）⑦ラオス（　　）⑧ジンバブエ（　　）
⑨旧植民地（　　）⑩観光客増（　　）⑪人口減少（　　）
⑫工業の未発達（　　）

《チェックテスト解答》
①先進工業国　②発展途上国
③南北問題　④⑤各自　⑥北　⑦南　⑧南　○は⑨と⑫

※資料集等のリアルな写真は、学習の過程で生徒自身に「発見」させて読みを深めさせると他人事と受けとめない。「南」で急成長する国もあり、「南」から収益を得る「北」にもまた「発展」ゆえの課題があることを学ばせたい。

■学習課題 No.66
国際社会と私たち

1．日本では発展途上国をどう支援しているか。写真をヒントに知っていることを言おう。

（写真提供：今村健志朗/ JICA）　　　（写真提供：共同通信社）

・関係する略語の正しい名称を記入して、両者の活動や事業の違いを考えよう。
　①ＯＤＡ〈　　　　　　　　〉　　　②ＮＧＯ〈　　　　　　　　〉

　③外務省の資料から日本の２国間ＯＤＡの特色を考えよう。

◆相手国ベスト５―気づくことは？

1位ベトナム（641億円）　2位インド（621）　3位トルコ（296）　4位中国（288）　5位アフガン（215）〈08年〉

◆ＯＤＡ中の贈与と供与（08/09年）

アメリカ―贈与100%　・借款他0%
イギリス―贈与93%　・借款他7%
日　　本―贈与43%　・借款他57%

2．賛否が分かれる自衛隊の海外活動―それぞれの主張を知ろう。

　①自衛隊の〈　　　　　〉派遣（03～09年）

〈賛〉多国籍軍（米軍中心）と共に闘うのでなく、戦争していない地域へ人々への給水活動や物資輸送のために行くのだから、大切な国際支援活動だ。	〈反〉兵員輸送は軍事活動。裁判でも違憲判決が出た。事故・自殺等で隊員も35人死亡した。

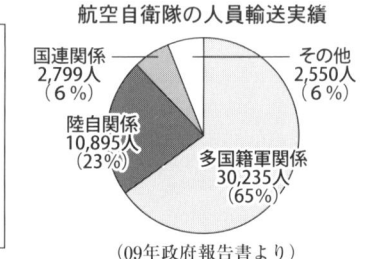

航空自衛隊の人員輸送実績
国連関係 2,799人（6%）
その他 2,550人（6%）
陸自関係 10,895人（23%）
多国籍軍関係 30,235人（65%）
（09年政府報告書より）

　②〈　　　　　〉沖海賊対策としての自衛艦派遣（09年～）

〈賛〉欧米同様、自国の民間船を守るため軍艦を出すのは当然。万一の場合は海賊と戦う決意があるから平和が維持できる。	〈反〉海賊行為は戦争でなく犯罪。武器や逮捕権を持つ海の警察＝海上保安庁の大型巡視船での取締まりが効果的だ。

3．日本国憲法を思い起こし、これからどんな国際支援が必要か自分の考えを言おう。

> われらは、〈　　　〉を維持し、専制と隷従、圧迫と偏狭を地上から永遠に除去しようと努めてゐる〈　　　〉社会において、名誉ある地位を占めたいと思ふ。（前文より）

第1章 学習課題とその展開　国際社会と私たち

授業のねらい

日本から途上国への種々の支援を思い起こし、ODAとNGO双方の事業や活動の違い・特色を理解して自衛隊の海外活動への賛否を考え、今後の国際支援のあり方を学びあう。

板書 ──世界大地図か地図帳で国々を確認しながら板書していく。

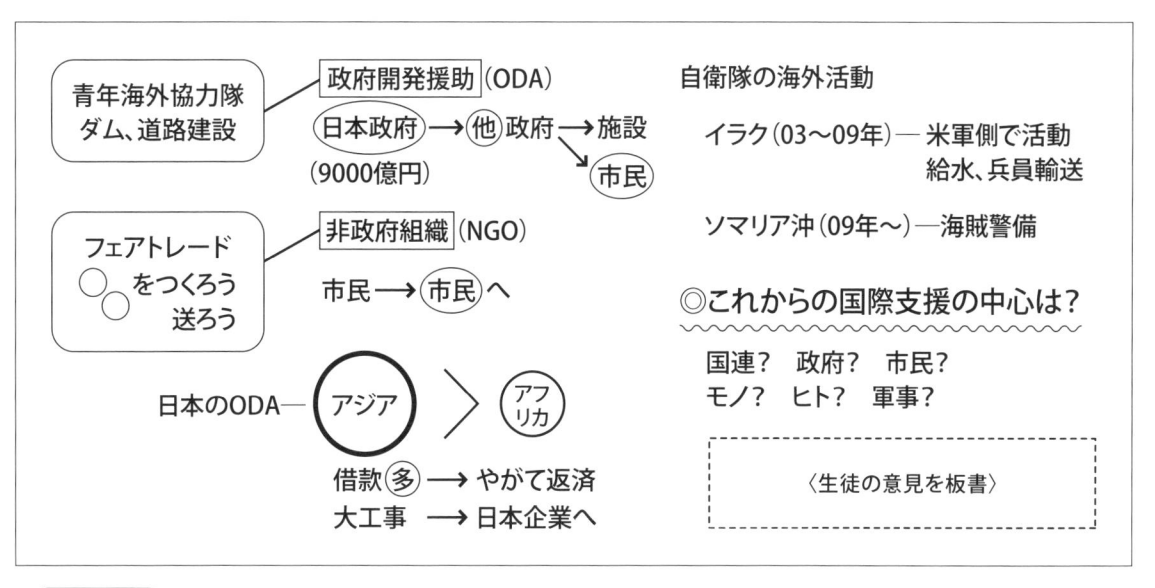

```
青年海外協力隊       政府開発援助(ODA)        自衛隊の海外活動
ダム、道路建設       日本政府→他政府→施設
                   (9000億円)       市民        イラク(03～09年)―米軍側で活動
                                                          給水、兵員輸送
フェアトレード       非政府組織(NGO)
○○をつくろう        市民→市民へ              ソマリア沖(09年～)―海賊警備
   送ろう
                                              ◎これからの国際支援の中心は?

日本のODA― アジア ＞ アフリカ             国連?　政府?　市民?
                                            モノ?　ヒト?　軍事?
       借款多 → やがて返済
       大工事 → 日本企業へ                    〈生徒の意見を板書〉
```

解答

1. 青年海外協力隊、援助による施設建設、多様な民間支援、フェアトレード等　①政府開発援助　②非政府組織　①はA国政府⇒B国政府⇒B市民へ（施設・技術・協力隊等）　②はA市民からB市民へ（生活を直接支援）　③アフリカは他地域と比べより貧困ではあるものの、円借款による支援は途上国に返済義務を課すため、アジアが中心となっている。（日本のODAは侵攻したアジア諸国への戦後賠償から出発）・返還義務のある供与の多さ　2.①イラク　②ソマリア・双方の主張を押さえて数人発表　3.平和・国際　各自が発表して討議

【チェックテスト】No.66　組　　名前

◆①②を正しい名称に直し、③〜⑦の左右を線で結べ。
①NGO〈　　　　　　　〉②ODA〈　　　　　　　〉
③フェアトレード　　　・　　　・自衛隊海外派遣
④青年海外協力隊　　　・　　　・希望者の各国への派遣
⑤借款部分の多さ　　　・　　　・途上国物品の公正売買
⑥イラク・ソマリア　　・　　　・戦後賠償からの出発
⑦アジア援助の重視　　・　　　・欧米のODAとの違い

◆次のひらがなを漢字に直せ。
⑧こくさいしゃかい〈　　　　　　　〉⑨にほんこくけんぽう〈　　　　　　　〉⑩ぞうよ〈　　　　　　　〉

《チェックテスト解答》
①非政府組織　②政府開発援助　③途上国特品の―　④希望者―　⑤欧米の―　⑥自衛隊―　⑦戦後賠償―　⑧国際社会　⑨日本国憲法　⑩贈与

※フェアトレードカタログや購入物品・海外協力隊ポスター等を提示して関心を高める。借款の意味は説明。公民最後の課題として3の問題を重視する場合は、2を軽く扱う。

第2章
授業の組み立てと
学習指導案

　上からの「教え」を下からの「学び」にどう変えるか。それは私たち教師にとって実に切実な授業づくりの課題である。先の第1章では、そのさまざまな試みを』66までの授業プランとして提示した。だが、こうしたプランだけでは、実際にそれらの授業をどう展開するか、そのイメージがつかめない。

　そこでこの第2章ではまず東日本大震災の導入授業を例に、教えたい内容を生徒の次元にどう"下向"させ、次いで目標に向けて生徒自身がどう学びを"上向"させるか、その手だてを具体的に述べてみたい。これにより読者は、第1章のプランを生徒の実態に応じて改変・展開する際のヒントを得る。

　続く「オスプレイはてさてクイズ」では、東日本大震災・原発事故と並ぶ喫緊の時事問題を生徒が参画できる公民学習としてどう具体化するか、見開き2ページのプリントに解説を加えて提示する。

　このワークシートを生かせば、ヘリモードと飛行機モードの違い・CH－46ヘリとオスプレイの機体の対比や普天間基地への離着陸コースなどを学びあって、誰もが沖縄の基地問題の現状を理解することができないか。少なくともその一助にはならないか。学びあう政治学習の方法のひとつとして受け止めていただきたい。

　最後は、一時間の公民・教師授業を私がどう構想し実践するか、実際の学習指導案と授業へのコメントを提示したい。難しい原理を頭から教え込むのではなく、生徒の日常感覚の次元に降りて、どう彼らの個性を発揮させながら株や株式会社についての認識を深めあわせるか。拙い私案ではあるが、その成果や課題を検討していただきたい。

1.東日本大震災・
　導入の授業をこうつくる

　はてな？　と思った時、生徒は学習に身を乗り出してくる。
　そこでまずは次の写真〈A〉－1を提示して気づいたことや"？"を出させていく。
〈A〉－1

隠　す

　①「船の色が白い」②「船の背景に山がある」③「乗っている人がいないのはなぜ？」……様々な気づきが出されるが、「なるほど」と共感しうなずくだけで余計な口ははさまない。
　教室を見回してしばらく間を置き、隠していた紙をサッと外すと生徒は息をのむ。
〈A〉－2

思いもかけぬ**逆転**。船は海に浮かぶのではなく民宿のビルの上に載っていた。場所は岩手県大槌町、いわずとしれた東日本大震災でのできごとだ。大津波は、海から400mも離れた山すそにまでやすやすと大型船を運び去った。その威力が周辺の情景からイメージできる。生徒のつぶやきを聞きとった後、ここではじめて、先ほどの生徒の発言を意味づけたい。

　まず、この船は観光船「はまゆう」で、色が白いのは海上で目立つためだと告げる。『「白い」という当たり前の指摘にも大事な意味があるね』と①の気づきを評価したい。背景が山と発表した②の生徒は、『君は大事なことを言い当てていたね。船が山近くまで運ばれたことが実は大きなポイントだった』と正面から評価する。

　③に関連して『なぜ船が無人かも分かったね』と念を押せば、みな深くうなずく。それは、津波に見舞われ、観光どころではなかったからだ。見過ごしがちなことの中に誰も気づかない疑問を見いだした生徒を、ここで称揚しよう。

　こうして、個々の発言をその場ですぐに後追いするのではなく、気づきや疑問がすべて出尽くして全体像がつかめてから、それらの発言を整理し意味づけて再構成する。そうした授業の技法を、私は**発言の後置活用**とよぶ。

　自分たちの発言が生かされ、さらに身を乗り出したところでテンポよく〈B〉A3判の写真を2人に1枚ずつ裏返しにして配布する。行きわたったところで表にさせると、「オー」と声が上がる。

〈B〉

（陸に押し寄せて家屋をのみ込む大津波＝11日午後3時55分、宮城県名取市。写真提供：共同通信社）

『気づいたことを話し合おう』と呼びかけると、津波がいかにすさまじいか、たちまちペアでの対話が始まった。こうしてリアルな現実の姿に向き合わせて学びを活性化させる技法が**イメージ**である。こうした活動であれば誰もが参画できる。

　なぜ、全体で1枚の写真を読みとらせないか。そうした読み取りは導入で行ったので、同じことを繰り返しては授業がだれるからだ。なぜ、班単位ではなく2人に1枚配布するか。それは、気づいたことを一人がしゃべれば、必ず他の一人が聞くからだ。聞き役の生徒を後で指名すれば、聞いたことを話してくれるだろう。目だたない生徒を生かすことができる。2人で話しあえればいっそう学びが共有される。

　この場合、班で1枚の写真を読み取るのであれば、どうしても遅速の差が生まれて参画できない生徒が生まれてしまうのであった。

　『では、こうした被害をもたらした津波は、各地でどれくらいの高さがあっただろうか』まず地図帳で八戸・宮古・福島第一原発・旭（千葉県）を順次チェックし、押し寄せた地域が5県にわたることを確認させる。続いて各地の波高を予想させ、答えを言う。

　旭—7.6m・八戸—8.4m・福島第一は14m。では宮古（田老）は？……（間をおいて）『38m』（東大地震研測定）、「オー」三陸地方の地図を参照させ、リアス式海岸では狭い湾内で波高が高まることを押えたい。

　国土地理院によれば、浸水面積はＪＲ山手線内の広さの8倍の507平方kmだ。農地被害は東京ドーム5050個分・23600haに及ぶ。被災直後の直接損害は16～25兆円。死亡・行方不明者は3万人を超える。警察庁の11年4月19日の発表によれば、検死者13007人の92.5％が水死。圧死や傷害死・焼死は計5.5％である。死者の65.2％は60歳以上であり、「逃げ遅れ」を推察させた。

　続いて（　）雷・火事・親父というカードを貼ると、即「地震」と出る。『なぜ親父より地震が怖いか』と問うと、何を思い浮かべるのか教室の空気が和んでくる。

　「親父が怒るときはだいたい分かるけど、地震はいつ来るか分からない」「親父と違って、注意しても地震は防げない」「地震は被害が大きい。親父の被害はせいぜい家族だけ」「親父と違い、地震では他の被害も関連して起きる」「親父と違って地震は命が危ない」

　こうして生徒たちは一つの問いに対して様々な角度から意見を述べ、補いあって問題を解明していく。その技法を私は**相互補完**とよびたい。

　生徒は以上のように、**逆転・イメージ・相互補完**という3つの要素に触発されて誰もが「地震・津波」の学習と接点を持つようになる。学ばせたい学習課題を、教師次元から生徒の次元に下ろしていく授業前半のこうしたプロセスが「下向」である。

第2章 授業の組み立てと学習指導案

　では、その「下向」過程＝下図〈学びあいA〉での３つの活動（逆転・イメージ・相互補完）に共通したことは何か。それは、それらの学習が、いずれも教師が働きかけ生徒が答え学びあうかたち、つまり師問児答になっていることである。

　船の写真も津波の写真も地震雷火事親父のカードも、みな教師が働きかけ生徒が答える際に使用された。

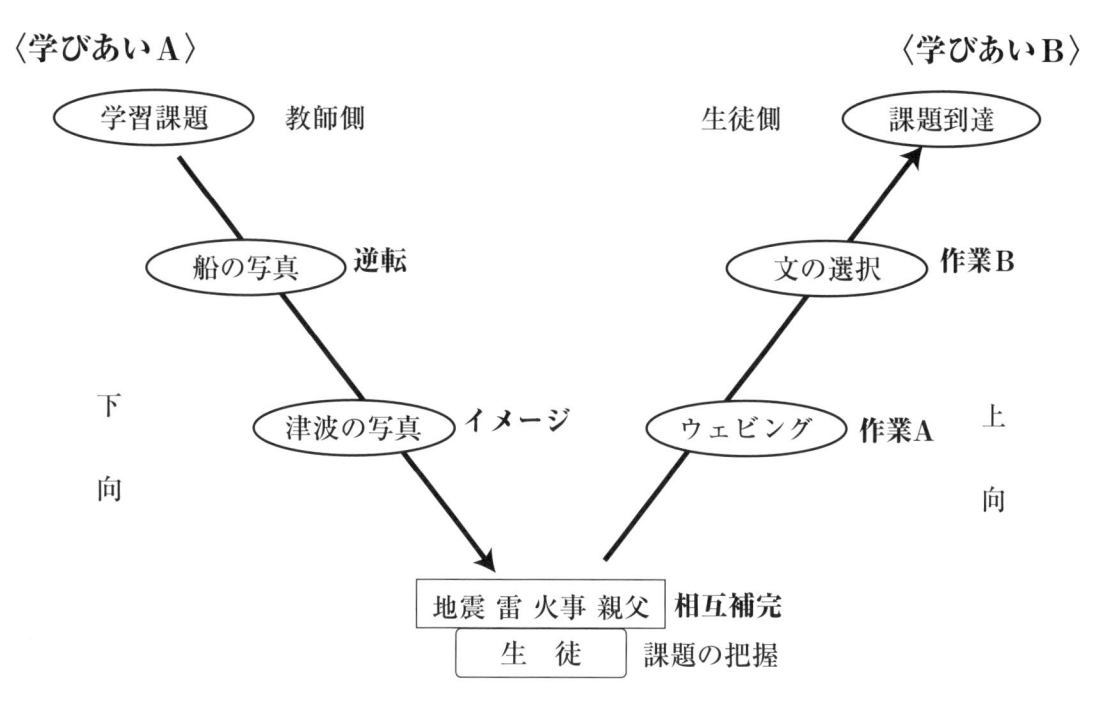

〈学びあいA〉　　　　　　　　　　　　　　　〈学びあいB〉

　学習課題　　教師側　　　　　生徒側　　課題到達

　　　　船の写真　**逆転**　　　　　文の選択　**作業B**

下　　　　　　　　　　　　　　　　　　　　　　　上
向　　　津波の写真　**イメージ**　　ウェビング　**作業A**　向

　　　　　　　地震　雷　火事　親父　**相互補完**
　　　　　　　　　　生　徒　　課題の把握

　では、学習はいつまでも師問児答でよいのか。生徒の次元に降りるだけでよいのか。それだけでは不十分だと私は思う。

　つまり、「下向」での学びが教師主導でどれほどにぎやかに行われても、それは学習が生徒の次元でとらえられたということにすぎない。彼らはまだ自分の力で本時の学習課題「大震災」に到達してはいない。ならば、そうした目標に向けて生徒自身が自力で学習を積み上げる過程が授業には必要ではないか。

　教師は、次にそのような過程を児問師答で組織しなくてはいけない。そのステップが「上向」である。上の構造図でいえば、それが〈学びあいB〉にあたる。

　そこではまず、地震からどんな災害が派生するかを生徒自身が班ごとにウェビングしていく。教師主導ではなく、自分たちの力で「震災」という概念を豊かにとらえ直す。

　班でのウェビング図を一瞥してみよう（次ページ）。地震を起点にどんな問題が相関して起きていくのか。その構造が、図化作業を通して関係的につかみ取られていることが分かる。自らが手を動かして学びを深めるこのような学習活動を私は**作業**とよびたい。

　ここでの教師の役割は、その班作業（作業A）を支援・評価・交流することにある。多くのことがらを列挙した班は、机間巡視をしながらその「量」をほめる。「津波⇒別れ」など

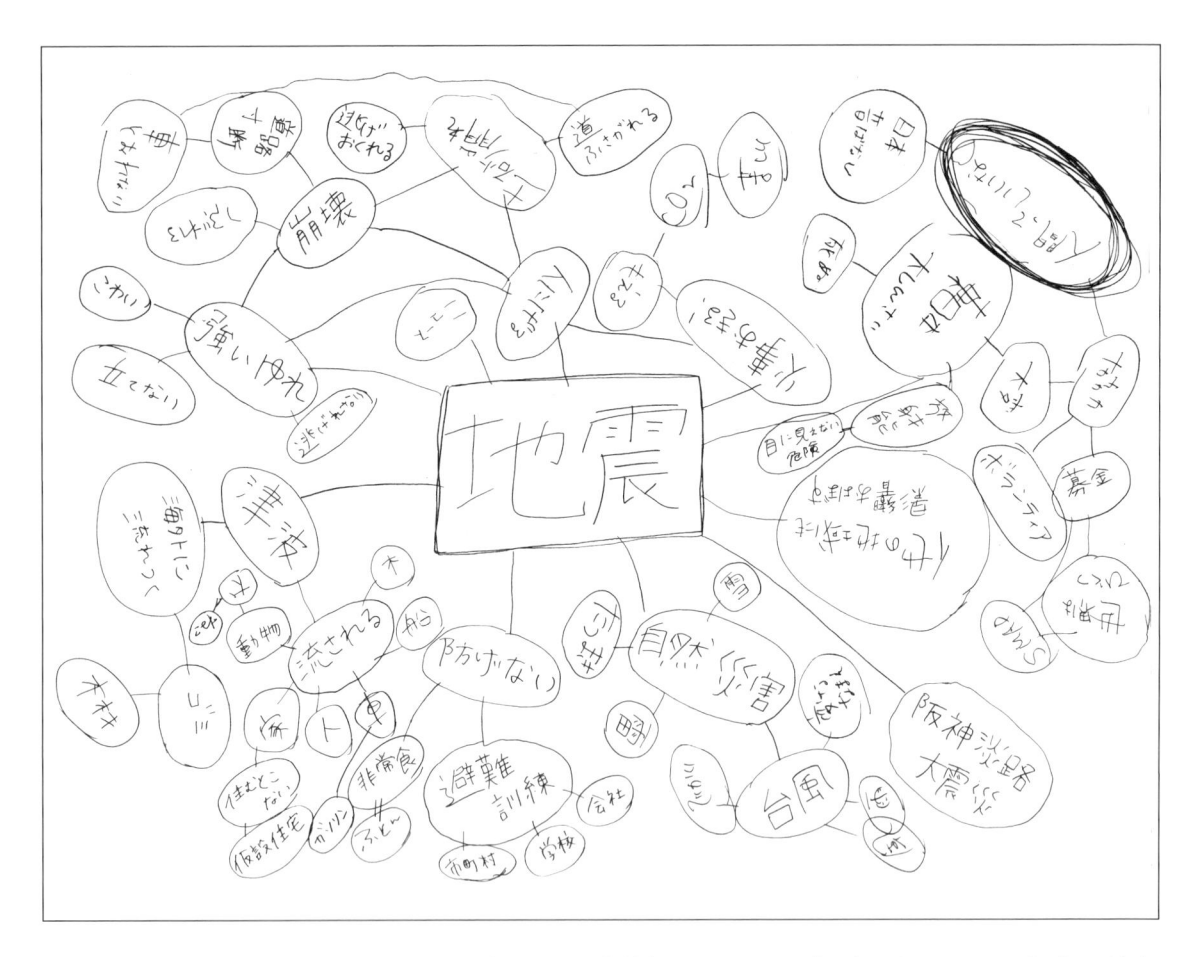

と記す感性・個性的な着眼点のある班はその「質」をほめる。事項同士のつながり方が論理的である班はその「見通し」「構成力」を評価したい。

「なぜ？」ではなく「何」を挙げていくのであるから、具体的でみなが参画できる。他班に聞こえるようにほめていくと、それがまた生徒にとって新たな刺激となる。あまり時間をかけず、5、6分たったところで黒板に貼付させると、どの班の図もどこかが「未完成」のままだ。だからこそ、足りないところを互いに補完的に学びあえる。

地震を起点に起きるこうした複合災害を、総称して「震災」とよぶことを押さえたい。

では、その震災の渦中で人々はそれぞれどんな現実に直面し何を感じたのか。最後の作業Bでは、次の6つの文章からいちばん心に残ったものを選択させる。選択するためには、考えろと言われなくてもその理由を考える。そこがミソだ。

この作業Bは作業という点では作業A、つまり班でのウェビングと共通するが、大きな違いもある。分かりやすく言えば、前者が共同作業であったのに対しこれは個人作業。そこで、先ほどは賑やかであった教室はしんと静まり返って物音一つしない。**選択**という行為に誰もが集中するからだ。その静寂がここでの学習内容にふさわしい。

5分ほどで、自分はどの文をなぜ選んだかを発表させる。生徒は互いの発言に耳を傾け、

> **被災者によるさまざまなコメント**
>
> ▼南三陸町の高校1年Sさん（16）「付き合い始めて2カ月の彼氏の行方が分からない。メールで『会いたい』『俺も会いたい』などのやりとりをしたのが最後。彼にもらった思い出の品は、家ごと津波に流されてしまった」
>
> ▼津波に加え、大規模火災が起きた宮城県気仙沼市の主婦（61）「石油タンクがいくつも流されてきて油が漏れて引火、火の海になった。津波が来るたびに水と炎が押し寄せてきて、すべてを流していった」
>
> ▼原発から約50キロの地点に住むTさん（40）「放射能は目に見えないから怖い。給水などで車のガソリンを使ってしまい、逃げることはできない。自分は覚悟はできているが、6歳と4歳の子どもには、ここに住んでしまって悪いことをしたと思う」
>
> ▼仙台市青葉区の大学2年Sさん（20）「ボランティアは今日が初めて。何か人助けのために手伝いたいと思い、1人で来た」
>
> ▼福島県南相馬市の桜井勝延市長「1号機の事故の時点で、ほかの原発にも海水を入れて冷却すべきだった。すべて後手後手。東京電力が廃炉をちゅうちょしたからだ。その意味では1号機に続く事故は人災だ」
>
> ▼陸前高田市の避難所で小学校教員の女性（39）「寝具係やトイレ係を決め、子どもたちも含めてみんなが頑張っているのがうれしい」
>
> （2011年3月18日）

震災に巻き込まれた人々に思いを馳せる。また、他の生徒の感性・視点を学びとる。

「せっかくできた彼氏と別れ別れになってしまったのはあまりに悲しい。もし自分だったら……」「自分ではなく子どものことをひたすら考える親の気持ちがかえって切ない」

共感や対比・一般化などをすすめながら、個人作業から全体での学びあいへ。これもまた、生徒が主体となってすすめ教師がその発表を支援するかたちの学習だ。その中で、東日本大震災を自分事として受けとめるという本時の目標に多くの生徒が到達していく。この自力と学びあいによる目標達成の過程が「上向」であった。

だが、その「上向」は、学習を生徒の次元に下ろす「下向」の過程があってこそのものである。「上向」にみられる児問師答の学びは、その前段の「下向」における師問児答の学習があってこそのものである。

第1章に記した社会科授業プランは、その内容・展開は異なっていても、すべてこうした「下向」「上向」の学習形成が意識されている。その「上」「下」の動きは、ここで紹介した震災授業のようにはっきりしたV字型を示すこともある。また、W型となる場合もある。時には、50分間の授業の中に分かちがたく混在する。

学習を生徒の次元に下ろし、生徒自身が学習目標に到達する授業の多様なかたちを、さらに考えていこうではないか。

2. プリント学習・
　オスプレイはてさてクイズ

　2012年10月1日、沖縄県及び県内全47市町村・県内全政党の反対を押し切って、米海兵隊の侵攻輸送機オスプレイ12機が普天間基地に配備された。オスプレイはこれまで事故が多発して、同年にも2件の墜落事故が発生していた。

　その低空飛行訓練は日本全土で行われるというから、配備はただ沖縄だけの問題ではない。では、その喫緊の時事問題についてどう授業を行えばよいか。ここではその一つのかたちを、誰もができるプリント学習として解説と共に紹介する。

　社会科の学習では、まずは事実を対比し、関心を深めて自分の意見を形成し、みなで学びあうことが大切である。そのためには各資料・教材をどう配列し、どう授業を展開していけばよいのだろう。

　授業では、最初に次の写真をパワーポイントなどで提示する。あるいは2人に一枚配布する。気づいたことを出させて、普天間基地はどんな場所に位置しているのか、そこにどのような問題が生まれているのかを共通理解させていきたい。

◆**沖縄県宜野湾市にある普天間基地**──気づくことを挙げてみよう。

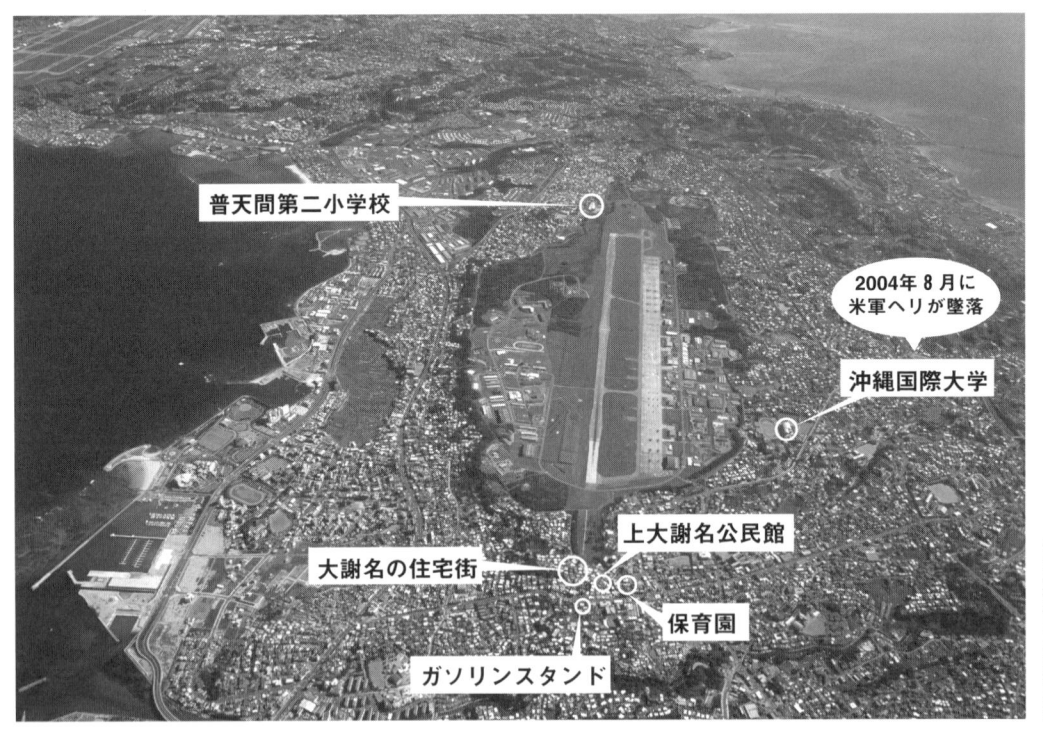

（写真提供：宜野湾市）

オスプレイ はてさてクイズ

① Aは飛行中のオスプレイである。
　Bと比べて違いを言おう

〈A〉

② こうするとどんなよい点があるか

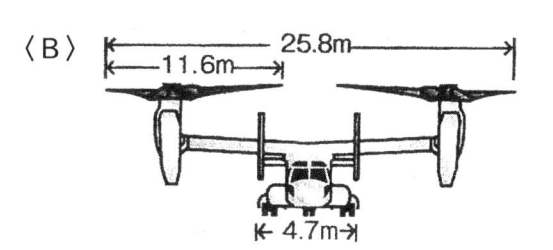

・パイロットは何が大変か。

〈B〉 25.8m / 11.6m / 4.7m

③ では、右のCはいったい何だろうか？
　〈正解はあとでイラストを提示〉

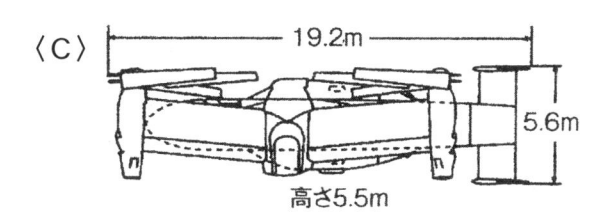

・なぜ、こうしたことが必要か。

〈C〉 19.2m / 5.6m / 高さ5.5m

④ CH-46(D)とオスプレイ(E)
　着色して、違いを見つけよう

〈D〉 5.1m / 25.7m

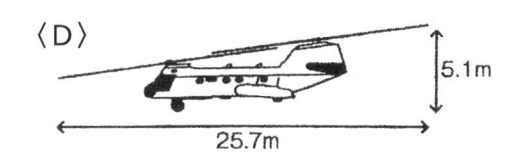

〈E〉 6.7m / 17.5m

〈図版・データはすべて防衛省パンフレットより〉

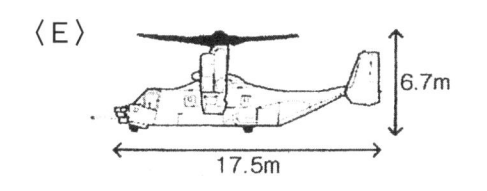

輸送兵員　〈D〉—12名　〈E〉—24名
貨物量（機内）〈D〉—2.3トン
　　　　　　　〈E〉—9.1トン

⑤ 構想から正式配備までの年数はどれくらいだろうか
　かつて日本海軍がつくった世界最大の戦艦大和では、構想から完成配備まで9年間かかった。オスプレイはそれより〈長い・短い・同じくらい〉。そう考えた理由も発表しよう。

— 149 —

⑥12年10月1日 普天間への初飛行予想ルート2つを、地図に線で記入しよう。

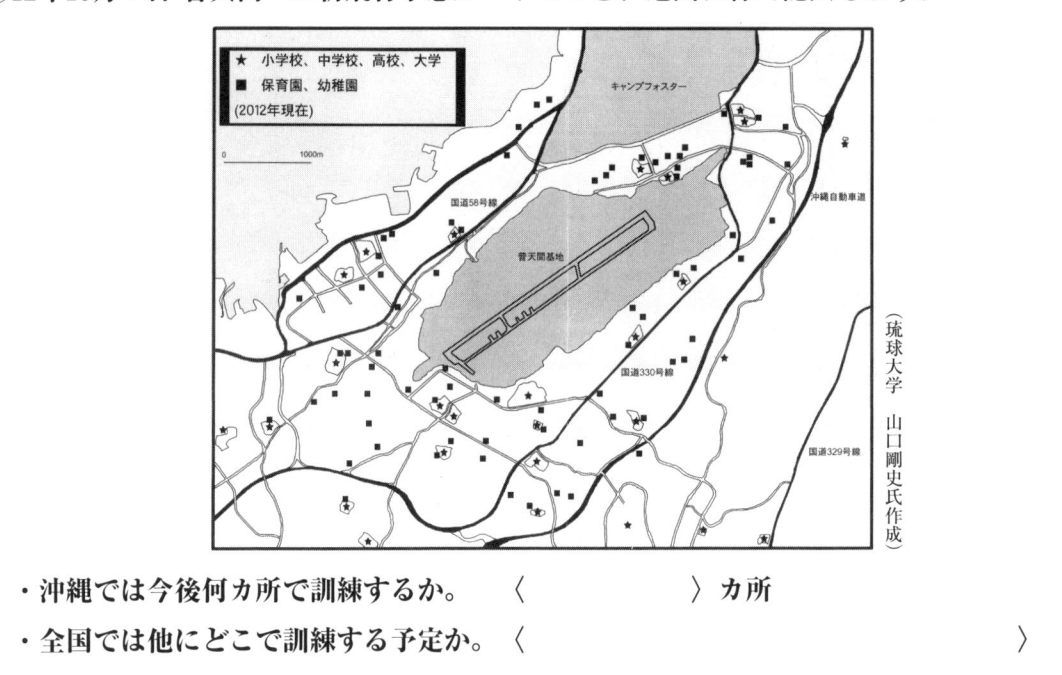

（琉球大学 山口剛史氏作成）

・沖縄では今後何カ所で訓練するか。　〈　　　　　　　〉カ所
・全国では他にどこで訓練する予定か。〈　　　　　　　　　　　　　　　　　〉

⑦空中でエンジンが停止すると、普通のヘリコプターでは下からの風でローターが回るためゆっくり着地できる。これをオートローテーション機能という。オスプレイにこの機能があるかどうか質問した日本側代表に対し、米側代表は何と答えただろうか。（12年9月16日 日米合同委員会議事録より）〈後で発言を紹介〉

⑧ここまでクイズをやって感じたこと・考えたことを書き、互いに発表しよう。

⑨では、沖縄の小4の一児童は「オスプレイ反対10万人県民集会」についてどう思ったか。知りたいことや疑問は、君自身の力でさらに調べ考えていこう。

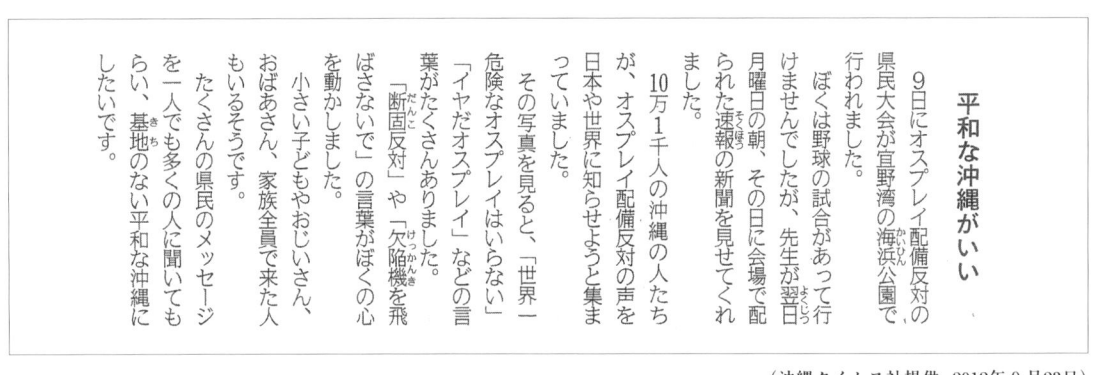

平和な沖縄がいい

　9日にオスプレイ配備反対の県民大会が宜野湾の海浜公園で行われました。

　ぼくは野球の試合があって行けませんでしたが、その日に配られた速報の新聞を先生が翌日月曜日の朝、会場で配られた速報の新聞を見せてくれました。

　10万1千人の沖縄の人たちが、オスプレイ配備反対の声を日本や世界に知らせようと集まっていました。

　その写真を見ると、「世界一危険なオスプレイはいらない」「イヤだオスプレイ」などの言葉がたくさんありました。

　「断固反対」や「欠陥機を飛ばさないで」の言葉がぼくの心を動かしました。

　小さい子どもやおじいさん、おばあさん、家族全員で来た人もいるそうです。

　たくさんの県民のメッセージを一人でも多くの人に聞いてもらい、基地のない平和な沖縄にしたいです。

（沖縄タイムス社提供　2012年9月23日）

解答と解説

<①②解説> ヘリモードと飛行機モードの違いに生徒は気づく。

> 上にむいてた はねが前にむいてる．

> Bはプロペラが横になっていて Aはたてになっている。Bはタイヤがでていて Aはでていない。

では、この二つのモードを自由に転換できると何がよいかと問いかけよう。

第一に離着陸に場所をとらない。ヘリとして垂直に離着陸できるので、飛行機ほど長い滑走路がいらない。第二に、飛行機として飛べば約520km／hの速度が出せる。従来のヘリ・CH－46の倍近い。そのため飛行距離もヘリの5倍以上の約3900kmに延びた。

これは沖縄から日本のどこまで直行できる距離か。自由に予想させる。正解は＜択捉島以北＞。地図帳を出させ、沖縄を起点として3900kmの円を地図に描かせたい。東方・南方に目を向けると、在沖海兵隊の活動範囲は東アジア・東南アジアに大きく広がることが分かる。オスプレイを沖縄におくと米軍にとって何がよいか。まとめて発表させたい。

だが、パイロットはヘリ・飛行機の操縦法を共に覚えて長時間飛行し、タイミングよく切り替えなくてはいけない。コンピュータがほぼ制御するとはいうが、人間に任される部分もあるから大変だ。ある航空専門誌は、オスプレイを「難しい飛行機」と称していた。

<③解説> Cの正体は何か。生徒は首をひねる。気軽に思いつきを言わせたところで右の絵を提示する。正解は＜折りたたみオスプレイ＞である。

なぜ折りたたむか。航空母艦・輸送船・強襲揚陸艦にたくさん積んで、一気に目的地に移動できるからだ。

少々の悪天候でも船に積めば大丈夫。空中給油をすれば、世界中で行動が可能であろう。

移動先ではヘリモードで次々と発艦し、飛行機モードですばやく敵地の近くまで行く。現地では滑走路の整備などは二の次だ。最前線後方のせまいスペースにも着陸して、兵員や物資を迅速に前線に送りこむ。こうした飛行機は〈侵攻〉輸送機とよばれる。英文でassault aircraftである。assaultとは「人や物に対する激しい襲撃・攻撃」の意味だ。（『ジーニアス英和辞典』第3版 大修館書店） だが、ヘリモード⇔飛行機モード、折りたたみへと機体の構造はさらに複雑になった。

<④解説>　「スリム」から「ずんぐり」へ。ひとまわり大型化したことが読みとれる。〈E〉のヘリ・CH-46はローターを入れて全長約26mであるが、〈D〉のオスプレイでは約18mに縮まる。代わりに〈D〉の全幅は約26m、学校の25mプールを超える長さとなる。重量も約8tから約16tへと倍化した。

では、そのプール並みの機体を浮揚させるローターはどうなったか。約16m×2⇒約12m×2へとCH-46に比べて各4分の3まで短くなった。倍の重さを4分の3の長さのローターで飛ばすのだ。エンジンには高い回転数と出力が求められ構造も複雑化した。

> 縦と横のはばがちがう
> ・オスプレイはうしろの方が前に比べて細くなっている

> ・オスプレイの方がたての長さが長い
> ・機体は→大きくなっている
> ・羽は→短い

<⑤解説>　正解は<23年>である。戦艦大和完成までに比べ、2.5倍も長い。オスプレイの初期設計契約は1983年であるが、部隊編成と配備は21世紀の2006年になってからだ。実戦配備は2007年10月・イラク戦争においてであった。

長期化した主因は何か。それは事故の多発である。防衛省パンフレット『MV22-オスプレイ』—米海兵隊の最新鋭の航空機—p.16にも「開発試験段階中、墜落事故等を受け、飛行停止」とある。

「適切な対策措置により不具合を解消」と続くが、配備後も事故は起きこれまでに計30名以上が死亡。普天間配備の年である2012年にも2度墜落しハワイでは訓練実施を中止した。

【開発・試験段階】
1992年7月　着陸時に右エンジンから出火して墜落（7人死亡）
2000年12月　ナセル（エンジン部）内の油圧系統ラインなどの不具合で墜落（4人死亡）

【最近の事例】
07年11月　着陸訓練中にナセルから出火
07年（月不明）　誘導時に着陸後、左ナセルから出火
08年3月　エンジン始動時、機体の右ナセルから出火（2人入院）
09年5月　修理中に突然起動し、エンジン排気から出火
09年6月　飛行中、右エンジンコンプレッサーが停止
11年4月　地上整備作業中、エンジンから出火

（エンジン関係の事故・防衛省による）

<⑥解説>　正解は次ページの通りである。配備の第一日目から騒音の激しい地区・学校や住宅地の上空を通過している。近くの沖縄国際大学には04年に米軍ヘリが墜落していた。

米側がまとめた『環境レビュー』によれば、配備以降沖縄では69カ所のヘリ着陸帯で訓練を予定し、伊江島補助飛行場だけでも年6760回離着陸する。

第2章 授業の組み立てと学習指導案

　全国では東北から九州まで6つ以上の縦断ルートで右下のように低空飛行訓練を行う。関係自治体や住民は反発し、沖縄では全42市町村・県議会が反対決議を挙げた。

1日のオスプレイの進入経路

オスプレイの低空飛行訓練

<⑦解説>　次の日米合同委員会議事録（12年9月19日公表）からも分かるように、米軍側は、オートローテーション機能が有効に働くとは決して言っていない。

▼日本側代表「日本国政府は、MV22が既存の場周経路からオートローテーションによって安全に普天間飛行場へ帰還する能力を有していることを確認したい」

▼米側代表「両エンジンの故障というオートローテーションが必要となる極めて想定し難い事態において、パイロットは飛行場内に安全に帰還するためのあらゆる措置をとる」

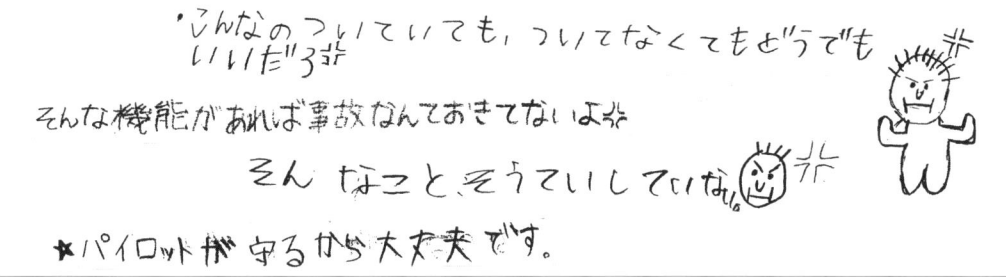

> ・こんなのついていても、ついてなくてもどうでもいいだろ詩
> そんな機能があれば事故なんておきてないよな
> 　　そんなこと、そうていしていない。
> ★パイロットが守るから大丈夫です。

<⑧⑨解説>　まずは自分自身が感じたことを発表させる。その上で、小4の一児童の思いから生徒は何を感じるか。さらには、ここまで学んで思ったこと、さらに知りたいことや疑問を出させ、みなで共有したい。

> アメリカでは訓練しないで沖縄で訓練するのはなぜか
> ○新聞を読んで自分の意見をまとめて沖縄県が平和になるように、と作文に書くのはすごいと思いました。

　オスプレイの配備や訓練は、沖縄の問題であると同時に全国の問題でもある。関係住民だけでなく私たち自身の問題でもある。また、配備の根拠である日米安保条約の存廃について改めて考える機会でもある。クイズを契機に多様な時事問題への関心を広げ、自らすすんで調べ、事実から深く考えるよう働きかけたい

3. 学習指導案・
株式会社のしくみと私たち

—学習課題No.41　「株式会社のしくみと企業の役割」を参照—

1　学級　3年A組（男子10名　女子18名）
2　単元　第3章　経済と私たちの生活　第1節－3.現代の企業のしくみとはたらき
　　（1）株式会社のしくみと私たち〈本時〉　　（2）企業間の競争と独占企業
　　（3）企業の活動と景気変動
3　指導の構想
　経済学習に入る際、「どのようなことを知りたいか」のアンケートをとると、生徒は日常の生活の中で経済や社会についてさまざまな疑問・関心を持っていることが分かった。
　企業活動に関わるものでは、例えば次のようなことが挙げられていた。

・企業のしくみについて　　・銀行とかは何かいつも大企業と関係しているけど、どうしてか　　・現代の日本企業の動きは、世界からどう見られているのか
・外国との企業の結びつきはどうか

・株のしくみ　　・株の詳しいこと　　・株（証券？）とかの意味が分からない
・株……どんなものがあるか　なぜあるか
・今は不景気だけど、なぜ不景気になるのか　　・バブルって何か　今はどうなっているのか　　・バブルがはじけて、経済にどんな負担がかかったか

・ものの値段はどう決められるのか　　・物価は最初どんな基準で決められたか

　生徒たちが日ごろ疑問に思っているこれらのことを基本に据え、「へえ」「なるほど」と身を乗り出すような具体的教材を提示して、経済の授業展開できないものだろうか。
　この生徒たちは、知的好奇心が強く、そのような導入に対しては高い関心を示すにちがいない、前年度私は、次のように、学習にかかわる生徒たちの個性を分析していた。

> ○大胆で個性的な発想ができるA君、B君。
> ○探究心に富み筋道立てて考えることのできるCさん、D君、E君。
> ○自分なりの視角から学習内容へこだわり、疑問をふくらましていけるFさん、Gさん。
> ○理解、応用、作業能率にすぐれるHさん、Ｉさん、Ｊさん。
> ———それ以外のひとりひとりをみても、さまざまな個性を通して、社会科学習を積極的に受けとめようとする意欲がうかがわれる。———

　授業では、このようなさまざまな個性を立体的にかみあわせ、目標達成に向け一つの流れにまで構成していきたい。
　一方、単元で生徒に学ばせたいことは「現代の企業のしくみとはたらき」である。みえているようでみえていないその「しくみとはたらき」を明らかにするため、私は教科書にそって次のように単元を構成した。
　(1)株式会社のしくみと私たちにおいては、株とは何か。株でもうけるとはどういうことかを糸口として、株式会社制のしくみに迫り、現代社会において果たしているその役割や問題点について考えさせていきたい。
　(2)企業間の競争と独占企業では、そのような会社間に競争と集中が生まれ社会に大きな影響を与えていることを、ビール・自動車産業など身近な例から考えさせ、資本主義経済の特色を理解させたい。
　(3)企業の活動と景気変動では、それら各企業の拡大再生生産活動の動向が、社会の景気変動と密接にかかわっていることを、商品の売れ行き・雇用・倒産などの指標の推移をグラフ化させることによって確かめさせたい。
　こうした3つの側面からの考察の結果、生徒は「現代の企業のしくみとはたらき」を多角的に、自分の視点でとらえ、自らの生きる社会や生活とのかかわりを理解できるようになるのではなかろうか。また、この学習を構想するにあたっては、奥村宏著『会社本位主義は崩れるか』[1]（岩波新書）、『株価のからくり』[2]（現代教養文庫）から、株や株式会社制度についての大きな示唆を得た。
　「日本には現在200万株以上の株式があるが、そのうち株式を公開して証券取引所に上場している会社は、2000社以上である」（1書p4）
　「日本の全上場会社については持株比率の推移をみると、1949年には15.5％であった法人所有の株数は、1991年には66％になり、これに対し個人持株比率は、69.1％から23.2％に入

っている」（1書p12）

　結局日本の公開株の60％は法人（企業）の所有となって、十分株式市場に出まわらず、残りの40％の株価は、わずかの買い操作でつりあがっていくのである。

　これらの教師自身が新たに学んだことも、生徒との応答の中で随時活用し、生徒の認識をさらに深めさせていきたい。

4　本時の構想

　まず生徒に"いちばんほしいもの"を聞いてみたい。「おかね」ということばが必ず出てくる。『ではどうしたら大金持ちになれるのだろうか』「宝くじを買う」『はずれたら？』「大金持ちと結婚する」『相手がいやがったら？』「株を買う」「値上がりしてもうかる」……スピーディーな応答の中でまず授業を楽しくさせたい。（K君、B君などが発言するであろうか。）

　『では自分の力で大金持ちになった人を紹介しよう』と言って、松下幸之助　と板書する。（E君などが"あっ知ってる"などと反応しそうな気がする）知っている生徒がいたら発言させてから、彼の顔写真を貼る。（どっとくると面白い）

　いきなり、隠しておいた5億2403万円分のワラ半紙「一万円札」を教卓につみ上げる。1989年度の松下氏の松下電器だけからの年収である。1日当たり143万円!!　身をのり出した生徒に『松下氏はどうしてこれだけのお金をもらうことができるのか』と発問したい。

　生徒がさまざまな思いつきを発表してくれればいちばんよい。しかし十分な反応がなかった時は、次の三択問題を提示して生徒に選ばせたい。意見は分かれるにちがいない。

```
1. 新製品を売り出し、会社のもうけをふやした。
2. だまって座っているだけ。
3. 株が値上がりしたので売った。
```

　そこで次ページの資料を配り、電卓を使わせ、松下氏のもうけが株式の配当によるものであることを見つけさせる。正解は「だまって座っているだけ」なのである。そんなもうけを産み出す株式会社制度とは、どんなしくみなのかとなげかけて、p.159の表現活動に取り組ませたい。

```
   松下電器産業（現パナソニック）
     ※松下幸之助氏が亡くなった1989年当時の状況


  ・資本金　1664億3900万円
         （19億5850万株）……一株50円
  ・株主
              住友銀行       87284（千株）   4.4%
              住友生命保険    83662（千株）   4.2%
              日本生命保険    77541（千株）   3.9%
              松下興産       58440（千株）   2.9%
              住友信託銀行    56235（千株）   2.8%
              三菱信託銀行    48691（千株）   2.4%
              東洋信託銀行    46403（千株）   2.3%
              松下幸之助     41923（千株）   2.1%
```

　p.159の表現活動は、配役を決め、自分たちでセリフをつくらせ、株と株式会社のしくみをアドリブで表現させる。それを受けて教師が補足を加えながら、株式会社のしくみについて説明と板書を行う。ここではしっかりと聞き取る態度を育てていきたい。

　最後は学習したことがらについての考えや疑問を生徒から出させ、個人思考の深化と外化・話し合いの焦点化に役立てていく。出された疑問や課題のうち本時において解決できるものは解決し、残されたものは次時からの学習の中に生かそうと思っている。

<u>5　本時の目標</u>　株や株式会社について十分な知識を持たない生徒たちが、どうしたら年収がふえるかその方法に興味・関心を抱いて主体的に学習する中で、そのあらましを理解してそれぞれの思考や課題意識を個性的に発展させることができる。

6　本時の展開

過程	学習段階	追求の方向（教師のはたらきかけ・予想される生徒の意識と活動）	備考
とらえる	学習への興味・関心を育てその方向をとらえる。	どうしたら大金持ちになれるのだろうか 宝くじ　大金持ちと結婚　株を買う	○ワラ半紙で札たばを用意する。
見通す	自分なりの考えを持つ。	松下氏はどうしてこれだけのお金をもらうことができるのか 社長だから 株をたくさん持っているから 株が値上がりしたから	○プリントを配り、電卓により正答を求めさせる。
深める	課題を理解し、楽しい雰囲気の中で学びあう。	株式会社制度とはどのようなものなのだろう ワークシート個人作業 即興朗読ミーティング（サブルーム） 即興朗読グループによる答え合わせ 〈教師による補足〉	○表現活動の得意な生徒たちに即興朗読を行わせる。
まとめ、発展させる	学習からつかんだことをまとめ、自分なりの疑問や課題を深めることができる。	わかったこと、疑問や課題を出し合おう 発表と応答・質疑 〈教師による補足とまとめ〉	○プリントか小黒板に自己の考えを記述させる。 ○次時からの学習への足がかりをつかませたい。

7　本時の視点　○株や株式会社制度のあらましを理解し、興味・関心を高めることができたか。
　　　　　　　○学習の中で個性的に表現や思考、発言をすることができたか。

※取り上げる人物は必ずしも松下幸之助でなくともよい。孫正義など、その社会活動においても注目を浴びた人物に差し替えてはどうだろうか。

生徒の表現活動に使うシート

　よし、新製品の発明＿　でも、生産するお金がない……そうだ！　みんなから資金を集め、会社をつくって売り出そう。もうかるぞ～　資金を出してくれた出資者＝①〈　　　　　〉には、証拠のカード＝②〈　　　　　　〉を渡そう。会社がもうければ、カードを持つ人に利益の一部を分ければよい。（これを③〈　　　　　　〉という）こうしたしくみの会社を④〈　　　　　　〉という。（でも、会社がつぶれれば、その②はただの紙切れ）

・株券（または株式）
・配当（または配当金）
・株式会社
・株主

「おー、もうけの多いA社は配当も多い。A社の株券を買いたいなあ」「うーん、B社は落ち目できっと配当も減るだろう。B社の株券を売りたいなあ」

　そこで、各社の株券を売買するところができた。

　そこを①〈　　　　　〉市場、または②〈　　　　　〉取引所という。業績の良い会社の株券の値段＝③〈　　　　〉は④〈　　〉がり、業績の悪い会社の株券の値段は⑤〈　　〉がり、日々⑥〈　　　　　〉する。各社の株券をうまく売買すれば、そこでももうかるぞ。

上・下・株式・変動・株価・証券

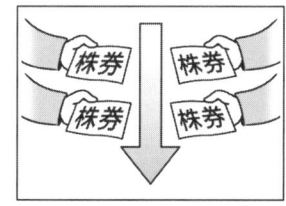

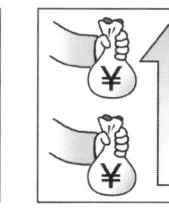

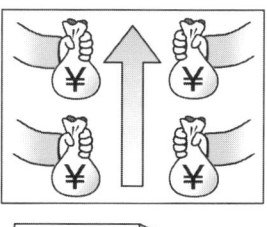

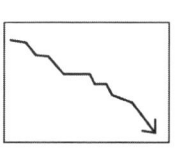

第2章 授業の組み立てと学習指導案

参観教員によるコメントから―

①のびのびと発言している生徒・演劇を自信をもって行う生徒・小黒板に意欲的に書く生徒……気取らず飾らない授業でした。

②お金の話から入るなど、導入での投げかけが優れている。生徒は興味をもって学習に入っていった。この興味づけがワークシートの学習において具体的に生徒の課題意識に転化していくはずであったが、そこで少しつまずき……だが、流れが一度切れても生徒同士で間違いをただし、スムーズに調べ学習をすすめていったのは日ごろの成果であろう。

③和やかな雰囲気ではあるが、少しのサインも見落とさず、すぐに生徒を指名する。そういうところから「強引に」発言力を高めている。

④子どもたちは、一人ひとりの全人的違いを個性として認められているので、臆せずに動いていた。劇・小黒板・パンフレットなど個々の活動を促す用意もあった。

⑤第1時でこれだけたくさん疑問が出てきたら、予定時数3時間でこなせるか。課題解決に要する時間を今後どこから生み出していくか。

　私自身は、「ワークシート学習の怖さ……穴埋めをしてあるからといって、深く理解しているとは限らない」と反省の第一に記している。

　H君は株についての9つの質問にすべて正答を記していたが、発言をすると、その一つについて間違ったとらえ方をしていることが分かった。そこで授業が止まったのが、②の参観者の言う「つまずき」である。表面的にすらすら記入「できた」ことが、実はシートへの機械的穴埋め作業の結果であったのだ。

　だが、その間違いは教師が訂正するのではなく、他の生徒が異議を出しさらに話し合う中で解決していった。そのことを参観者は評価したが、私にしてみれば「できる」と「分かる」の乖離は大きな反省点であった。

　⑤の指摘はまさにその通り。「株式会社はどうつくるか」「プリントのようにうまく行くのか」など、計20の疑問が生徒から出てきたのだ。それらをどう以後の授業に活かしていけるか。

　つまり、授業が一定「成功」して生徒が活性化すればするほど、教師の設定した「枠」を越えて学びが広がる。ひとつの成功が新たな課題を生み出すそういう「授業の弁証法」をどれだけ私が分かっていたか。学習指導案を実践に移し、こうした反省点を次に生かすことで私はさらに成長できることに気づかされた。

第3章
調査研究から育てる学びあいと表現力

　調査研究はいきなり文献中心で行うべきではない。高度なテーマもはじめから設定させる必要はない。ならば、どこからどのように学習を重ねていくと丸写しにならず、個性的な研究ができるのか。
　1 "働く生活"を調べて生徒授業につなぐにおいて紹介する実践は二つ。労働を見つめる視点を育てる職場見学の方法と、そこでつかんだ視点を活かして生徒自身が行う家人の"働く生活"調査である。
　職場を訪ねた後に身近な労働生活を本気で調査すると、普段知っているつもりの保護者の仕事内容も実は知らない。そこには、学んでも学びきれない公民学習の教材が詰まっていた。その労働のありさまを「わが子の視点」から考察していけば、個性的にならざるを得ないし、丸写しなど起きようもない。
　ならば、それらの"働く生活"調査をどう生徒自身による学びあいにつなげるか。その授業構想はどのようなものか。**2 学びあう生徒授業の構想と実践**では、私はその方法の一つを示した。
　さらに**3 職業調査の発展と表現方法のくふう**においては、家族を越えた"働く生活"の調査研究と個性的な表現のあり方を真のキャリア教育の視点をふまえて紹介した。
　兼業農家のしごと・各職業の対比・経営者と労働者の視点の違い……実際の作品も多く載せたので、それらはそのまま参考例として活用できる。
　調査研究をまず身近で誰もが取り組めるところから出発させ、どう相互の学びあいとに発展させていくか。一つの事例として受けとめていただきたい。

1. "働く生活"の調査を生徒授業につなぐ

1.タテの個別化、ヨコの個別化

　働く人々や社会の生の姿にふれていくことは、中学校においても主体的な学習の出発点となる。

　2学期も半ばを過ぎた11月、テストの点を一点でも伸ばそうと生徒も教師も目の色を変えるこの時期に、私はあえて3年生の職場見学を行うこととした。

　当時のNTT伊東支社は従業員数約500人、高度にOA化された職場である。まずはその労働現実を見すえさせたい。生徒はその中で現代労働のきびしさとすばらしさを、自分なりの視点からつかんでいく。そこから、日本の"豊かさ"を多面的に、切実に考える視野がひらけていく。

　・仕事の内容と機器・システム
　・苦労や働きがい
　・労働時間と労働条件

　これらは教師としておさえたい職場見学の視点である。しかし私はそれらを例示するだけにとどめた。

　ここでは見学は共通とするが、その中で何をどう見るかは各生徒にまかせてみようと思ったのだ。見学後に生徒の感想を読んでいくと、その受けとめ方は大きく三つに分かれていた。

A　しくみの発見
　「会社って何てすごい所なのだろう。500人ぐらいの人を働かせている。中でも驚いたのが交換機。ずっと動かしっぱなしなので整備する人も大変だ。」（昌孝）

B　労働への着目
　「職場に入ったとたん、ピンと張りつめた空気が目に見えるようだった。一つまちがえたら全てが合わなくなる。みんな気を張っていなければならない、私たちから見たら一風変わった風景だけど、それが社会の現実なのだろう。」（純子）

C 労働者への共感

「もっと楽でおしゃべりしながらやっていると思っていたけど、一日中パソコンの数字とにらめっこ。一つひとつの仕事の内容がちがって忙しそう。そんな中に見学へ行ってもやさしく対応してくれた。私もそんなふうになれるかなあ。（美和）

　Aには、"人やものを動かすしくみ"を新たに発見した驚きがある。Bには、労働のきびしさ、その真剣さへの着目がある。Cには、そんな中でも中学生へのやさしさを示す労働者への共感がある。

　こうした価値ある体験を共有する中でこそ、社会事象をさまざまな角度からとらえる複数のものさしがクラスの中につくられていく。

　"しくみ""労働""労働者"……生徒は互いに感想を読みあう中で、その視点のちがいに気づく。自分にはない他のものさしのすぐれた点を学びあうことができる。

　この三つのものさしには、どれが高次でどれが低次かという優劣のちがいはない。あるのはただ、一つの社会事象＝会社組織をどの側面からとらえるかという視角のちがいである。それらを学びあう中で、生徒は資本主義的合理性の一つの到達点である企業という社会事象をより多面的に認識できるようになる。

　私は、こうしたひびきあう個別化学習のことを"ヨコの個別化"とよぶこととした。

　ではそれに対し"タテの個別化"とはどのようなものか。かつて私が参観したO中の授業がそれに当たっていた。

　そこでは、個別化学習の課題は具体的で切実な教材から生徒自らが選びとるのではない。課題はあらかじめ教師の側からいくつか設定されている。しかもそれには「難しい」ものと「やさしい」ものがあるのだった。

　A　信長はなぜ天下統一に成功したか。
　B　信長の性格や行ったことを調べよう。

　たとえばAは探求が必要な難の課題であり、Bはすぐに調べることのできる易の課題である。生徒はそれを「能力」にあわせて「自ら」選択して個別学習に入っていく。それを個に応じて教師が机間巡視の中で支援していく。それが指導の個別化と称するものであった。

　だがこの課題は生徒に根ざしたものといえるだろうか。生徒は手ごろだと思うものをきわめて浅い次元の「意欲・関心」で選んだにすぎない。

　その後、授業は調べたことの発表にうつった。Aの天下統一の原因についての説明はBの生徒たちには難しい用語が飛び交って、ピンとこない。

Bの生徒が発表する信長の性格などは、「能力」の高い生徒にとっては周知の事実である。彼らはいらいらしながら説明の終了を待っていた。

　学びの断絶とばらばら知識の一方通行。おりこう課題とお客さん課題の複線学習……。ここでは課題の選択やその学習が"十人十色"ではなく、"「能力」が高か低か"の視点から行われていた。易の課題を追う者と難の課題を追う者との間に気づきあいや学びあいが十分成立できなかったのは、そのためであった。

　この授業は、"個別化→上下化→それなりに"への道をまっすぐに進んでいると私は思う。

　だがそうであってはならない。学習の個別化においては、まず学ばせる価値のある教材を生徒と新鮮に出あわせることが重要だ。生徒はその教材を多彩な個性でそれぞれにとらえ、自己の課題をその内側につくっていく。

　生徒は、そのとらえたものを相互に学びあう中でこそ共通の認識に到達し、事象を分析・統合する力をそれぞれの方向に育てていくのではないか。

　私は個別化から真の個性化と学びあいへすすむ職場見学学習を、まず"ヨコの個別化"からスタートさせていった。

▼＜参考＞NTT見学に行った生徒の感想
　　感想は小見出しをつけて投げかえす。ファックス原紙に生徒が記した文章をそのまま掲載すると手間が省ける。

2.個別化から個性化へ

　生徒はNTT見学で、現代労働のきびしさとすばらしさを自分なりの視点からつかむことができた。すると労働や労働生活についてさらに学びたいという意欲が、その内側からわきおこってくる。
　私はその意欲を、地域や家庭の労働生活調査にふりむけていこうと考えた。
　伊東のNTTは、熱海市網代という地域から離れすぎている。詳しく観察しようにも、何回も行くことはできない。その巨大な機構や労働の総体を、目に見えるかたちで生徒がとらえきることができないのだ。
　生徒にはもっと多様で把握しやすい労働生活を、豊かに認識させたい。そこで私は身近な人の労働生活調査にとりくませることとした。
　これなら目に見えるところが多く、くりかえしの調査も可能である。NTTではそのしくみに着目したK君は、次のように父の仕事＝ひもの製造販売業をみつめた。

　☆**a.m.**
6時　　仕事着に着がえ仕事場へむかう。
7時　　父は網代魚市場へ出かけ魚を買う。
　　　　　　（せりにも出る）
7時30分　魚をひらき始める。
　　　これから魚を昼までひらきます。その間にも父は帳面をつけたり配達したりと大忙しです。魚によってひらき方もちがいます。干したり箱につめたりと肉体労働です。日曜日なんかはお土産（の注文）がたくさん来たりします。僕も手伝います。
　　　これだけ働いてもお金はあまり残りません。
　　　魚のお金、借金、冷蔵庫の代金などで残るのはほんの少しです。でも父は消費税をとられても売る時にはぜったい消費税はかけません（多い時は少しかける）。
12時　　昼食時間。しばらく休けい、TVみながら……。
　☆**p.m.**
13時　　また開始です。でも今度は外へ干したり取りこんだりします。
　　　干したりするにはまず網にのせます。それをリヤカーに積み灯台まで行きます。行ったら太陽の角度、風の方向を考えて干します。
　　　かわいたと思ったら取りこみます。箱につめる作業は手作業です。ただ全部箱に入れればよいというのでありません。大・中・小・特大・特々大まであ

> り、全てわけます。
> こういうふうに手間ひまかけて作るのでおいしいものができるわけです。
> 18時　仕事が終わり、パートの人も帰っていきます。

　こうしてK君はNTTよりさらにリアルに、父の労働過程をとらえる。しくみ・労働・労働者、この三つが視野に入ってくる。彼は最後にこうまとめた。
　「いつも見ていたから、もう調べなくってもと思っていました。けれど調べてみると、とてもかんたんにはいっていません。あれだけ働いてもかせぐのには苦労します。働きづめでも家計は楽になりません。網代へ来た時はうちへ立ち寄ってもらいたいです。」
　「あれだけ働いてもかせぐのには苦労」……彼の認識は労働と社会とのかかわりにまで進んできたのである。これはまさに個別に身近な事象と切りむすんだからこそ得られた認識ではないか。その視点と意欲をもつようになったからこそ、地域で働く人々の姿がK君には"見えた"のだ。
　ここでも対象の選定やその見方・まとめ方はいっさい生徒の個性にまかされる。そこで生徒はそれぞれの対象にそれぞれの角度からとりくみ、それぞれの結論を引き出していった。

> 《お母さんからひとこと》
> 　私は高校へは行っていません。時々他の仕事を見るけれど、その全てが高卒となっていて仕事を変わることができません。

　このOさんのお母さんは、水産加工店で揚げ物をつくるパート労働をしている。進学できるかどうかでゆれていた彼女は、そのひとことで学歴社会で働くきびしさを思い知らされ次のように記した。
　「これを聞いた時、私は社会のきびしさというものを目の前につきつけられたような気がした。高校だけは卒業しようと、感じさせられました」。
　Sさんのお父さんはバス労働者だ。労働時間は長くて15時間、短くても8時間。
　「お父さんは観光バス専門なので、京都へ行ったり青森の方まで行ったりします。知らない所、知らない土地へ行くので地図を広げて道をたどったり計画をたてています。楽ではないのです。」
　こう記した彼女は「今までのお父さんとはまったくちがったイメージでした。いつも家でゴロゴロしていると思ったらこんな仕事をしていたとは‥‥‥。」とその父親観を改めた。休んでいる父親ではなく働いている父親が見えたからである。

　圧巻は＜小島屋商店の仕事＞と題したHさんのものであった（右掲）。

第3章　調査研究から育てる学びあいと表現力

　彼女はまず、毎日12時間30分も働く父の一日を母と比較する。その父がなぜいやな八百屋をつがなければならなかったかを＜父が二代目店主になった理由＞としてさらにまとめた。

　＜父と青果市場＞の項では①～⑨までの仕事を教えあげ、「約80人のお客さんのために毎日一人で1トンもの品物を仕入れる」父を「すごい！」と結論づけた。

　こうして個別に、個性的に事象を見ていくと、労働生活についていままで見えていなかったことが見えてくる。勤労者として働くことのすごさ、大変さを自分のこととして受けとめるようになる。そこから、家人やその仕事についてのとらえ直しが始まる。

　この調査をよびかけ、まとめるのに使ったのは1.5時間。生徒22人による計17種の調査は『働く人々』と題して冊子にまとめられ、次の学びあいの資料となった。

　生徒がこれだけ深くさまざまな労働生活をつかみとることができたのは、まずNTT見学で労働への強い関心を抱いたからである。感想を読み相互の視点を学びあうことによって、その意欲はさらに高いものとなっていった。

　次にその意欲と視点で身近な家人をみつめて、自己の関心や力量に応じた課題を個別に選択、調査したからであった。

　K君、Oさん、Sさん、Hさん、彼らはいずれもいわゆる"テスト優等生"ではない。しか

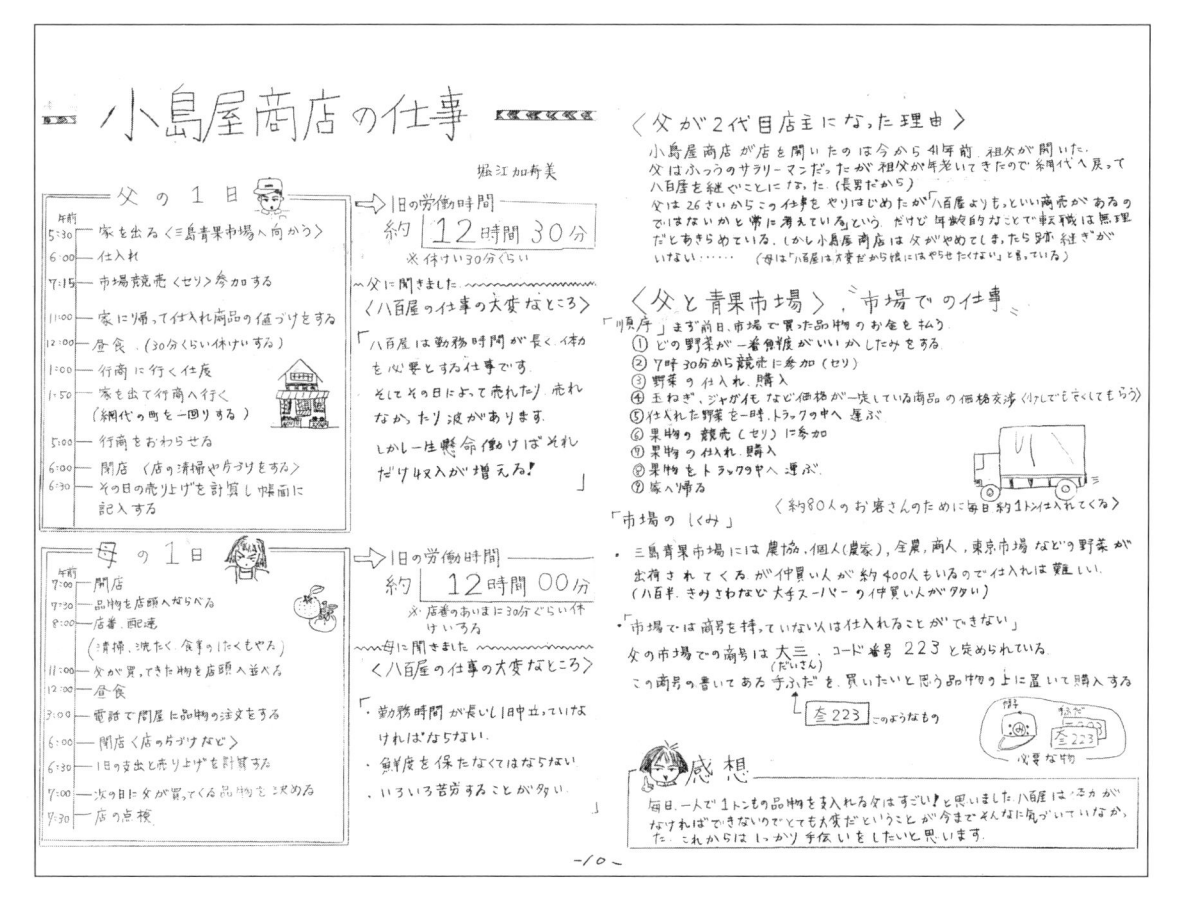

▲＜参考＞生徒の作品（Hさん）

し関心・意欲→力量に応じた具体的課題の選択というすじ道の中では、これだけの成果を生み出すことができた。

本質に迫る課題学習と深まらない課題学習の差はここにあるのではないか。教師の第一の役割は、教材の本質へ向かう学習のすじ道を設定することにある。指導や支援はそのすじ道に沿って行われなければならない。

受け身で意欲に乏しいといわれるのがいまの中学生である。しかし、以上のような方法で、主体的に学習できる状況を設定してやると、彼らは個別に把握した課題を個性的に探求していく。配当時数は少なくとも、生徒のエネルギーはそれをのりこえて発揮される。

社会科において真に個別化⇔個性化学習を成立させるとは、このようなことをいうのではないだろうか。

3.学びあいの授業づくりへ

では、そのうえにどう生徒どうしの学びあいを育てるか。それを課題とする「働く生活」1時間の授業は、私にしては珍しく種もしかけもない。

本時のねらいはこうである。

「NTT見学を機に職業や労働生活に具体的関心をいだき始めた生徒たちが、自ら調べた"働く人々"をもとに社会科係を中心に学びあう中で自営業と労働者の労働や生活を知ってその認識を深める。」

授業のすべてが社会科係生徒2人の手ですすめられていった。

まず生徒全員がそれぞれに調べた人の職業カードを黒板に貼る。司会のMさんは「これを同じ種類にまとめてください。」とよびかけた。

生徒の発言によってカードの移動と仲間わけが行われていく。大工という仕事も、やとわれか自営かまでが議論される。カードはすぐに労働者と自営業に大別された。知識としてこれらのことを知っている生徒が、少なからずいるのである。

ここで生徒はコの字形に机配置を変えた。自分の調べた職業が労働者であれば窓側、自営業であれば廊下側というようにその席を変える。

彼らは冊子だけではわからないことを質問しあい、仕事の実態や苦労を学びあっていった。

「旅館の仕事で困ることは何ですか。」
「予約取り消しになることです。」
「取り消しになると何が困るんですか。」
「料理の材料がむだになります。」

「八百屋はいろいろ苦労すると書いてありますが、たとえばどんなことですか。」
「休みの日でもお客さんが買いに来ると店をあけます。」

	労働時間	休　日	労働年齢	所得
自営業	不　定	不　定	働けるまで	働きに応じて
労働者	（一　定）残業あり	（一　定）出勤あり	定　年	一　定

　アシスタントのYさんは黒板にこのような表を書いて自営業と労働者のちがいを整理していく。授業を主導するMさんは「自分ならどちらの仕事につきたいか」と、アドリブ発問までくり出して授業をまとめていった。

　「僕はやがては旅館の仕事をつぐ」というR君の発言に拍手がおきる。
　結局「自営業・労働者どちらも大変」「どちらも中途半端ではできない」ということにまとまっていった。
　生徒の感想を読むと、じつに多くのことを学びあっていた。

　「今日の授業でいろんな家での父さんや母さんの苦労があることに気づきました。今回の授業がなかったら仕事についてこんなに深く考えることはなかった。」（S君）
　Uさんは「社会科とは先生がすすめていくだけが授業じゃなくて、私たちでもすすめていける教科だ。」と、その学習観の変化を記していた。
　自分の目で事実を個性的につかみとることがまず重要だ。しかしすべての仕事をすべて自分の目で見ることはできない。そこでそれをみんなで学びあう。その授業は生徒自身の手でりっぱに成立した。それが"一人からみんなへの公民学習"となる。

　参観した学校長は次の三点を指摘した。
・事前の調査学習が本時の学習に生きていた。
・自作の資料をもとに係のリードでよく学びあえた。
・個を中心に置きながら、他からも学ぼうとしていた。

　この生徒授業までの学習過程は、次ページの図のように整理することができた。

1 まず一斉学習の中で生徒の視点の"ヨコの個別化"がはかられる。＜個別化A＞
2 そこに共通体験の受けとめ方のちがいがあらわれる。＜個性化A＞
3 Aを学びあった後、対象や方法を自らが選択して個別に労働生活調査にとりくむ。
   ＜個別化B＞
4 その結果をそれぞれの視点から個性的にまとめる。＜個性化B＞
5 生徒自身が主人公になってBを学びあい、各自の労働生活への認識を深めあう。
   ＜学びあい＞

　この＜学びあい＞の中で、個別的認識が多面化されていく。それは個性的な認識でもあるが、科学的な認識の端緒でもある。
　私はいままで、作業・イメージ・逆転・対立・相補・探求の六つの授業要素から学習過程を組み立てることに力を注いできた。それらの組みあわせでしかけのある授業をつくり、生徒をいきいきと学習させようとしてきたのである。
　しかしそれだけでは学習の"客体"というレベルからぬけ出していけない生徒もあった。それらの生徒が"主体"として学びあう授業こそ必要であろう。
　個別化⇔個性化⇔学びあいの授業づくりはそんな私にとって生徒の側から社会科学習過程を考えることへの発想の転機となった。

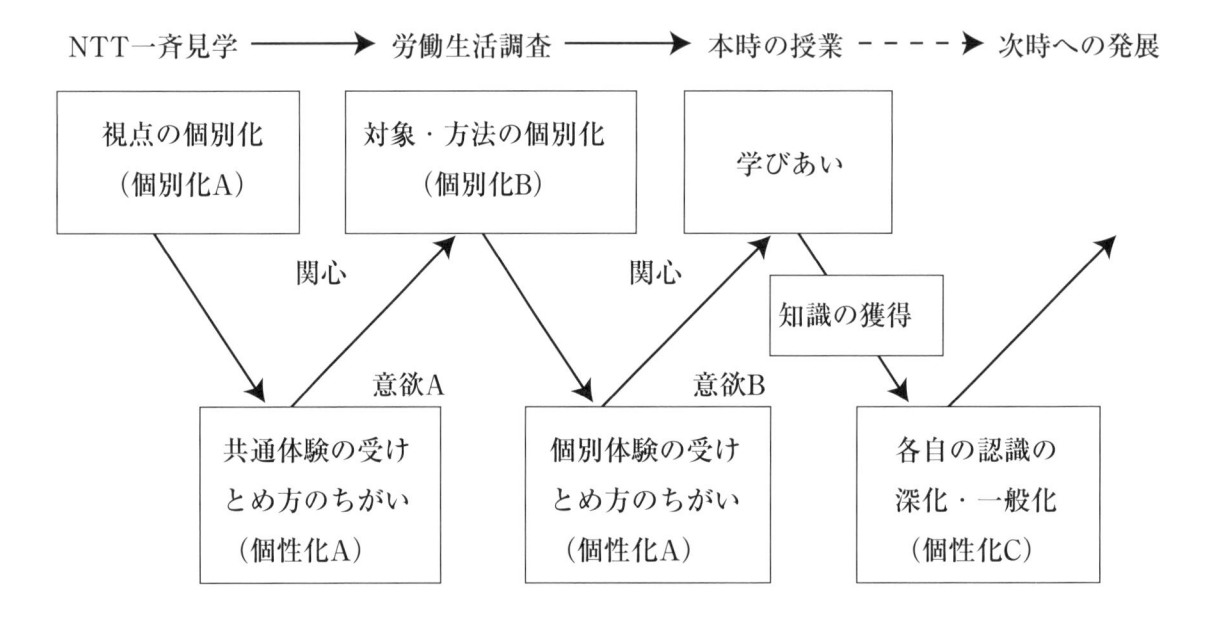

```
NTT一斉見学 ──────→ 労働生活調査 ──────→ 本時の授業 ----▶ 次時への発展

┌──────────┐      ┌──────────┐      ┌──────────┐
│ 視点の個別化 │      │対象・方法の個別化│     │  学びあい  │
│ （個別化A） │      │ （個別化B） │      │          │
└──────────┘      └──────────┘      └──────────┘
         ＼  関心  ／          ＼  関心  ／      ┌──────────┐
          ＼     ／            ＼     ／       │ 知識の獲得 │
           ＼   ／              ＼   ／        └──────────┘
            ＼ ／   意欲A         ＼ ／  意欲B
┌──────────┐      ┌──────────┐      ┌──────────┐
│ 共通体験の受け │      │ 個別体験の受け │      │ 各自の認識の │
│ とめ方のちがい │      │ とめ方のちがい │      │  深化・一般化 │
│ （個性化A） │      │ （個性化A） │      │ （個性化C） │
└──────────┘      └──────────┘      └──────────┘
```

　教師と生徒は学習をめぐっての＜主体・客体＞関係を＜主体・主体＞関係に転化させるべきだという。ならば、生徒どうしもまた学習をめぐって＜主体・主体＞の関係を築いていくことが大切である。見学学習を生徒授業につなぐ「働く生活」学習の試みは、私にとってその実践化の第一歩となった。その生徒授業のプランは、次ページから紹介したい。

2.学びあう生徒授業の構想と実践

社会科学習指導案　働く生活

1　学級　3年A組（男子8名、女子14名　計28名）
2　単元　わたしたちのくらしと日本経済（第3節の1　働く生活）
3　指導計画　第3節　生活の経済　4時間配当
　　（1）職場見学と家族の仕事調査のまとめ
　　（2）働く生活—＜本時＞
　　（3）所得のいろいろ
　　（4）生活水準の向上
　　＊NTT職場見学には、社会科以外の時間、計3時間を配当した。

4　生徒の実態と指導の構想
　"学ぶ、調べる、考える"近代史書の最後に「戦後の日本　こうなってほしい"という一文を書かせると、多くの生徒が「平和」をのぞんでいた。だが、何が平和かということになると、"戦争のない世の中""国民中心""楽しく幸せにくらす"と抽象的な言いまわしが続いていた。その中で私が着目したのは次の二人の生徒である。

> 「私の家族は、私が中学に入ってから、家族全員でそろって食べたことがない。一度ででいいから家族全員で食事をするゆとりなどがほしい」　　　（麻里子）
> 「お金もたくさんあり、今は日本はとてもゆたかです。でもゆたかになってもむだにしていく。今の自分のことを考えているだけではよくありません。戦争ばかりしていた時代の方が、みんなひとつになっていたみたいです。これからは自然やまわりのことにも目をむけ、みんながひとつになっている国をめざしてほしい」　　　（幸代）

　この二人は「平和な生活」ということを"戦争のない状態"ということばの置きかえに終わらせず"ゆとり"と"ゆたかさ""まとまり"という点から具体的に考えつつある。私はここに、公民、「働く生活」を学ぶ手がかりを見い出した。このことについては、「大切な

ことは中学生という発達段階を考慮しつつ、内容を一般的な理念として抽象的にとらえさせるのではなく具体的に認識させる」ことだと指導要領にも指摘されている。

では、本単元ではどのようなすじみちを通って——「社会の諸問題に着目させ、自ら考えようとする態度を育てる」か。さらには「国民主権を担う公民として必要な基礎的教養を培う。」という高次の目標に迫っていけばよいのだろうか。私はその学習の展開を次のように考えてみた。

まず生徒たちは今、受験というカベにあたって㊟としての将来はくだけ、かといって㊟としての将来もみえにくい。そこでその生徒たちにまずＮＴＴという実際の職場を見学させ、日本の「ゆたかさ」を支える現代労働のありさまを自分なりの視点から具体的に把握させたい。

その上で、そこに生じた関心や興味を家人の「労働調査」に発展させ、"働く生活"としてその労働生活を見つめ返させる。さらに本時の授業では、それぞれの調査結果を学びあう中で、具体的な事実を資料として職業と雇用についての認識を深めあわせたい。その後所得・消費について学習していくわけであるが、そこでも求人票などの具体資料を活用したい。すると生徒は、労働・所得・消費という側面からも将来の働く生活について考えて自らの勤労観・職業観を深め、かつて「戦争がなくて平和」と抽象的にとらえようとした現代社会も、働き、生活していくという面から考えるとさまざまな課題があることに気づくであろう。

このような学習が、生徒自らに"社会の中で主体的にどう生きるか"について考えることを触発し、「豊かな心をもち、たくましく生きる人間の育成を図る」ことや「社会生活における職業の意義と役割を考えさせる」ことの具現化につながるものと考えたい。

5 本時の構想

本時においては三年生後期という段階をふまえ、教師のリードに生徒がついてくるのではなく生徒自らがすすめる授業を構想したため、私にしては珍しく"タネもしかけもない授業スタイル"となった。

はじめに生徒たちは家人の職業を記入したカードを黒板に貼り、それを同じ性質のものどうしに分類していく。最初から教師がカテゴリーを明示して分類させればそれまでであるが、そうではなく、"公務員と従業員・工場経営と八百屋は同じものにくくれるか" "パートは労働者か"などと大いに迷わせ、生徒自らの手で「自営業」「労働者」という区分に至るようにしていきたい。

その分類法を教科書の記述とてらしあわせたあとは、生徒の座席を自営業側と労働者側に分け、話し合いに適したかたちとする。その上でそれぞれの家人の働く生活を調べてわかったことを自らが作製した資料をもとに発表しあい質問しあって、それぞれの職業、労働生活を問題点や課題もふくめてなるべく具体的に把握させたい。

第3章　調査研究から育てる学びあいと表現力

　終盤は労働時間、休日、働く年齢、所得（収入）などの点で自営業と労働者のちがいをおさえ、また働く生活の最低基準を守るための法制にもふれたあとで、授業でわかったことや感じたことを発表しあい、本時のまとめとしていきたい。

　いわばこれは"ひとりからみんなへの公民学習"である。各生徒が主体となって個性的に学びあうことをめざした授業であったが、それは、生徒の力にたよって構想した授業プランでもあるので、実践の中ではさまざまな問題点が生まれることも考えられる。

6　本時の目標　　ＮＴＴ見学をきっかけに職業と労働生活に関心を深め始めた生徒たちが、自ら調べた家人の働く生活をもとに社会科係を中心に学びあう中で自営業と労働者の働く生活の違いを知り、職業と労働についての認識を深めあう。

過程	学習段階	追求の方向（係の生徒の働きかけ、予想される生徒の意識と活動）	備考
つかむ　見通す	学習の方向をつかむ	家の人の職業カードを黒板に貼る おもちゃ屋、鉄工所、ひもの製造販売、(株)ダイナナ、伊藤忠、松本屋、市役所、運転手、カッター製造、ＮＴＴ、箱根登山、左官、消防署、八百屋、建設業、建具屋、釣具店　等	・社会科係2人の司会ですべて進行させる。
深める	課題をとらえる	これらの職業を同じ性質のものにまとめてみよう 同じ種類の職業を重ねよう　消防署と市役所は公務員にまとまる　店屋はひとつにまとまる　鉄工所と八百屋はまとめてよいか 公務員と店員は同じにしてよいか　パートは労働者でよいか 店の経営者と労働者にわけるとよい	・性急に分類法を教えこまず、生徒の疑問や"まわり道"を大切にする。 ・最終分類にまで至らない時は助言してさらに分類を進行させる。

ま と め る	課題を深め、発展させる	教科書で、働く生活の種類に応じたわけ方をたしかめよう。	・自営業、資本家、経営者、労働者という分類を知る。
		それぞれの働く生活を具体的に学びあおう。	・席を分類に応じて並びかえる。
		＜自営業＞・朝はやくから夜おそくまで、とくに納税の時などたいへんだ。 ・お客さん次第なので不安定だ。 ＜労働者＞・家に帰るとつかれてぐったりしている。 ・会社では休むひまなく働いている。	・まず調べてわかったことや感じたことを発表しあい、質問を出しあう。
	学習の中でつかんだことをまとめ、相互に発表しあう	労働時間、休日、働く年齢、所得（収入）の点で、ちがいをまとめよう。	・表にして黒板にまとめさせる。
		それぞれの働く生活を知ってわかったこと、感じたことを発表しよう。	・教科書を読み、労働者を保護するためのしくみについてもふれる。
		どんな職業にも、それなりの苦労がある。もっと家の人の職業について知らなければ。今までこういう点から職業について考えたことがなかったのでためになった。	

7 評価の視点　　・社会科係を中心に自分たちの力で個性的に学びあうことができたか。
　　　　　　　　・各種の職業と労働生活のちがいを知り、認識を深めあうことができたか。

授業後の生徒の感想

※社会科係を中心に自ら学びあう授業を通して、生徒たちはその職業感・労働感を大きくゆさぶられたことが分かった。

☆今日の授業で多くのことを学びとることができました。私は、自分の家の仕事も知全然
　しらなかった。だから、他の人達の仕事なんて本当に分からなかった。今日勉強して、他
　の人達が、どういう仕事をやって、どのくらい働いているのかを知ることができた。簡単
　そうに見えた職業でも、すごく大変だということがよくわかった。仕事をあまくみてはい

けないということを学んだ。もっと細かくしりたいものがあるので、直接ききにいって勉強したいです。働きすぎて、からだをこわさないようにしてもらいたい。（真美）

☆"働く"……この1言から始まった今までの調査で学んで、見て、聞いて、手に入れた"働く"1言の重みは大きかったと思う。労働者と自営業とわけてみてもどちらも大変でおくが深いものだなぁと思います。この授業をやって、働くの本当の意味がわかったような気がする。（純子）

☆僕は将来自営業にたずさわろうとしていた。その時は、かるい気持ちだった。でも、調べてみて、自分の親の職業がこんなむずかしい物だと思わなかった。しいれからなにから、たいへんな苦労が必要だった。その点労働者は毎日きめられた事をしていればよいと思っていた。けれど中には３Ｋ物もあった。自営も労働も、働くという基準においてやっているわけで働くことはとてもたいへんだと思った。改めて社会というきびしさを、しりました。これからも家のてつだいをしたいと思います。（昌孝）

☆会社へ通っている人もその会社によって仕事もちがうし、会社の中のしくみもちがうと思います。それと同じように自分の店を持っている人も例えば同じ旅館にしても中身はまったくちがいます。今まで自分の家の仕事についてしか知らなかったけれどいろいろな種類の仕事を知ることができてとても良かった。自営業の人も労働者の人もそれぞれいっしょうけんめい働いているし、その中で自分なりにその仕事に対しての考えかたもあると思います。自営業がいいとか労働者がいいとかはわからないけれど自分のつきたい仕事につくのがいちばんいいと思いました。（耕介）

授業を参観した教員のコメント

※生徒による授業の可能性や課題が、さまざまな角度から考えられている。

●社会科学習と進路指導を兼ねた職場見学を計画し実施したことは今日の授業中に生きていたと思います。三年生の授業ともなると、どうしても教室中心の教科書主体の授業になりがちですが、自ら調べた資料をもとにして、自分たちの仲間どうしで学び合う今日の授業形態は今日の教材に対して有効だったと思います。進行係も落ちついた態度で、授業をリードしたし、手順もよかったと思う。ひとりひとりに身近な題材であるし、個を中心におき他のことも学ぼうとする態度が十分に表われていたことは授業終了前の感想の中にでて

いました。教師が裏方に徹する授業も時に必要であると思う。

●資料の適切さが、一人ひとりの学習に生きていたと思います。既存の資料では、あそこまで（本時の授業）の一人ひとりの個性化や、学び合いは、できなかったと思います。ということは、いかに資料をつくっていくか、また、その資料をいかに学習に活用させていくかが大事なことだと思います。資料を大きくとらえれば教材であり、そうなると社会一教科ではなく、すべての教科指導に通ずることです。いかに、教材をつくっていかの教材研究ということになります。
　生徒の発達段階（実態）と教科のねらいをよく研究し、教材をつくりあげていくことだと思います。それが、また個性的に学び合うことにつながる。たいへんすばらしい教材授業研究でした。

●・個性的という視点から見ると、生徒の様々な質問の仕方に表われていた。
　・社会科係が授業を進めるというパターンがよく訓練されていた。
　・自分たちで作った資料をよく読んでいた生徒は前向きに学習を進めようとしていた。
　・所得、雇用、労働、資本といったことばの概念を子どもなりにとらえようと努めていた。
　・一時間ではもったいないような気がした。

●まさに学校教育目標を、授業で具現化していました。自ら調べ、お互いの意見を聞き、広め、……。

●・話し合いの中に社会科として注目して欲しい点がよく出ていた。
　・親の仕事についてもう少し知っていればより深まったかも（親のグチなど）
　・自営、非自営で言い合う場面を予想していたのだが……。

●ほとんどの生徒に発表する機会があり、おとなしい生徒も、自分なりに参加していたようであった。もし時間の都合がつけば、1人1人の発表も見たかった。生徒全体に緊張した雰囲気もなく、話し合いとしていい感じで流れていたように思える。

●生徒授業では、指名が同じ生徒に片寄るきらいがある。
　生徒どうしの話し合いの中ではなかなかでてこない、この授業の中で知らせたいことば等（資本家、経営者、…）指導をどうするか。生徒主導の授業の教師の立つ位置は？補助発問をするときの位置は？

第3章 調査研究から育てる学びあいと表現力

● "個を活かす"ことをめぐって－授業を終わっての授業者の反省

◀2年生の時▶

・**学ぶ、調べる、考える　近代史学習**
　＜非戦争論付主戦論、地域の戦争調査＞

・**ひとりからみんなへの日本地理学習**
　＜十勝平野の畑作農家への手紙＞

┌─────────────────────────────┐
│・**個性を伸ばす**　　　　　　　　　　　　　　　　│
│　・一人一人にしっか　　　・みがきあいの中で　│
│　　りとした基礎基本　　　　伸ばす　　　　　　│
│　　の力をつける（書　　　　　　　　　　　　　│
│　　く力、読む力、話　　　　　　　　　　　　　│
│　　す力、まとめる　　　　　　　　　　　　　　│
│　　力……）　　　　　　　　　　　　　　　　　│
└─────────────────────────────┘

◀今回の授業▶

3年 働く生活（「ひとりからみんなへの公民学習」）

・具体的事象から考えさせていく
・"進路、将来"にゆれる生徒の実態をふまえる

・調べまとめることでがんばる子
・理解、発展でがんばる子
・司会、まとめでがんばる子
・発言でがんばる子

→ **資料** を焦点として切り結びあう

＊直接「親への感謝」や「生きがい」「選択」をねらっていくのではない。社会科の視点から労働や労働生活そのものを深めあいながらリアルに認識させていく。結果としてそこからいろいろな考えが生まれてくる。

＊学習の流れ（単元）
・現代日本の「ゆたかさ」を支える現代労働のすばらしさときびしさとのふれあい（NTT見学）
↓
・家人の「働く生活」の個性的見直し（資料）
↓
本時の授業

＜今後の方向＞
　自己労働観、職業観　　　所得と消費生活の見
　の深化　　　　　　　　　直しと認識の深化

将来と現代社会を
みつめるたしかな目、個性的な考え、**生きる力へ**

以上のような考えで実践したが、私にとっても初めての生徒を主体とした「実験授業」であるため、みなさんの指摘にもあるように課題や問題点も多い。今後の「個を活かす序業」のため、きびしい反省を行っていきたい。

3.職業調査の発展と表現方法の交流

　キャリア教育の必要性がさけばれ、職場体験学習も花ざかり。だが、自己のせまい体験だけでは、労働生活の実態を広い視野から認識できない。夢中で「働く」と、かえってその仕事を客観的に調査するゆとりが失われることさえある。

　ならば、自分が関心をもつさまざまな"働く生活"を、家族の範囲を越えて調べさせたい。その丹念な調査の中から、体験だけでは見えない事実がきっと見えてくる。それらの調査を発信して相互に学びあえば、労働生活への各自の認識が拡充される。それこそが真のキャリア教育につながる。

　そこで私は、次の7点を示して生徒による調査研究・発表活動をすすめさせた。

1. 自分が関心をもつさまざまな労働生活を調べ、互いに学びあう。働くことへの視野が広がり、自己の進路についても深く考えられる。
2. 家族の仕事・将来なりたい仕事・興味がある仕事……どれかひとつを深く調べてもいいし、いくつかを対比しても良い。調査ではなく、自分でイメージしたい将来の仕事があれば相談にのる。真剣で、詳しく調査研究できる場合は許可したい。
3. 書くのはB4判ファックス原紙1枚。事前に原紙の紙片を配るので、マス目に一文字ずつ埋められるように練習する。班長が合格サインを出した生徒から、順次用紙を配布したい。こうすれば、教師から字の書き方で注意される生徒はいなくなる。
4. プライバシー保護には十分注意。調査の目的はもちろん、印刷されて全生徒にわたることも説明して了解を取る。人名・会社名などは仮名でもかまわない。
5. 調べるのは冬休み中。どんどん書きすすめてよいが、3学期はじめの1時間をまとめの時間として提供したい。書き損じたら、その部分に貼る原紙をもらいにこよう。
6. 表紙は社会科係自身が描くか、得意な生徒に頼む。作品が集まる順にページ番号をつけ、目次も係が作成していく。
7. 発表時間は一人3分。作品集は事前に配布するので、よく読んで質問などを書き込んでおく。

　こうしてつくられた作品7点を紹介する。それぞれの視点・内容・表現方法の違いが分かり、他の生徒が調査研究をすすめる参考となるに違いない。

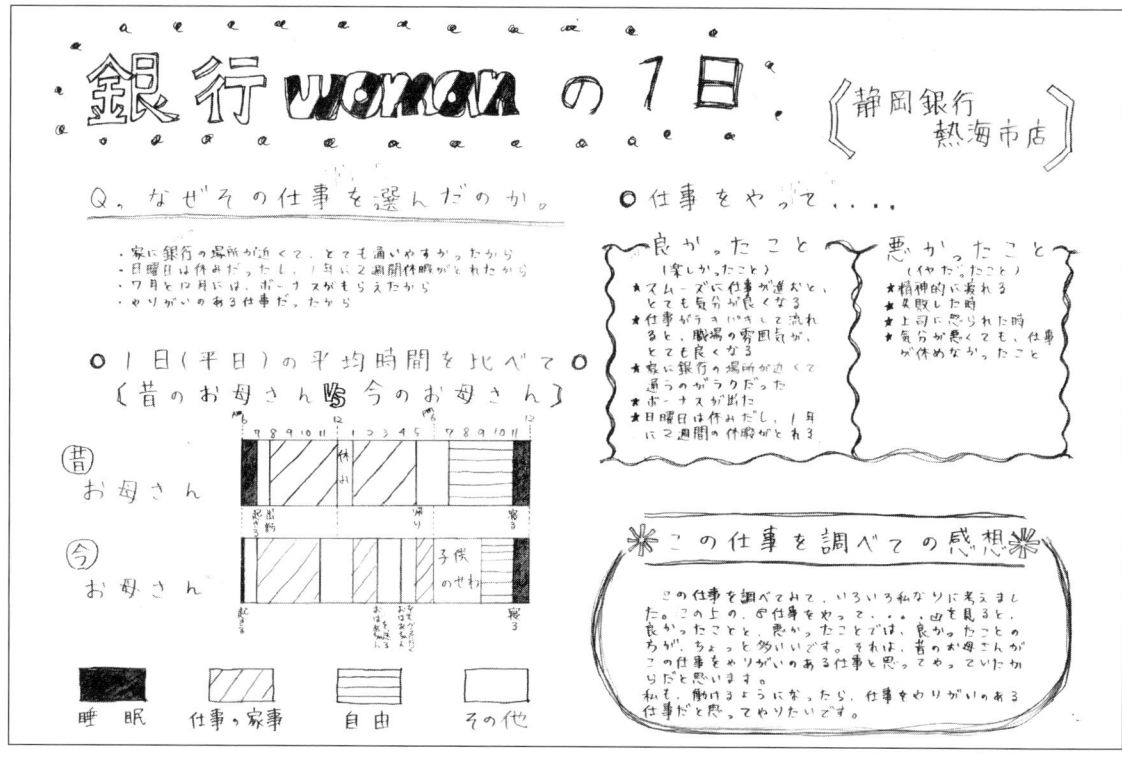

第3章　調査研究から育てる学びあいと表現力

①昔と今で対比する母の仕事……一人の女性の働き方が結婚を境にどう変わったかが一目瞭然だ。今は家事労働に専念する母が回想する「仕事のやりがい」を、この生徒は共感的にとらえている。

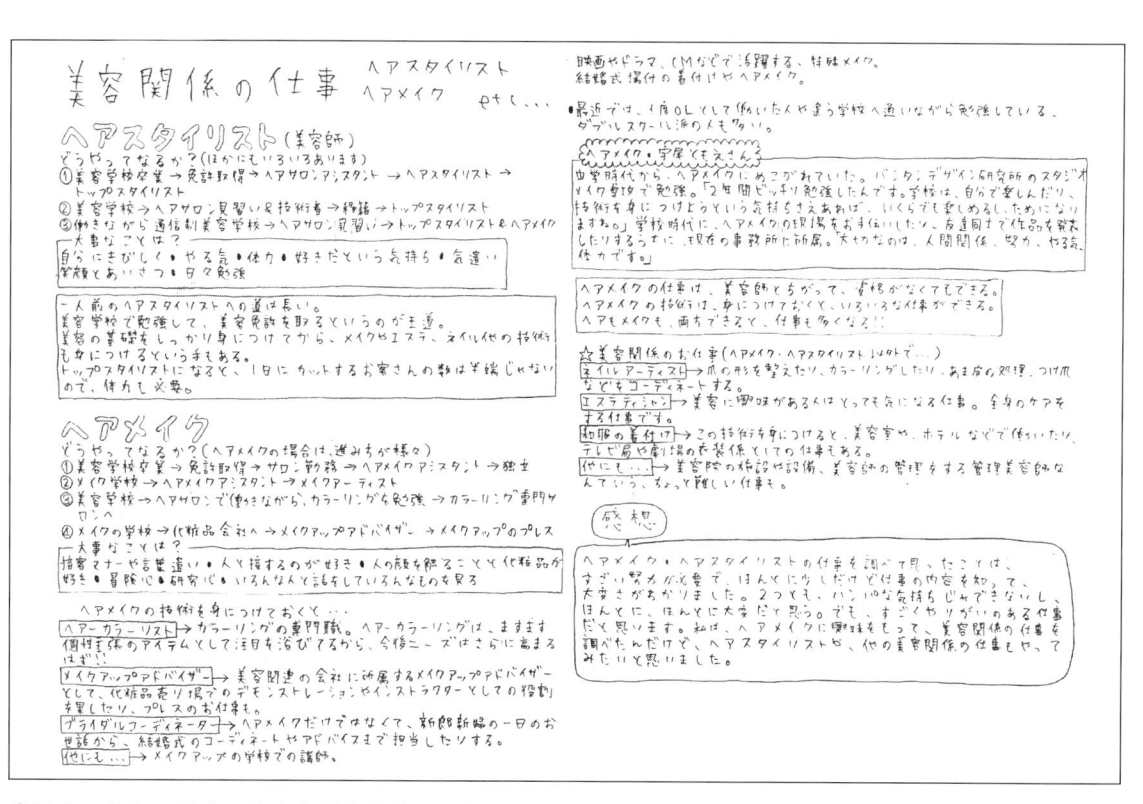

②将来つきたい美容の仕事を徹底取材……自己の関心の高さが、的確で具体的な多数の質問につながった。この仕事ならではの労苦・喜びが当事者ならではの重いことばで語られているのはそのためだ。

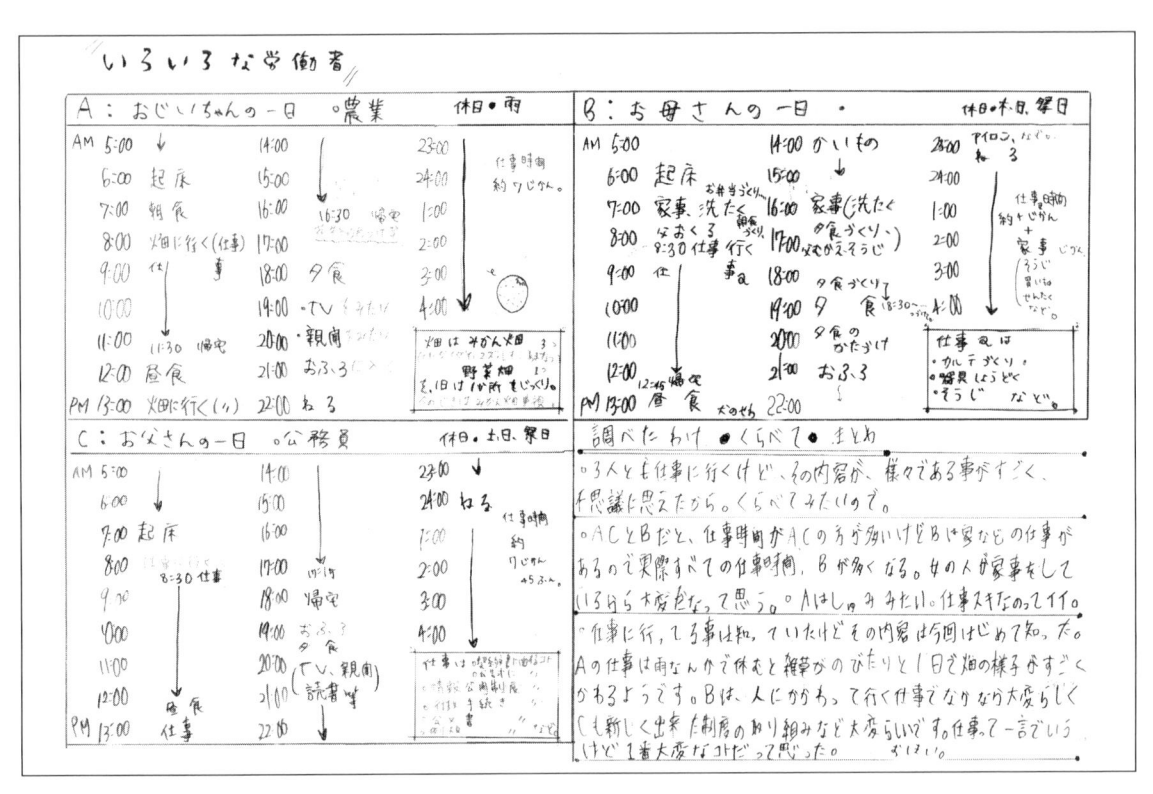

③ 農業・公務・医務の仕事を家族3人に取材……祖父・父・母の聞き取りを視覚化し対比する中で、この生徒の労働観はどれほど深く豊かになったか。まとめに記したひと言ひと言をかみしめたい。

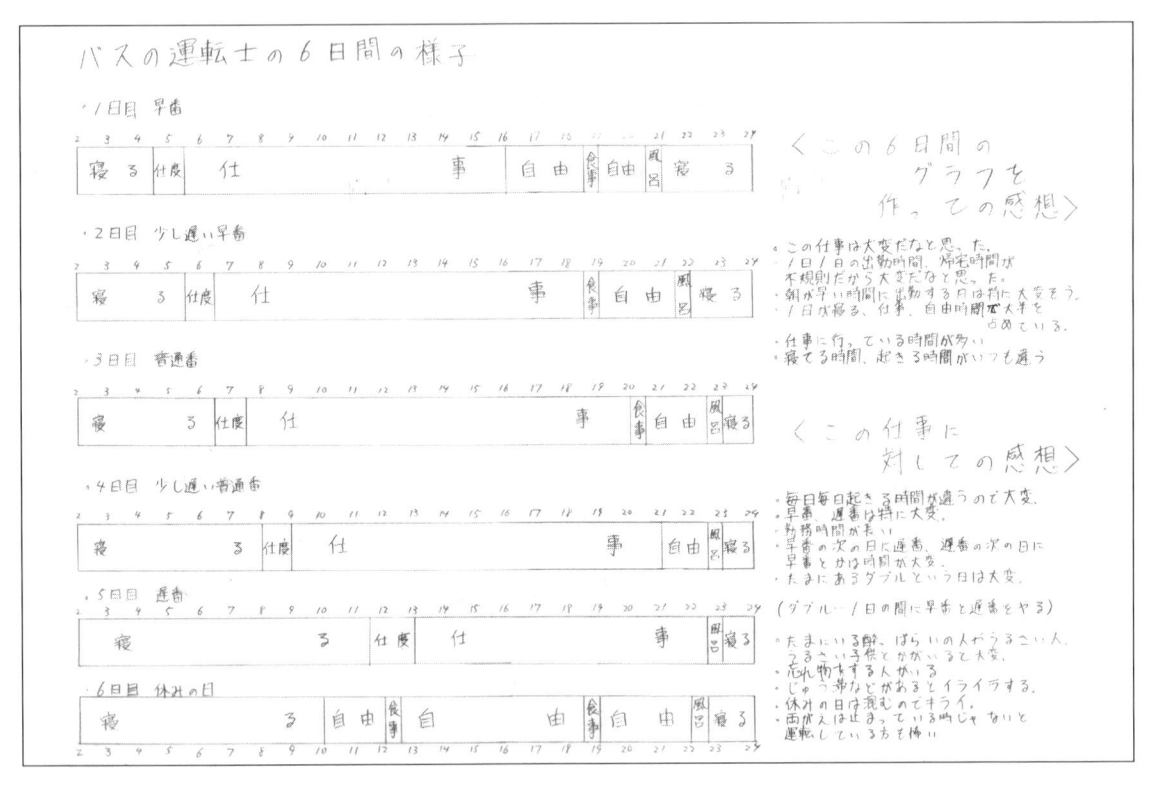

④ 6日間を通して仕事の変化を追究……「寝てる時間起きる時間がいつも違う」、時に「1日の間に早番と遅番」までこなし多様な客に対応する。6日間の仕事の変化をたどることで真の「大変さ」が見えてきた。

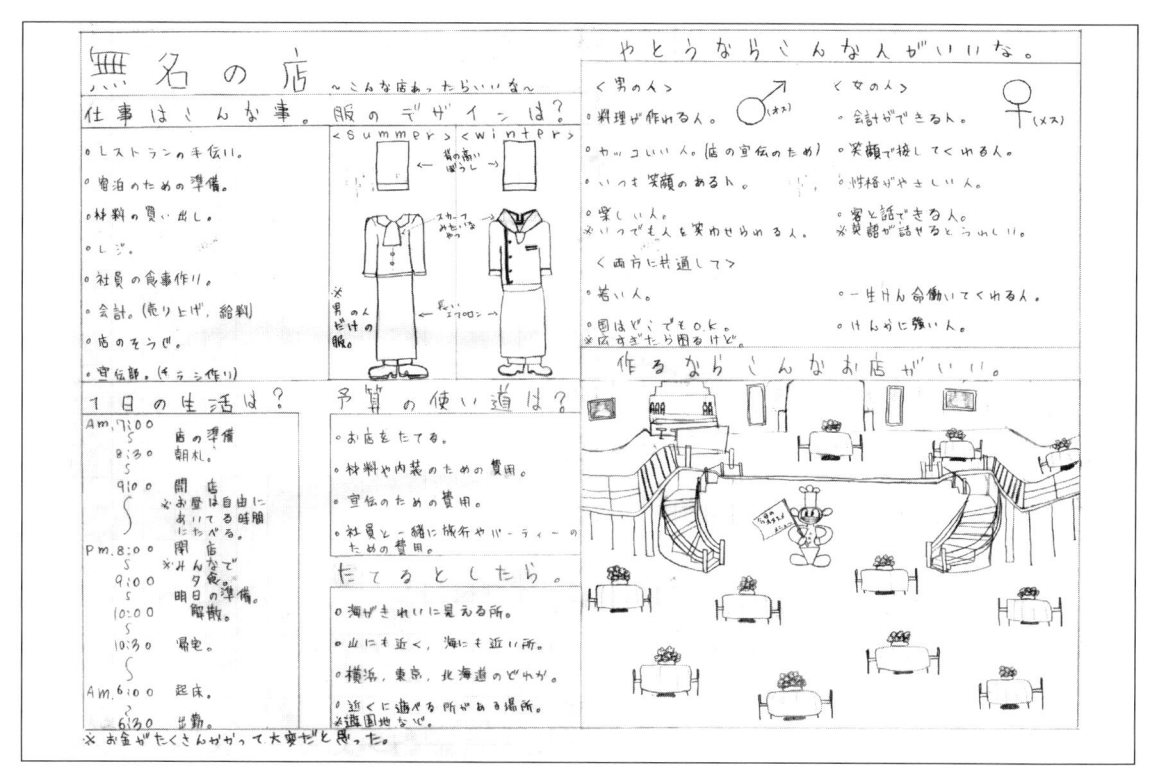

第3章　調査研究から育てる学びあいと表現力

⑤自分の「夢」を具体化して提示……調査はしないが、自分のつくりたい「無名の店」をとことん深く考える。だからこそ、そのリアルな提示はクラスの生徒たちを驚かせ、共感的に受け止められた。

⑥あえて地域の農業に着目……専業では生活できなくとも、地元の兼業農家がどんな思いでみかんづくりに従事しているか。その労苦と決意が社会科らしい６項目の調査を通して浮き彫りになった。

― 181 ―

⑦経営者・労働者双方の視点から……同じ店で働く両者を比べることで、仕事の違い・大変さの違いが理解できる。「こういったこともなんなくできる人間」になることがこの生徒の結論であった。

4. 表現力を育てる　学びあいシートのくふう

　こうした調査研究は、"働く生活"以外でも実践できる。また、調べたことをどう発信するか、その方法をくふうさせる中で表現力も育つ。そこで私は、公民学習のまとめとして各自が「学びあいシート」を作ることを提案した。そのシートを使って、生徒が互いに学びあうことがねらいであった。

　では、どのようにすれば丸写しや一方的発表に陥らずにすむか。ここで生徒に想起させるのが、自分たちがこれまで受けてきた公民の授業である。本書の第一章において私が紹介したそれらの授業プランには、「教え」を「学び」に転化する授業要素がしくまれていた。その要素とは、逆転・対立・イメージ・対比・相互補完・作業の６つである。「学びあいシート」作成にあたっては、反応のよかったいくつかの授業を解説して、生徒をのめりこませた種明かしをする。

「なるほど。そういう組み立てにすれば学びあいが活発になるのか」

「先生、僕たちはそうやってのせられていたんですね」

　今度は、生徒自身がそれらの授業要素を駆使して学びあいのシートをつくる番だと強調する。最初にテーマを確定させることはしない。はじめは漠然としていても、調査がすすみ構成を考える中で修正されていけばよい。

　作成時期は３年生の２月。使うのは原則としてＢ４ファックス原紙が２枚。それらを２つに折って袋とじにすれば、４ページのミニ冊子ができあがる。どうしても足りない場合は、さらにＢ５判１枚を与えたい。

　受験とも重なる多忙な時期だ。与える時間はわずか２時間。枚数を限定しなければ、とてもまとめきれない。だが、限定があるからこそ、生徒たちは何をどう構成してその範囲内に盛り込むかを考えて丸写しがなくなる。「教え」を「学び」に変えるくふうもそこから生まれる。

　生徒たちはどのような学びあいシートをつくるのか。３つの事例を紹介したい。

①働く女の人・世界
　（第１章No.44「労働生活の課題」と関連）

（１）

12/20.21に書いてもらったアンケートの結果

女子のお母さんのアンケート結果
1 1日何時間働いていますか。
　　　（平均７時間）
2 どこに働きに行っていますか。
　（職業の種類・場所）
　水産業　２人　　　網代　８人
　サービス業３人（パート１人）　多賀　１人
　事務業　１人　　　熱海　１人
　製菓（パート）１人
　自営業　２人
3 会社に行くまで、どのくらい時間が
　かかりますか
　　　（平均10.6分）
4 家族との会話は平均して１日どのく
　らいありますか。
　　　（平均１時間40分）

男子のお母さんのアンケート結果
1 1日何時間働いていますか。
　　　（平均７時間40分）
2 どこに働きに行っていますか。
　（職業の種類・場所）
　サービス業　２人　　網代　８人
　事務業　３人　　　伊東　２人
　製造業　１人　　　熱海　１人
　製菓　２人　　　　多賀　１人
　漁業　２人
　自営業　１人
　家事　１人
3 会社に行くまで、どのくらい時間
　がかかりますか。
　　　（平均16分）
4 家族との会話は平均して１日ど
　のくらいありますか。
　　　（平均48分）

この二つのアンケート結果からわかったことを書きます。

- 働いてる時間は、ほぼ同じ
- 働いてる場所は、やっぱり網代が多い。
- 家族との会話は、男子の方が少なめで女子はたくさんお話しているようです。

アンケートに答えてくれてどうもありがとうございました。

2

では、次にこんな働きもののお母さんを持っている、みんなにしつもん。3つの国で、どれくらい休日をすごしているの？

Q1「フランス」「ドイツ」「日本」の中で旅行・バカンスをどのくらいの費用で、どのくらいすごしているか。予想して下さい。

フランス　　ドイツ　　日本
（　　）日（　　）日（　　）日
（　　）円（　　）円（　　）円

ヒント　日本は国内旅行
　　　　フランス、ドイツは、バカンス

(2)

わかったかい？答えだよ。

フランス　バカンスは平均して27.4日
　　　　　1日当たりの全家庭平均
　　　　　　　4300円（1979調べ）

ドイツ　　バカンスは、6週間ぐらい
　　　　　1日当たりの全家庭平均
　　　　　　　3100円（1984調べ）

日本　　　国内旅行は平均2.2日よ。
　　　　　1人1日当たり
　　　　　　　17900円（1984調べ）

（続統計よもやま話の本）

見てみると、ドイツがとっても良い休日をすごしているね。42日も休みがあるなんてうれしいね。
フランスもおよそ1ヶ月もやすみがある、お金はかかっているけどいい休日をすごしていると思う。
日本は、一ばんみじかい。1人1日当たりもお金がとっても高い。
みなさんはどこの国に生まれたいですか。

(3)

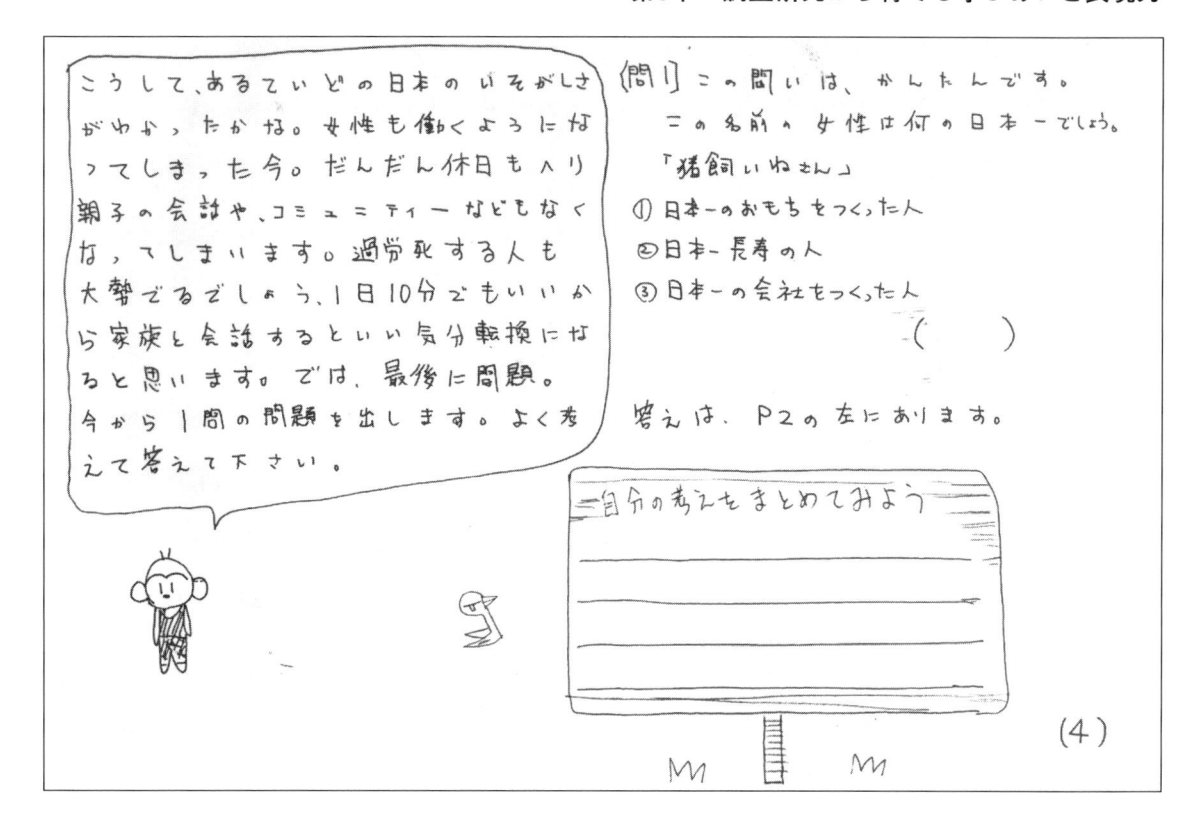

第3章 調査研究から育てる学びあいと表現力

> こうして、あるていどの日本のいそがしさがわかったかな。女性も働くようになってしまった今。だんだん休日も入り朝子の会話や、コミュニティーなどもなくなってしまいます。過労死する人も大勢でるでしょう。1日10分でもいいから家族と会話するといい気分転換になると思います。では、最後に問題。今から1問の問題を出します。よく考えて答えて下さい。

> 〔問〕この問いは、かんたんです。
> この名前の女性は何の日本一でしょう。
> 「猪飼いねさん」
> ①日本一のおもちをつくった人
> ②日本一長寿の人
> ③日本一の会社をつくった人
> （　）
> 答えは、P2の左にあります。

——自分の考えをまとめてみよう

（4）

　これを作成した女生徒は、とくに社会科が得意というわけではない。だが、以下のようにⒶからⒾに至るまで9つの学習ステップをわずか4ページの中に組み入れ、学びあいの促進に心がけた。

　まずはアンケートによりクラスの母親の"はたらく生活"をリアルに知らせて関心を高め、次いで日本と世界の休暇の違いを予想させて学びあいにつなげる。さらに「どこの国に生まれたいか」と問いかけ、自己の主張を述べた後にクイズで長寿女性を紹介。ムードを明るくしたところで各自の考えの記述・発表につなげる。学習は地域から世界へと広がっていくが、難しい課題がないため誰もが参画できる。

　調査を調査だけに終わらせず、その内容をどう再構成しどのように問題提起すれば学びあいにつながるかが考えられている。あらためて、その構成のくふうを以下に記してみたい。

〈学びあいワークシート「はたらく女の人・世界」の構成〉
〈P1〉―クラスの男子・女子の母親へのアンケートのまとめ・Ⓐ〈実態紹介〉（労働時間平均7～7時間40分・通勤時間平均10～16分・家族との会話男子平均48分～女子1時間40分）
〈P2〉―Ⓑ〈結果考察〉（働く場所は地元が多い・男子は母との会話が少なめなど）
⇒Ⓒ〈問題提示〉日独仏の各労働者の旅行・バカンスの日数とその費用を予想しよう⇒

―185―

Ⓓ〈学びあい〉・その後に次のページを開く

〈P3〉－Ⓔ〈解答と解説〉「日本は一番みじかい。1日一人当たりもお金がとっても高い」⇒Ⓕ〈投げかけ〉「みなさんはどこの国に生まれたいですか」

〈P4〉－Ⓖ〈自己の主張〉「女性も働くようになってしまった今。だんだん休日も減り親子の会話やコミュニケーションなどもなくなってしまいます。過労死する人も大勢でるでしょう。1日10分でもいいから家族と対話するといい気分転換になると思います」⇒Ⓗ〈クイズ〉女性の長寿者を紹介⇒Ⓘ〈働く女性について各自考えたことの記述・発表〉

②水俣病の発病経路を解明せよ
　（第1章No.47　「企業活動と環境問題」と関連）

　どくろが描かれた表紙（P1）には、「①いつどこで？　②どうやって？③原因は？④患者はどのくらい？⑤これからの公害」と、この小冊子の構成が記されている。「この問題を明らかにしていこう」とのことばにもあるように、水俣病の発病経路を同時進行的に学ばせつつ、公害一般に考えを広げて「人類への警告」と受け止めさせるのがこのシートのねらいであった。

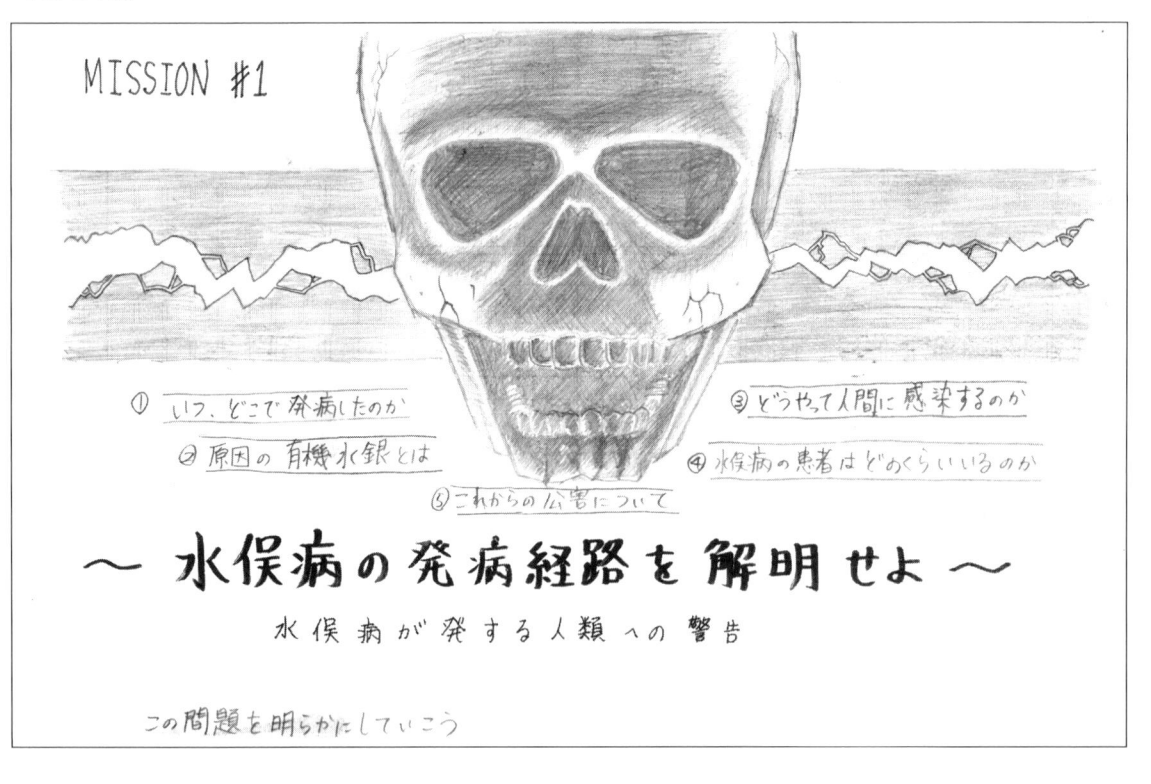

第3章　調査研究から育てる学びあいと表現力

① 1956年 → 熊本県水俣市で原因不明の病気が漁師を中心に発生。
　　　［症状］初期…手足のしびれ、脱力、歩行時動揺、言葉不明りょう、手足痛
　　　　　　　　　↓
　　　　　　よだれ、ふるえ、視力障害、意識混濁、精神錯乱 など…
　　　　　発病3ヵ月で死亡率 50％以上

② ［熊本大学医学部の研究班がこの病気の謎にいどんだ。］
　　この病気の特徴 → 神経系の障害
　　　↳ 病状がメチル水銀中毒に似ていたため"水銀"が原因だということがわかった。

　では、この水銀はどこから来たのだろうか。

③ Q. 新日本窒素肥料水俣工場の工場排水にメチル（有機）水銀が含まれていたことがわかったのだが、人体までの感染経路がわからない。
　　　あなたならどう推理する？
　　　［工場］⇒［工場排水］⇒［　？　］⇒［人間］

（魚介類だよ）

そう！答えは 魚介類（魚・貝・えび・かになど）
つまり、この病気の発病経路はこうなる

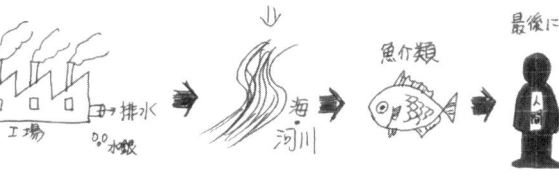

工場→排水→海・河川→魚介類→最後に人

のちにこの病気は水俣市で最初に発見されたことから
水俣病 と名づけられた。

漁師を中心とした港町に発病者が多く出ていた。

1965年には新潟でも発生し、新潟水俣病と名づけられ、水俣市と同じような病状で人々を苦しませた。

④ ☆ さらに…… この10万人以上もの人を苦しませた水俣病、当然起こるのが
　　　発病源の工場と患者との問題 → 補償問題が始まった。

　裁判の結果は工場に過失責任を認め、患者勝訴をいい渡した。（病気発見から17年後）
　損害賠償金 → 病状に応じて 1600〜1800万円 が支払われるようになった。

　P2では、いつどこで水俣病が発生し、患者にどんな症状が現れたかその経緯が簡潔に説明され「発病3カ月で死亡率50％以上」とくくられる。エッと思ったところで、熊本大学医

— 187 —

[まとめ]

熊本県…水俣病
新潟県…新潟水俣病
富山県…イタイイタイ病
愛知県…四日市ぜんそく
：

工業の発達⇒工場生産の増大⇒公害病発病

人間は自分たちで新しい病気をつくっている。
つまり、自分で自分の首をしめているのと同じ。

⑤ これからは安あがりの工場でなく、お金をかけてでも管理の整った工場を建ててほしいです。
最近ではICの生産で排出される物質による地下水の汚染が問題になっています。
近い将来、また公害病問題が起こるかもしれません。

お金と健康
あなたならどっち
をとる？

我々がこれから先も人間として
歴史を刻んでいくためには
我々自身がもう一段階上の
進化をとげなければならない
のかもしれない。

　学部によりその原因が"水銀"だと解明されたことが告げられ、「この水銀はどこから来たか」と問題が投げかけられる。
　ここで作者は、「限定」という手法を用いる。つまり、「どこから？」と無限定に問うのではなく、「工場⇒工場排水⇒□？⇒人間」という中の空欄に何が入るかを焦点化して考えさせるのだ。この限定により、多様な予想が出しやすくなる。（対立）
　続いて「では、それらのどれが正解？」となったところで、伏せていたＰ３を開けば、「魚介類だよ」という正解が鮮明なイラストとともに目に飛びこんでくる。（イメージ化）その迫力に「オー、そうか」と納得して先にすすむと、発病者の多い地区・新潟での発生・補償問題・裁判について簡潔な説明が続く。
　こうして水俣病への理解が深まったところで、Ｐ４では「工業の発達⇒工場生産の増大⇒公害病発生」「自分たちで自分たちの首をしめている」との一般化がなされる。その上で作者は「お金をかけてでも管理の整った工場を建ててほしい」「我々がこれから先も人間として歴史を刻んでいくためには、我々自身がもう一段上の進化をとげなければならない」と自己の主張を述べ、「お金と健康どっちをとる」とよびかけるのだ。
　では、「もう一段上の進化」とは何をさすか。中学社会科でのこれまでの学びをふまえてその答えを探ることがこのシートに込めた作者の意図ではないかと私は推察した。

第3章 調査研究から育てる学びあいと表現力

③高齢者とわたし（第1章No.7「少子高齢者社会を迎えて」と関連）

　グラフなどの種々のデータを、どこでどう活用すれば事実に基づく学びあいがすすむのか。この作品にはその効果的な方法が提示されている。

　Ｐ１はまずＧ君本人と教授との対話から始まり、「高齢者」「高齢社会」とは何かが簡潔に定義づけられる。その厳密性の上に示されるのは、1　老齢人口の割合の変化・2　高齢者の子どもとの同居率の変化・3　日本人の平均寿命の変化の3つのグラフだ。

　作者はなぜこの3つを選んだのか。それは、高齢者人口の倍加・同居率の激減・寿命の大幅な伸びという3つの事実を対比すると、「立場」に左右されない客観的データをもとに高

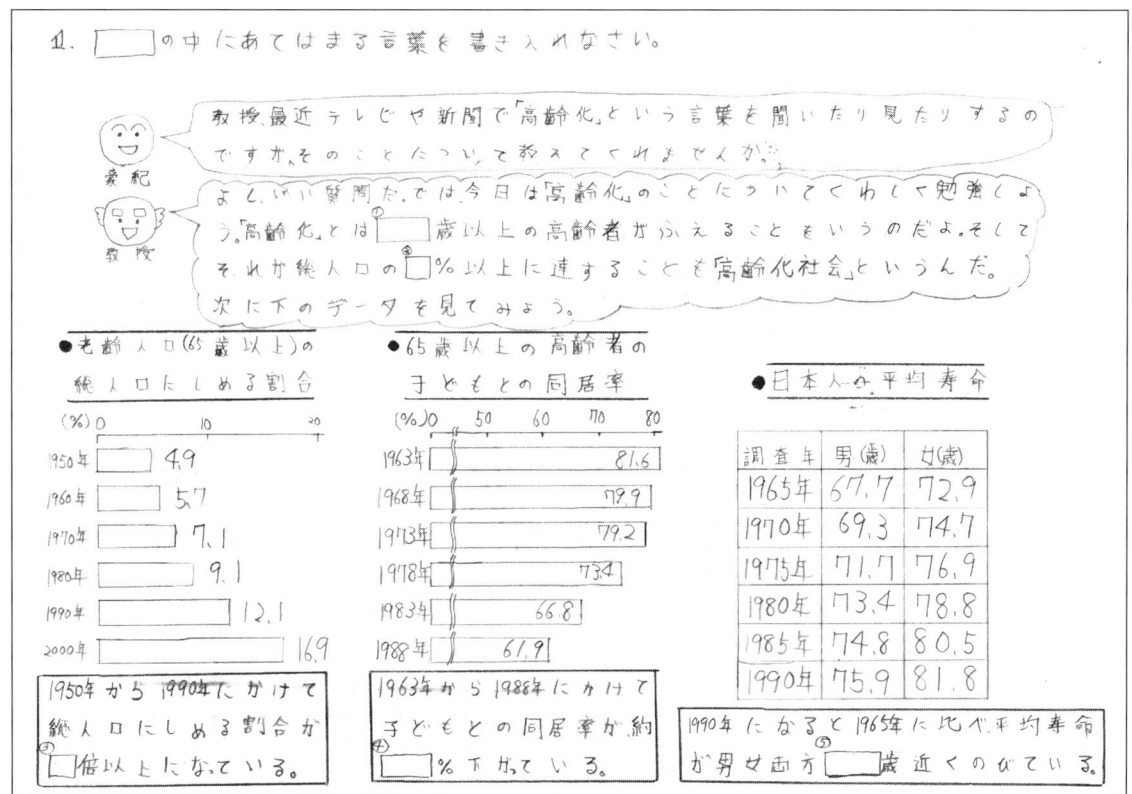

ひとりの女性が生む子どもの数

```
         0 1 2 3 4 5 6人
1940年   4.1
1950年   3.7
1960年   2.0
1970年   2.1
1980年   1.7
1990年   1.5
```

蒙紀君、これらの表やグラフを見て何か気づくことはあるかい。

日本人の①□□□□のび②□□□□が低下しているようなことから、日本では高齢化が進んでいると思います。

確かにわたしも日本では超高齢化が進んでいると思うよ。それに子どもとの③□□□□も下がっているので老後に不安を持っている人が④□□%以上いるんだ。だから今日本では世話をする人の問題があるので、社会福祉の仕事はとても重要だと思う。

⑤□□□□□ののび
⑥□□□□□の低下
→ 高齢化社会 → 社会保障関係費の増大

⑥ののびや⑦の低下により高齢化社会になると、働く人の中には定年退職後も再就職しないと生活できない人も多いという問題や核家族化による高齢者との同居率がしだいに下がるので、その扶養についての問題もある。だから年金などの社会保障関係費もたくさん必要となってくる。

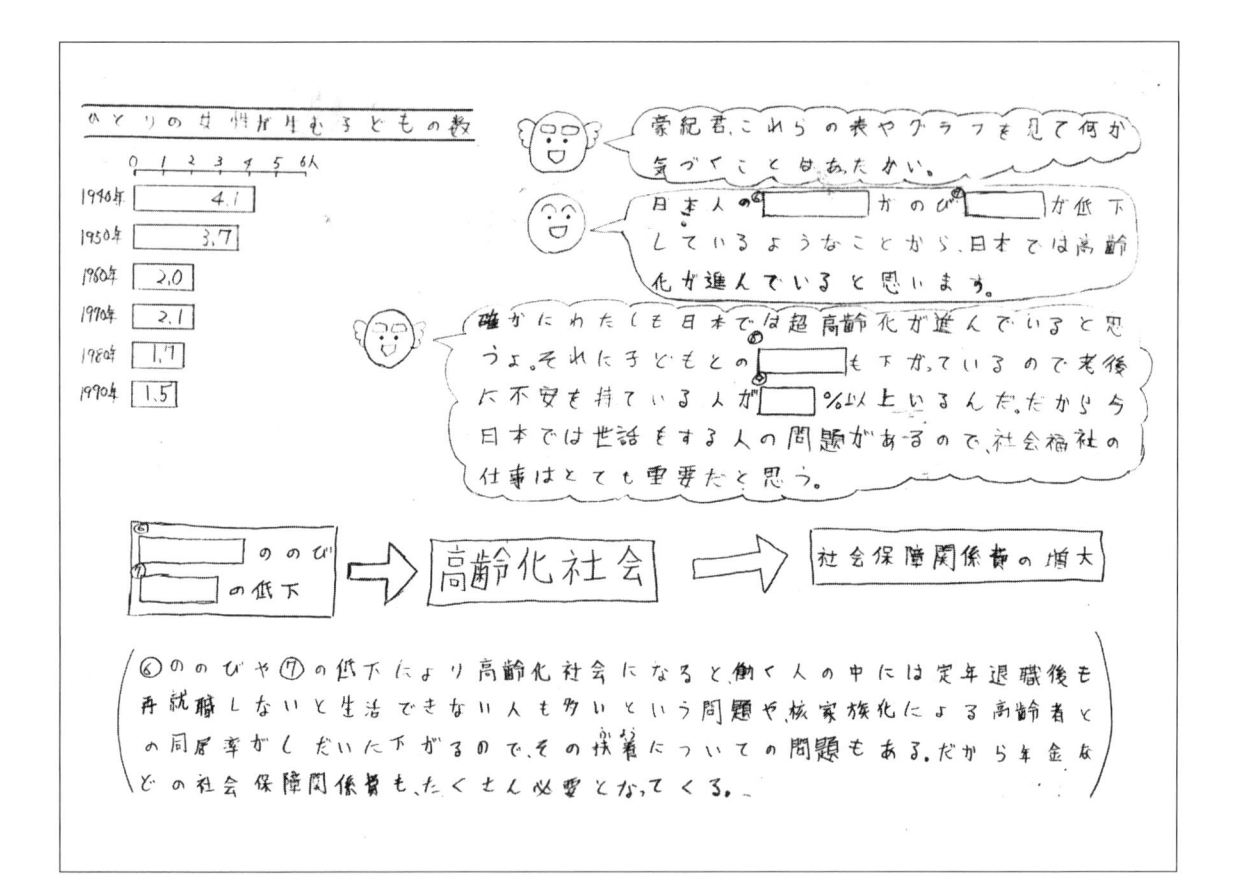

問題の答え
①65 ②7 ③2 ④20. ⑤10 ⑥平均寿命 ⑦出生率 同じ番号の問題は同じ答え。
⑧同居率 ⑨80

感想

あわててやったので内容がうすいものになってしまったかもしれない。だけど調べているうちに自分自身では理解できたのでよかった。
網代ではぼくたちが小学1年生ぐらいの時は100人以上いた児童も現在では100人にも満たなくなっています。それに街の中でも、子どもより高齢者の姿をよく見かけるようになっています。そんなところから網代も高齢化社会へと近づいているような気がします。
高齢化社会を防ぐにはどうすればよいのでしょうか。ぼくは解決方法が思いつきません。みなさんはどう思いますか。

――何か解決案がある人は下に方法を絵などを使ってかいて下さい。――

第3章　調査研究から育てる学びあいと表現力

社会の到来が実感できるからだ。

　続いてＰ２を開くと、出生率の低下がグラフで示される。それは、その高齢社会の支え手の減少を意味している。「えー、このままではまずい」と感じたところで、老後の不安が80％という数値として示される。多くの生徒は「やっぱりそうだよ。ぼくと同じだ」と納得しつつ「でも、これは問題だ」と感じるであろう。

　あるデータを示せばみながどう感じるか、感じたところで次にどんなデータを示せばどう問題点が意識されるか。作者のＧ君にはそれがわかっている。「データの活用」とは、そこまでを見通すことをいう。

　こうして高齢社会の問題が意識されたところで、社会福祉の重要性と社会保障関係費の増大という今後の課題が示される。

　「再就職しないと生活できない」「その扶養についての問題もある」と記したＧ君は、さらにＰ３に至ると自分の住む網代という地域・自分の学校にみられる現実から次のように自分たちと少子高齢社会との関わりを指摘する。

　「ぼくたちが小学１年生ぐらいの時は100人以上いた児童も現在では100人に満たなくなっています。それに街の中でも子どもより高齢者の姿をよく見かけます」

　彼はここでも数値・事実を大切にしていた。だが、Ｇ君が調べた事実・データにはそれを乗りこえる方法がふくまれていない。しかし、だからこそ彼はそれを逆手にとって、「僕には解決方法が思いつきません。何か解決案がある人は下に方法を絵などを使ってかいて下さい」と呼びかけるのである。

　納得できる数値と否定できない地域の現実。その重さにゆり動かされて多くの生徒が自分なりの思いつきを発表する。それを深めあう中で、解決策は出ないもののみなの視野が広がり学びあいはオープンエンドとなる。そういう学習の可能性が、このシートにはあるのではないだろうか。

　これらの生徒は、作成にあたってとくに教師から助言を受けてはない。では、教師からなんらの影響も受けないのかといえばそれは違う。彼らは第１章にあるような日々の授業の内容や方法から何かを学び、それを個性的に発展させたのだ。

　私は総合の時間を使って各班ひとり８分ずつこのシートで相互学習させ、次時には代表者３人を選んでクラス全体での学びあいを行わせる。

　これらのシートは翌年の新３年生にも配布して学びの組み立てを解説する。調査研究とその発信の方法をこうして蓄積し、年度を越えて学ばせていきたい。

加藤 好一（かとう　よしかず）

1949年伊東生まれ。県立伊東高校を経て、中央大学法学部政治学科に進学。卒業後は私立明星学園高校に講師として1年間勤めた後、公立小中学校教諭となる。千葉県我孫子市で4年間小学校に勤務、その後は熱海に転じて第一小・多賀小・小嵐中・網代中・多賀中・泉中などで教鞭をとる。2006年度より再び多賀中に勤務して、2008年3月に定年退職。同年4月より琉球大学に勤務する。現在5年目で同大学教授。

〒903-0213　沖縄県中頭郡西原町千原1　琉球大学教育学部
TEL.098-895-8342

◎主な著作・論述は以下の通り。
〈教育関係〉
　『中学歴史5分間ミニテスト』『中学地理5分間ミニテスト』『中学公民5分間ミニテスト』『中学歴史の授業』『学級経営攻略法』（共著）　以上民衆社、『歴史授業プリント』上下2巻『新・公民授業プリント』『新・世界地理授業プリント』『新・日本地理授業プリント』『学びあう社会科授業』上中下3巻『やってみました 地図活用授業』（編著）『学校史で学ぶ日本近現代史』（共著）―韓国においても翻訳出版、以上地歴社、『トライアングル―教師 保護者 生徒をつなぐ指導と支援』琉球大学

〈地域史関係〉
　『再発見丹那トンネル』『再発見熱海市民の近代史』『謎解き発見熱海の歴史』（以上 自費出版）『ほっとふるさと』（ＪＡあいら伊豆）

写真・図版提供、協力：
p.8（パンダ）公益財団法人 東京動物園協会、（空手）公益社団法人 日本空手協会／
p.10（エイサー）社団法人 沖縄市観光協会、（アットゥシ）北海道開拓記念館、
　　（能楽）©公益社団法人 能楽協会・能「井筒」シテ：本田光洋・撮影：辻井清一郎／
p.18（チキンラーメン）日清食品株式会社／p.74（老人医療費無料発祥の地の記念碑）深澤晟雄資料館／
p.76（ふるさと納税）総社市総務部税務課、笠岡市企画政策課、徳島市／
p.122（国際連合ロゴマーク）国際連合広報センター、（国連児童基金ロゴマーク）公益財団法人 日本ユニセフ協会

STAFF
ディレクション：CREARE 小堀眞由美
編集：前迫 明子
イラスト：図案計画 坂東 雄一、寺田 雅史
　　　　　CREARE 五十川栄一、堀内 裕矢

中学公民の授業

2013年4月10日　初版第1刷発行
2016年2月10日　第2刷発行

著　者　　加藤　好一
発 行 人　　沢田健太郎
発 行 所　　株式会社民衆社　〒113-0033　東京都文京区本郷4-5-9 ダイアパレス真砂901
　　　　　　　　　　　　　　電話 03（3815）8141　FAX 03（3815）8144
　　　　　　　　　　　　　　ホームページアドレス　http://www.minshusha.jp/
印刷・製本　　株式会社飛来社

ISBN978-4-8383-1046-3